표와 예제를 통해 배우는

우크라이나어 문법

ГРАМАТИКА УКРАЇНСЬКОЇ МОВИ В
ТАБЛИЦЯХ І ВПРАВАХ

표와 예제를 통해 배우는

우크라이나어 문법

이리나 즈비르(Ірина Збир) 지음

HU:iNE

ВСТУП

Підручник "***Граматика української мови в таблицях і вправах***" створений для корейських студентів факультету українознавства Корейського університету іноземних мов Ханкук середнього рівня (2-й і 3-й курси). Він містить понад 600 вправ, що показують різні типи завдань з української граматики і словниковий запас середнього рівня. Завдання підручника полягає в узагальненні та систематизації знань з граматики української мови, розширені словникового запасу, активізації навичок усного та писемного мовлення, набутих під час навчання на першому курсі.

Підручник складається з двох частин, які доповнюють одна одну.

Перша частина ***Початковий курс граматики*** включає вправи на повторення вивченого матеріалу на початковому рівні, що передбачає освоїти структуру простого речення, навчитися ставити та відповідати на різні питання, використовуючи такі частини мови як іменники, прикметники, займенники, дієслова, прислівники та прийменники. Також вони сприятимуть кращому засвоєнню таких явищ української граматики як утворення та використання множини іменників, прикметників та займенників, часу дієслова, деяких конструкцій простих речень і т.д.

У другій частині підручника ***Основний курс граматики*** головна увага приділяється функціональному аналізові відмінків в українській мові та семантико-синтаксичним структурам, які вони формують. Також вивчається дієслово, його система дієвідмінювання, специфіка творення та використання видів дієслова, дієслів з суфіксом -***ся*** та особливості вживання дієслів руху з і без префіксів. Особливу увагу приділено складним реченням, частини якого поєднуються за допомогою сполучників та сполучних слів, прямій та непрямій мові.

Граматичний матеріал підручника подано переважно у таблицях та схемах з мінімальним теоретичним коментарем й активізується у вправах, які забезпечують необхідний лексичний мінімум для спілкування на побутовому, навчальному, соціально-культурному та суспільно-політичному рівнях.

Кожен підрозділ у підручнику є самодостатнім і завершеним, тому послідовність вибору тем може бути довільною і залежить від побажань студентів чи навчальної програми. Курс граматики української мови є складовою частиною навчального комплексу.

Передмова
서문

'표와 예제를 통해 배우는 우크라이나어 문법'은 한국외국어대학교 우크라이나어과 학생들의 중급 이상의 수준(2,3학년)에 맞추어 집필됐습니다. 교재에는 600개 이상의 예제들이 수록되어 있으며, 다양한 우크라이나어 문법과 중급 수준의 어휘를 반영했습니다. 교재는 우크라이나어 문법 지식의 요약 및 체계화, 어휘의 확장, 1학년 때 학습했던 구어 및 문어의 수준 향상을 주요 목표로 하고있습니다.

교재는 상호 보완하는 두 파트로 구성되어 있습니다.

첫번째 부분인 '기초과정 문법' 파트는 단문 구조를 숙달하고 명사, 형용사, 대명사, 동사, 부사 등을 사용하여 질문에 답하는 등, 초급 단계에서 학습했던 자료를 복습하는 예제들을 포함하고 있습니다. 또한, 복수 명사, 형용사 및 대명사의 유형과 쓰임, 동사 시제, 그리고 몇몇 단문의 구조 등에 대한 이해를 증진시킬 것입니다.

교재의 두번째 부분 '주요과정 문법'은 우크라이나어 사례의 기능적 분석과 그것이 형성하는 의미론적 구문의 구조에 초점을 맞추고 있습니다. 또한 동사와 동사의 부정형, 동사 유형의 예외 경우와 쓰임, 접미사-ся와 함께 쓰인 동사와 접두사의 유무에 따른 동사의 쓰임에 대해 학습 할 수 있습니다. 부분적으로는 접속사 및 연결어로 결합된 복문과 직접화법 및 간접화법에 초점을 맞추었습니다.

교재의 문법 요소들은 대부분 표와 도표들을 통해 소개하고 있으며, 일상, 교육, 사회문화 및 사회 정치적 수준의 의사소통에 필요한 최소한의 범위 내의 어휘들을 사용하고 있습니다.

교재의 각각의 단원은 독립적이며 완전하게 이루어져 있으므로 단원 순서의 선택은 학생 개인이나 학습 커리큘럼에 따라 임의적으로 할 수 있습니다. 문법은 우크라이나어의 배움에 있어서 필수적인 요소입니다.

ЗМІСТ
목차

01

Початковий курс граматики

기초과정 문법

01 Іменник. Однина. Питання *Хто це? Що це?*

명사. 단수. 의문사 *Хто це? Що це?*

– Це будинок?

– Так, це будинок.

– Це студент?

– Так, це студент.

1 Дайте відповіді на запитання.

질문에 답하시오.

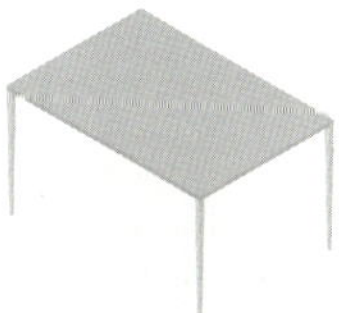

Це стіл?

Це книжка?

Це ручка?

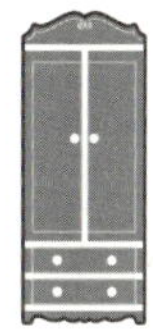

Це шафа?

Це студент?

Це викладач?

Це лікар?

Це лампа?

Це олівець?

Це будинок?

Це вікно?

Це студентка?

– Це ручка?

– Ні, це не ручка, це олівець.

2 Дайте відповіді на запитання.

질문에 답하시오.

– Це книжка?

– Ні, _________

– Це журнал?

– Ні, _________

– Це стілець?

– Ні, _________

– Це двері?

– Ні, _________

– Це викладач?

– Ні, _________

– Це дошка?

– Ні, _________

– Це школа?

– Ні, _________

– Це студент?

– Ні, _________

3 Дайте відповіді на запитання, використовуючи слова в дужках.

괄호 안에 제시된 단어들을 활용하여 질문에 답하시오.

Зразок

– Це ручка? (олівець)

*– **Ні, це не ручка, це олівець**.*

1. Це студент? (студентка)
2. Це зошит (книжка)
3. Це газета? (журнал)
4. Це стіл? (стілець)
5. Це вікно? (дошка)
6. Це ваза? (лампа)
7. Це шафа? (стіл)
8. Це викладач? (студент)

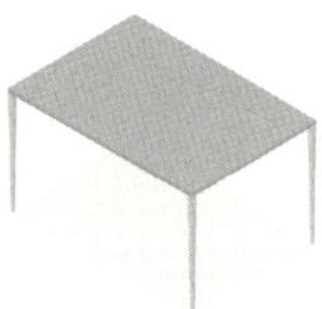

– **Що** це?

– Це стіл.

– **Хто** це?

– Це студент.

4 **Яке запитання *Хто це?* чи *Що це?* можна поставити до виділених слів.**
다음 각각의 어휘에 대한 질문으로 *Хто це?*와 *Що це?* 중 무엇인지 답하시오.

Зразок

Це ***лікар. Хто*** це?
Це ***словник. Що*** це?

A
Це стіл.
Це стілець.
Це викладач.
Це книга.
Це студентка.
Це ручка.
Це олівець.
Це лист.
Це студент.

B
Це словник.
Це вправа.
Це брат.
Це сестра.
Це слово.
Це школа.
Це учень.
Це університет.
Це хлопчик.

02 Дієслово. Теперішній час
동사: 현재형

читати

Я чита**ю**	Ми чита**ємо**
Ти чита**єш**	Ви чита**єте**
Він (вона) чита**є**	Вони чита**ють**

5 Поставте дієслово *читати* у правильній формі.
빈칸에 동사 *читати*의 알맞은 형태를 쓰시오.

Зразок

Я __ текст.
Я ***читаю*** текст.

1. Ти __ роман.
2. Ми __ текст.
3. Вони __ журнал.
4. Він __ лист.
5. Ви __ правило.
6. Я __ діалог.
7. Ми __ оповідання.
8. Вона __ журнал.
9. Ви __ речення.

6 Поставте в реченні відповідні особові займенники.
빈칸에 알맞은 인칭대명사를 쓰시오.

Зразок

__ читаємо текст.
Ми читаємо текст.

1. __ читаємо роман.
2. __ читаю журнал.
3. __ читаєте текст.
4. __ читаєш лист.

5. _ читає оповідання.

6. _ читають правило.

7. _ читає речення.

8. _ читаю діалог.

7 Поставте дієслово *повторювати* у правильній формі.

빈칸에 동사 *повторювати*의 알맞은 형태를 쓰시오.

Зразок

Він __ урок.
Він ***повторює*** урок.

1. Ми __ правило.
2. Я __ текст.
3. Він __ слово.
4. Вона __ дієслово.
5. Ви __ діалог.
6. Вони __ речення.

8 Провідміняйте дієслова *повторювати, знати, розуміти, слухати, відповідати* за зразком.

다음 예시와 같이 동사 *повторювати, знати, розуміти, слухати, відповідати*의 형태를 변형하시오.

Зразок

Я ***читаю*** лист.
Ти ***читаєш*** лист.
Він ***читає*** лист.
Ми ***читаємо*** лист.
Ви ***читаєте*** лист.
Вони ***читають*** лист.

1. Я повторюю текст.
2. Я знаю правило.
3. Я розумію речення.
4. Я слухаю радіо.
5. Я відповідаю урок.
6. Я вивчаю мову.

– Він **читає** журнал?
– **Так**, він **читає** журнал.
– **Він** читає **журнал**?
– Ні, **він** не читає **журнал**.

9 Дайте відповіді на запитання спочатку у стверджувальній, а потім у заперечній формі.

질문에 대한 긍정형 대답을 한 후, 부정형 대답을 하시오.

1. Він слухає радіо?
2. Вона читає лист?
3. Вони повторюють текст?
4. Вона читає журнал?
5. Студент знає діалог?
6. Студентка розуміє текст?

10 Дайте відповіді на запитання спочатку у стверджувальній, а потім у заперечній формі.

질문에 대한 긍정형 대답을 한 후, 부정형 대답을 하시오.

1. Ви розумієте текст?
2. Ви слухаєте радіо?
3. Ви читаєте журнал?
4. Ти знаєш правило?
5. Ти повторюєш урок?
6. Ви повторюєте діалог?

11 a) Прочитайте запитання та відповіді.

질문과 답을 읽으시오.

b) Дайте відповіді на запитання.

질문에 답하시오.

A

1.

– Це Борис?

– Так, це Борис.

– Він студент?

– Так, він студент.

– Він читає журнал?

– Так, він читає журнал.

2.

– Хто це?

– Це Віктор.

– Хто він?

– Він студент.

– Він слухає радіо?

– Ні, він читає текст.

В

1.

– Це Ганна?

– __

– Вона студентка?

– __

– Вона читає журнал?

– __

2.

– Хто це?

– __

– Хто вона?

– __

– Вона слухає радіо?

– __

розмовляти

Я розмовля**ю**	Ми розмовля**ємо**
Ти розмовля**єш**	Ви розмовля**єте**
Він розмовля**є**	Вони розмовля**ють**

✓ 기억합시다!

Я розмовляю українською мовою.

Ти розмовляєш українською мовою?

або

Я розмовляю по-українському(по-українськи).

Ти розмовляєш по-українському (по-українськи)?

12 Дайте відповіді на запитання спочатку у стверджувальній, а потім у заперечній формі.
질문에 대한 긍정형 대답을 한 후, 부정형 대답을 하시오.

1. Ганна розмовляє українською мовою?
2. Ян розмовляє українською мовою?
3. Вони розмовляють українською мовою?
4. Ви розмовляєте по-українському?
5. Борис розмовляє англійською мовою?
6. Ти розмовляєш англійською мовою?
7. Ніна й Борис розмовляють англійською мовою?

Студент читає журнал.	
Студентка читає журнал.	**Хто читає** журнал?
Вони читають журнал.	

13 Дайте відповіді на запитання, використовуючи слова в дужках.
괄호 안에 제시된 단어들을 활용하여 질문에 답하시오.

Зразок

– ***Хто повторює*** діалог? (я)
– ***Я повторюю*** діалог.

1. Хто читає текст? (Ганна)
2. Хто добре читає текст? (Ганна й Павло)
3. Хто зараз повторює текст? (вони)
4. Хто знає діалог? (вони)
5. Хто добре знає діалог? (студент і студентка)
6. Хто розмовляє українською мовою? (вони)
7. Хто добре розмовляє українською мовою? (ви)
8. Хто зараз розмовляє українською мовою? (вона)
9. Хто розуміє українську мову? (вона)

говорити	
Я говор**ю**	Ми говор**имо**
Ти говор**иш**	Ви говор**ите**
Він (вона) говор**ить**	Вони говор**ять**

казати	
Я каж**у**	Ми каж**емо**
Ти каж**еш**	Ви каж**ете**
Він (вона) каж**е**	Вони каж**уть**

говорити, казати

Радіо **говорить** тихо.

Він **каже:** «**Говоріть** голосно».

14 Поставте запитання до виділених слів.

표시된 단어에 대한 질문을 만드시오.

Зразок

Борис і Ганна розмовляють українською мовою.
Хто розмовляє українською мовою?

1. ***Павло*** слухає радіо.
2. ***Ганна*** читає журнал.
3. ***Я*** читаю лист.
4. ***Ми*** розмовляємо по-українському.
5. ***Вони*** добре знають урок.
6. ***Ви*** повторюєте текст.
7. ***Ганна*** й ***Марія*** вчать діалог.

03 Прислівник. Питання *Як?*

부사. 의문사 *Як?*

– **Як** він знає урок?

– Він знає урок **добре**.

15 Прочитайте запитання та відповіді.

질문과 답을 읽으시오.

1. – ***Як*** студентка відповідає урок?

   – Студентка відповідає урок ***правильно***.

2. – ***Як*** Віктор читає?

   – Віктор читає ***голосно***.

3. – ***Як*** студенти слухають?

   – Студенти слухають ***уважно***.

4. – ***Як*** Ганна знає текст?

   – Ганна знає текст ***добре***.

16 Дайте відповіді на запитання.

질문에 답하시오.

Зразок

– Як він читає, ***добре*** чи ***погано***?
– Він читає ***добре***.

1. Як ви знаєте діалог, добре чи погано?
2. Як Ганна відповідає урок, правильно чи неправильно?
3. Як говорить Марія, голосно чи тихо?
4. Як ви розумієте текст, погано чи добре?
5. Як ви говорите по-українському, швидко чи повільно?
6. Як ви слухаєте урок, уважно чи неуважно?
7. Як читає викладач, швидко чи повільно?

17 Дайте відповіді на запитання, використовуючи слова в дужках.
괄호 안에 제시된 단어들을 활용하여 질문에 답하시오.

Зразок

– ***Як*** він читає? (повільно)
– Він читає ***повільно***.

1. Як Борис читає по-українському? (добре)
2. Як він читає англійською мовою? (погано)
3. Як студенти відповідають урок? (правильно)
4. Як Ганна читає текст? (швидко)
5. Як Ніна знає алфавіт? (погано)
6. Як вона пише завдання? (повільно)
7. Як вона читає діалог? (голосно)
8. Як студенти слухають урок? (уважно)
9. Як вони розмовляють українською мовою? (повільно)
10. Як говорить радіо? (тихо)

18 Допишіть речення, використовуючи антоніми до виділених слів.
표시된 단어에 대한 반의어를 사용하여 문장을 완성하시오.

Зразок

Він читає ***швидко***, а я ...
Він читає ***швидко***, а я читаю ***повільно***.

1. Студент відповідає ***голосно***, а я __
2. Сестра розмовляє ***швидко***, а брат__
3. Ніна читає ***тихо***, а Павло __
4. Марія розмовляє по-українському ***погано***, а Ганна __
5. Студентка слухає урок ***уважно***, а студент __
6. Я знаю урок ***добре***, а ти __
7. Ви пишете завдання ***правильно***, а вони __
8. Він розмовляє по-українському ***повільно***, а вона __

19 Поставте запитання до виділених слів.

표시된 단어에 대한 질문을 만드시오.

Зразок

– ***Як*** читає Ганна?
– Ганна читає ***тихо***.

1. – ______________________________?

   – Студентка читає повільно.

2. – ______________________________?

   – Студент читає швидко.

3. – ______________________________?

   – Викладач говорить голосно.

4. – ______________________________?

   – Марія говорить тихо.

5. – ______________________________?

   – Він розмовляє англійською мовою погано.

6. – ______________________________?

   – Ян розмовляє українською мовою добре.

7. – ______________________________?

   – Ганна розмовляє по-українському правильно.

20 Дайте відповіді на запитання, використовуючи слова *добре – погано, швидко – повільно, голосно – тихо, правильно – неправильно, уважно – неуважно.*

질문에 대해 *добре – погано, швидко – повільно, голосно – тихо, правильно – неправильно, уважно – неуважно*의 단어를 사용하여 대답하시오.

Зразок

– ***Як*** він слухає?
– Він слухає ***уважно***.

1. Як студент читає?

2. Як він знає текст?

3. Як студентка відповідає урок?

4. Як вона розмовляє українською мовою?

5. Як Оксана знає текст?

6. Як студенти слухають текст?

7. Як ви знаєте урок?

> **Ви знаєте**, як Микола розмовляє англійською мовою?
>
> **Так, я знаю**, як він розмовляє англійською мовою. Він добре розмовляє англійською мовою.
>
> **Ні, я не знаю**, як він розмовляє англійською мовою.

21 Дайте відповіді на запитання.

질문에 답하시오.

1. Ви знаєте, як вона розмовляє українською мовою?

2. Ви знаєте, як Борис розмовляє українською мовою?

3. Ви знаєте, як студенти слухають урок?

4. Ви знаєте, як студенти відповідають урок?

5. Ви знаєте, як вони розмовляють німецькою мовою?

22 Прочитайте текст і перекажіть його.

다음 텍스트를 읽고 텍스트에 대해 이야기하시오.

> Це Ганна. Вона студентка. Це Ян. Він студент. Зараз урок. Викладач читає текст. Він читає текст голосно й повільно. Ганна і Ян слухають. Вони слухають уважно. Потім читає Ганна. Як вона читає? Вона читає повільно, але правильно. Викладач слухає, як читає студентка. Потім викладач говорить: «Ви читаєте по-українському добре».

04 Прислівник. Питання *Коли?*
부사. 의문사 *Коли?*

– **Коли** ви слухаєте радіо?

– Я слухаю радіо **ввечері**.

23 Прочитайте запитання і відповіді.
질문과 답을 읽으시오.

Зразок

– Ви снідаєте ***вранці***?
– Так, я снідаю ***вранці***.

1. Ви обідаєте ***вдень***?
2. Ви вечеряєте ***ввечері***?
3. Ганна працює ***вдень***?
4. Тарас слухає радіо ***ввечері***?
5. Ви читаєте газети ***вранці***?

24 Дайте відповіді на запитання.
질문에 답하시오.

Зразок

– **Коли** ви снідаєте, **вранці** чи **вдень**?
– Я снідаю **вранці**.

1. Коли ви обідаєте, вдень чи ввечері?
2. Коли ви вечеряєте, ввечері чи вдень?
3. Коли ви слухаєте радіо, вранці чи ввечері?
4. Коли ти відпочиваєш, удень чи ввечері?
5. Коли ти читаєш газети, вранці чи ввечері?
6. Коли ти вчишся, вдень чи ввечері?

25 Дайте відповіді на запитання, використовуючи слова *вранці, вдень, ввечері*.

질문에 대해 *вранці, вдень, ввечері*의 단어를 사용하여 답하시오.

Зразок

– ***Коли*** ви снідаєте.
– Я снідаю ***вранці***.

1. Коли ви обідаєте?
2. Коли ви вечеряєте?
3. Коли ви снідаєте?
4. Коли ви читаєте газети?
5. Коли Павло відпочиває?
6. Коли він слухає радіо?
7. Коли він читає книги?
8. Коли Павло вечеряє?

26 Поставте запитання до виділених слів.

표시된 단어에 대한 질문을 만드시오.

1. – ________________________________?

   – Я снідаю ***вранці***.

2. – ________________________________?

   – Ми обідаємо ***вдень***.

3. – ________________________________?

   – Роман слухає радіо ***вранці*** й ***увечері***.

4. – ________________________________?

   – Ганна працює ***вдень***.

5. – ________________________________?

   – Я читаю газети ***вранці***.

6. – ________________________________?

   – Ми вечеряємо ***ввечері***.

05 Дієслово. Питання *Що робить?*

동사. 의문사 *Що робить?*

– **Що робить** студент?	– **Що** він робить?
– Студент **читає**.	– Він **читає**.

27 Прочитайте запитання і відповіді.

질문과 답을 읽으시오.

1. – Що робить викладач?
   – Викладач читає.
2. – Що роблять студенти?
   – Студенти слухають.
3. – Що вони роблять удень?
   – Вдень вони вчаться.
4. – Що робить Андрій?
   – Андрій відповідає урок.
5. – Що ви робите ввечері?
   – Увечері ми відпочиваємо.
6. – Що ви робите зараз? (Що ти робиш зараз?)
   – Я читаю лист.

28 Дайте відповіді на запитання, використовуючи слова в дужках.

괄호 안에 제시된 단어들을 활용하여 질문에 답하시오.

Зразок

– ***Що*** ви ***робите зараз?*** (відпочивати)
– ***Зараз*** ми ***відпочиваємо***.

1. Що ви робите ввечері? (вечеряти, відпочивати,гуляти)
2. Що Павло робить увечері? (вчитися)

3. Що студенти роблять зараз? (читати текст, повторювати дієслова, відповідати урок)
4. Що вони роблять уранці? (снідати, читати газети,слухати радіо)
5. Що ти робиш зараз? (читати лист)
6. Що Ганна робить зараз? (писати вправи)
7. Що вони роблять увечері? (вечеряти, відпочивати, читати журнали)

29 Дайте відповіді на запитання.

질문에 답하시오.

A

1. Що робить Андрій вранці?
2. Що він робить удень?
3. Що студенти роблять зараз?
4. Що вони роблять увечері?
5. Що ви робите зараз?
6. Що ви робите вранці?
7. Що ви робите ввечері?

B

1. Що робить Андрій після обіду?
2. Що ви робите після уроків?
3. Що ви робите після вечері?
4. Що робить Андрій після сніданку?
5. Що робить Ніна після уроку?

30 Поставте запитання до виділених слів.

표시된 단어에 대한 질문을 만드시오.

1. – ______________________________?

   – Вранці Павло ***працює***.

2. – ______________________________?

   – Ввечері ми ***слухаємо*** радіо.

3. – ______________________________?

   – Зараз Ганна ***відпочиває***.

4. – ______________________________?

   – Зараз вони ***обідають***.

5. – ______________________________?

   – Ввечері я ***читаю***.

6. – ______________________________?

   – Вдень я ***працюю***.

7. – ______________________________?

   – Зараз ми вчимо ***уроки***.

31 Прочитайте запитання і відповіді.

질문과 답을 읽으시오.

1. – ***Коли*** Павло працює?

   – Павло працює ***вдень***.

   – ***Що*** він ***робить*** вдень?

   – Вдень він ***працює***.

2. – ***Коли*** він відпочиває?

   – Він відпочиває ***ввечері***.

   – ***Що*** Павло ***робить*** увечері?

   – Ввечері він ***відпочиває***.

3. – ***Коли*** ви читаєте?

   – Я читаю ***ввечері***.

   – ***Що*** ви ***робите*** ввечері?

   – Ввечері я ***читаю***.

32 Прочитайте діалог.

다음 대화를 읽으시오.

– Це Борис.

– Хто він?

– Він студент.

– Що він робить зараз?

– Зараз він відпочиває.

– А коли він вчиться?

– Він вчиться вранці.

– А що він робить увечері?

– Ввечері він гуляє.

33 Допишіть діалог, поставивши запитання до поданих відповідей.

대답에 대한 질문을 써넣어 대화를 완성하시오.

– Це Ніна.

– ______________________________?

– Вона студентка.

– ______________________________?

– Вона вивчає англійську мову.

– ______________________________?

– Вона добре розмовляє англійською мовою.

– ______________________________?

– Вона обідає вдень.

– ______________________________?

– Вона відпочиває ввечері.

34 Поставте дієслова справа у правильній формі.

빈칸에 동사의 알맞은 형태를 쓰시오.

Зразок

Студент ___ диктант.(писати)
Студент ***пише*** диктант.

1. Ян добре ___ українською мовою.	розмовляти
2. Вони завжди ___ рано-вранці.	снідати
3. Зараз вона ___ лист.	писати
4. Ми ___ радіо ввечері.	слухати
5. Сьогодні Ганна ___ урок погано.	знати
6. Ти ___ дієслова?	повторювати
7. Ви ___ урок?	вчити
8. Ви ___ речення?	розуміти
9. Вони ___ українською мовою.	розмовляти
10. Ви ___ англійську мову?	вивчати

35 Поставте дієслова *мати, читати, слухати, писати, розмовляти, вчити* у правильній формі.

빈칸에 *мати, читати, слухати, писати, розмовляти, вчити*의 알맞은 형태를 쓰시오.

1. Увечері я ___ газети й журнали, ___ радіо. А що ви ___ ввечері?
2. Ганна добре ___ англійською мовою. Ви теж добре ___ англійською мовою.
3. Викладач ___ текст. А що ___ студенти? Вони ___, як викладач читає текст.
4. Зараз Таня ___ лист. А що ___ Ганна? Вона ___ урок.
5. Сьогодні Олена добре ___ урок. Ви теж ___ урок?

36 Дайте відповіді на запитання.
질문에 답하시오.

A

1. Як ви розмовляєте українською мовою?
2. Як Ганна читає українською мовою?
3. Вона знає сьогодні урок?
4. Як вона пише?

B

1. Коли ви снідаєте?
2. Коли Павло працює?
3. Коли він відпочиває?
4. Коли ви обідаєте?
5. Коли ви слухаєте радіо?

C

1. Що роблять студенти вдень?
2. Що вони роблять увечері?
3. Що ви робите зараз?
4. Що ви робите ввечері?
5. Як ви розмовляєте українською мовою?
6. Ганна добре знає урок?
7. Вона читає українською мовою швидко?
8. Ви читаєте газети вранці?
9. Ви працюєте вдень?

37 Поставте запитання до виділених слів.
표시된 단어에 대한 질문을 만드시오.

1. Це ***Ганна.***
2. Вона ***добре*** розмовляє англійською мовою.
3. Вона читає ***швидко.***
4. Це ***студенти***.
5. Вони ***обідають.***
6. Вони розмовляють ***по-українському*** добре.
7. Вранці Павло ***працює.***
8. Він відпочиває ***ввечері.***
9. Зараз він ***читає*** газети.
10. Павло читає газети ***вранці й увечері.***

38 Дайте відповіді на запитання за зразком.
질문에 답하시오.

Зразок

– Ви знаєте, що він робить?
– Так я знаю, що він робить. Він пише лист.
– Ні, я не знаю, що він робить.

Ви знаєте, коли Павло працює?

Ви знаєте, що він робить увечері?

Ви знаєте, коли він відпочиває?

Ви знаєте, що Ганна робить зараз?

Ви знаєте, коли вона робить домашнє завдання?

Ви знаєте, як вона розмовляє українською мовою?

Ви знаєте, коли ми обідаємо?

Ви знаєте, що ми робимо після обіду?

06 Рід іменників. Присвійні займенники *мій, твій, наш і ваш*

성명사. 소유대명사 *мій, твій, наш, ваш*

Це **мій (твій)** журнал.	Це **моя (твоя)** книга.
Це **моє (твоє)** фото.	Це **наша (ваша)** книга.
Це **наш (ваш)** журнал.	Це **наше (ваше)** фото.

39 Поставте присвійні займенники у правильній формі.

빈칸에 알맞은 형태의 소유격 대명사를 쓰시오.

Зразок

Це ____ кімната.
Це ***моя*** кімната.

A мій, моя, моє

1. Це __ стіл.
2. Це __ ручка.
3. Це __ олівець.
4. Це __ пальто.
5. Це __ газета.
6. Це __ друг.
7. Це __ мама.
8. Це __ тато.

B твій, твоя, твоє

1. Це __ журнал?
2. Це __ кімната.
3. Це __ фото?
4. Це __ книга?
5. Це __ підручник?
6. Це __ брат?
7. Це __ сестра?

C наш, наша, наше

1. Це __ школа?
2. Це __ дім?
3.Це __ вікно.
4. Це __ бібліотека?
5. Це __ університет.
6. Це __ клуб?
7. Це __ студентка?
8. Це __ викладач.

D ваш, ваша, ваше

1. Це __ лист?
2. Це __ газета?
3. Це __ ручка?
4. Це __ журнал?
5. Це __ радіо?
6. Це __ викладач?
7. Це __ дочка?
8. Це __ син?

기억합시다!

Мій собака. Моя мати.

40 Поставте слова у три колонки, групуючи їх за родами.

다음의 단어들을 성에 따라 세 부분으로 분류하시오.

Зразок

Це ***мій*** стіл.
Це ***моя*** кімната.
Це ***моє*** фото.

Кімната, лампа, олівець, брат, батько, мати, сестра, радіо, газета, дідусь, бабуся, син, дочка, стілець, вікно,пальто, шафа, карта, портфель, костюм, словник,зошит, олівець, підручник, друг, подруга, приятель, дім, гуртожиток, журнал, картина, слово, вправа, машина, завдання,питання.

41 Поставте особові займенники *він, вона, воно.*

빈칸에 인칭대명사 *він, вона, воно*를 쓰시오.

Зразок

Це мій стіл.	___ стоїть тут.
Це мій стіл.	***Він*** стоїть тут.

1. Це наш викладач. __ читає текст.
2. Це моя сестра. __ працює вдень.
3. Це мій брат. __ слухає радіо.
4. Це твоя подруга. __ пише лист.
5. Це наш студент. __ говорить по-українському.
6. Це моє радіо. __ стоїть тут.
7. Це ваша ручка. __ лежить там.
8. Це мій словник. __ лежить тут.
9. Це твій зошит. __ лежить там.
10. Це наша шафа. __ стоїть там.
11. Це наша машина. __ стоїть там.

07 Дієслово. Минулий час
동사. 과거형

казати, говорити

Студент каза**в**.	Він каза**в**.
Студентка каза**ла**.	Вона каза**ла**.
Студенти каза**ли**.	Вони каза**ли**.
Радіо говори**ло**.	Воно говори**ло**.

42 Дайте відповіді на запитання.
질문에 답하시오.

Зразок

– Ти читав сьогодні газети?
– Так, я читав сьогодні газети.

1. Студент ***читав*** текст?
2. Студентка ***читала*** журнал?
3. Ви ***читали*** сьогодні газети?
4. Вони ***писали*** сьогодні диктант?
5. Ваш друг ***писав*** учора лист?
6. Ти ***слухав*** радіо сьогодні?
7. Ви ***гуляли*** вчора ввечері?
8. Ти ***працював*** учора?

43 Поставте запитання до виділених слів.

표시된 단어에 대한 질문을 쓰시오.

Зразок

Вранці він *слухав* радіо.

Що він *робив* вранці?

1. Вдень ми ***працювали***.
2. Увечері ми ***відпочивали***.
3. Вчора ввечері я ***писав листи***.
4. Вранці вона ***читала*** газети.
5. Увечері ми ***дивилися телевізор***.
6. Сьогодні вранці вона ***дивилася фільм***.
7. Вранці я ***вчив*** текст.

44 Поставте запитання до виділених слів.

표시된 단어에 대한 질문을 쓰시오.

1. – ________________________________?

   – Вдень ми ***працювали***.
2. – ________________________________?

   – Увечері ми ***відпочивали***.
3. – ________________________________?

   – Вчора ввечері я ***писав*** лист.
4. – ________________________________?

   – Вранці вона ***читала*** газети.
5. – ________________________________?

   – Вони ***слухали*** магнітофон.
6. – ________________________________?

   – Увечері я ***робив*** домашнє завдання.
7. – ________________________________?

   – Увечері ми ***дивилися*** телевізор.

45 Напишіть дієслова у минулому часі.

다음 동사들의 과거시제를 쓰시오.

Зразок

читати – він ***читав***, вона ***читала***, вони ***читали***

a) знати, слухати, думати, запитувати, відповідати, снідати, обідати, вечеряти;

b) працювати, повторювати, готувати;

c) робити, говорити, вчити;

d) писати, дивитися, вчитися.

46 Дайте відповіді на запитання, використовуючи дієслова і вирази *працювати, відпочивати, гуляти, вчити урок, дивитися фільм, читати газети, писати диктант.*

*працювати, відпочивати, гуляти, вчити урок, дивитися фільм, читати газети, писати диктант*를 사용하여 질문에 대한 답을 쓰시오.

1. Що робив ваш друг учора?
2. Що він робив увечері?
3. Що робили студенти вранці?
4. Що вони робили вдень?
5. Що ви робили ввечері?
6. Що ви робили сьогодні вранці?
7. Що ви робили сьогодні вдень?

47 Замініть теперішній час дієслів минулим.

현재시제 동사를 과거시제로 바꿔 쓰시오.

Зразок

Він працює. – Він працював.

A

1. Вони відповідають на запитання.
2. Я снідаю.
3. Вони гуляють.
4. Ми читаємо книгу.
5. Вона питає студента.
6. Він обідає вдень.
7. Вона вчить урок.
8. Вони слухають радіо.
9. Вони вечеряють удома.

B

1. Він пише.
2. Я готую обід.
3. Вони дивляться фільм.
4. Вони говорять тихо.
5. Ми працюємо.
6. Ви розповідаєте текст.

48 Змініть теперішній час дієслів минулим.

현재시제 동사를 과거시제로 바꿔 쓰시오.

Зразок

Вона *читає* швидко. Вона *читала* швидко.

1. Він розмовляє по-українському.
2. Я роблю домашнє завдання.
3. Вранці вони слухають радіо.
4. Я читаю лист.
5. Студентка добре знає текст.
6. Наш викладач пояснює урок.
7. Викладач запитує, а студенти відповідають.
8. Удень ми працюємо, а ввечері відпочиваємо.

49 Перепишіть текст, змінюючи теперішній час дієслів минулим.

다음 텍스트의 현재시제 동사를 과거시제로 바꿔 쓰시오.

Що ми робимо на уроці? Ми читаємо текст. Потім викладач запитує, а ми відповідаємо. Ян переказує текст швидко й правильно, він добре знає слова. Коли він відповідає, ми слухаємо уважно. Потім викладач пояснює урок. Ми розуміємо, що говорить викладач. Ми повторюємо дієслова, пишемо диктант, говоримо по-українському. Всі студенти працюють добре.

50 Перепишіть текст, змінюючи теперішній час дієслів минулим.

다음 텍스트의 현재시제 동사를 과거시제로 바꿔 쓰시오.

Що я роблю ввечері? Я відпочиваю, читаю газети й журнали. Потім я роблю домашнє завдання: вчу слова, повторюю діалоги, пишу вправи. Мій брат теж робить домашнє завдання. Потім ми вечеряємо, дивимося телевізор і слухаємо радіо.

Студент читав журнал.

Студентка читала журнал. **Хто читав** журнал?

Вони читали журнал.

51 Поставте запитання до виділених слів.

표시된 단어에 대한 질문을 쓰시오.

Зразок

Студенти читали текст. ***Хто*** читав текст?

1. ***Студентка*** вчила урок.
2. ***Вона*** добре відповідала урок.
3. Учора ***вони*** дивилися телевізор.
4. ***Ніна*** читала газети.
5. ***Вони*** говорили по-українському.
6. Учора ***я і Петро*** дивилися фільм.

52 **Поставте запитання до виділених слів.**
표시된 단어에 대한 질문을 쓰시오.

1. ***Студентка*** писала лист.
2. Сьогодні ***я*** добре відповідала урок.
3. Учора ***ми*** дивилися фільм.
4. Сьогодні ***студенти*** писали диктант.
5. ***Ти*** вчила діалог.
6. ***Вони*** говорили по-українському.
7. ***Я*** не працював сьогодні.

53 **Поставте запитання до виділених слів.**
표시된 단어에 대한 질문을 쓰시오.

1. ***Я*** читаю журнал.
2. ***Студенти*** сидять у класі.
3. ***Ми*** писали диктант.
4. ***Вони*** купують газети вранці.
5. ***Ви*** добре розмовляєте по-українському.
6. ***Студенти та викладачі*** вчора не працювали.

Журнал лежав там. **Книга лежала** там. **Фото лежало** там. **Журнали лежали** там.	**Що лежало** там?

54 Поставте запитання до виділених слів.

표시된 단어에 대한 질문을 쓰시오.

1. ***Книга*** лежала на столі.
2. ***Словник*** лежав на столі.
3. ***Ваза*** стояла на столі.
4. ***Столи*** стояли в класі.
5. ***Газети*** лежали на столі.
6. ***Квіти*** стояли на столі.

55 Поставте запитання до виділених слів.

표시된 단어에 대한 질문을 쓰시오.

1. ***Студенти*** слухають радіо.
2. ***Ми*** пишемо диктант.
3. ***Я*** пишу лист.
4. Учора ***студенти*** були в кіно.
5. ***Вони*** дивилися фільм.
6. ***Журнали*** лежали на столі.
7. ***Студенти*** сиділи в класі.
8. ***Шафа*** стояла тут.

08 Дієслово. Майбутній час
동사. 미래형

Я **буду**		Ми **будемо**	
Ти **будеш**	**читати**	Ви **будете**	**читати**
Він **буде**	журнал	Вони **будуть**	журнал
Вона **буде**			

Я **читатиму**		Ми **читатимемо**	
Ти **читатимеш**	журнал	Ви **читатимете**	журнал
Він **читатиме**		Вони **читатимуть**	
Вона			

56 **Дайте відповіді на запитання.**
질문에 답하시오.

Зразок

– ***Ви будете слухати радіо?***
– ***Так, я буду слухати радіо.***

1. Він буде читати газети?
2. Сьогодні ми будемо розповідати текст?
3. Наш викладач буде пояснювати урок?
4. Ти будеш відпочивати після обіду?
5. Ти будеш писати лист увечері?
6. Ви будете обідати?
7. Ви будете повторювати дієслова?
8. Він буде ввечері дивитися телевізор?
9. Вони будуть завтра писати диктант?
10. Ваш брат буде вивчати українську мову?
11. Ти будеш вечеряти?

57 Поставте дієслово в дужках у майбутньому часі.

괄호 안의 동사를 미래시제로 바꿔 쓰시오.

Зразок

Ми ___ вдома. (*обідати*)
Ми ***будемо обідати*** вдома.

1. Зараз викладач __ урок. (пояснювати)
2. Студенти __ урок. (слухати)
3. Вдома я __ вправу. (робити)
4. Завтра ми __ диктант. (писати)
5. Увечері вони __ телевізор (дивитися), а я __ радіо. (слухати)
6. Ти __ українську мову? (вивчати)
7. Ганна теж __ українську мову? (вивчати).

58 Замініть теперішній час дієслів майбутнім.

현재시제 동사를 과거시제로 바꿔 쓰시오.

Зразок

Я ***пишу*** лист.
Я ***буду писати*** лист.

1. Викладач пояснює урок.
2. Студенти слухають.
3. Цей студент розповідає текст.
4. Ми дивимося телевізор увечері.
5. Ми розмовляємо по-українськи добре.
6. Я працюю вдень.
7. Після вечері я роблю домашнє завдання.
8. Потім я слухаю музику.

기억합시다!

Дні тижня ЩО?	*КОЛИ?*
понеділок	в понеділок
вівторок	у вівторок
середа	у середу
четвер	у четвер
п'ятниця	у п'ятницю
субота	у суботу
неділя	в неділю

59 **Дайте відповіді на запитання, використовуючи слова і вирази *відпочивати, слухати музику, читати журнали і газети, дивитися телевізор, вчити урок, дивитися фільм, писати диктант, писати лист*.**

*відпочивати, слухати музику, читати журнали і газети, дивитися телевізор, вчити урок, дивитися фільм, писати диктант, писати лист*를 사용하여 질문에 대한 답을 쓰시오.

1. Що буде робити Ганна в неділю?
2. Що вона буде робити в суботу?
3. Що буде робити Борис у понеділок?
4. Що він буде робити завтра ввечері?
5. Що ви будете робити в четвер?
6. Що ви будете робити сьогодні вдень?
7. Що будуть робити студенти в середу вранці?
8. Що вони будуть робити у вівторок увечері?
9. Що ти будеш робити в п'ятницю після уроків?
10. Що ти будеш робити завтра вранці?

60 **Замініть теперішній час дієслів майбутнім.**

현재시제 동사를 미래시제로 바꿔 쓰시오.

На уроці ми перевіряємо домашнє завдання. Студенти читають вправи і розповідають текст. Викладач питає, а ми відповідаємо. Потім я пишу на дошці дієслова, а мій друг читає ці дієслова. Викладач пояснює урок. Ми уважно слухаємо.

09 Іменник. Множина
명사: 복수

	-и	-і	-а
він 남성	брат – брати	лікар – лікарі, ніж – ножі викладач – викладачі	
вона 여성	сестра – сестри	ніч – ночі	
воно 중성			вікно – вікна місто – міста

61 Поставте іменники у формі множини.
다음 명사들의 복수형을 쓰시오.

Клас, завод, урок, школа, машина, книжка, журнал, газета, текст, дієслово, помилка, ручка, зошит, студентка, дівчина, хлопець, викладач, студент, портфель, фільм, магазин, костюм, фірма, парк, буква.

62 Поставте іменники у формі однини.
다음 명사들의 단수형을 쓰시오.

1. Листи, брати, столи.
2. Сестри; ночі.
3. Лікарі, приятелі, ключі, перекладачі, плащі.
4. Дієслова, вікна, міста, слова, дерева.
5. Життя – життя, кафе – кафе,таксі – таксі.

-ї	-я
лекція – лекції	місце – місця
аудиторія – аудиторії	поле – поля
лабораторія – лабораторії	оповідання – оповідання
екскурсія – екскурсії	питання – питання
станція – станції	
сім'я – сім'ї	

기억합시다!

Однина 단수	**Множина** 복수
мати	матері
дитина	діти
людина	люди
друг	друзі
дівчина	дівчата

63 Поставте іменники у формі множини.

다음 명사들의 복수형을 쓰시오.

Шафа, стіл і стілець; приятель і друг; сестра та брат; студент, студентка та викладач; книга, зошит і словник; місто, сад і парк; журнал, газета й лист; урок, лекція й екскурсія; літера, слово та речення.

64 Поставте іменники у формі множини.

다음 명사들의 복수형을 쓰시오.

Зразок

Це *зошит*.
Це *зошити*.

1. Це театр.
2. Це аудиторія.
3. Це лампа.
4. Це костюм.
5. Це студент.
6. Це портфель.
7. Це дім.
8. Це магазин.
9. Це ручка.
10 Це студентка.
11. Це лист.
12. Це слово.
13. Це газета.
14. Це підручник.
15. Це стілець.
16. Це місто.
17. Це словник.

65 Замініть форму однини множиною.

단수명사를 복수명사로 바꿔 쓰시오.

A

Зразок

Студент читає ***журнал***.
Студент читає ***журнали***.

1. Сестра пише лист.
2. Я читаю оповідання.
3. Вони дивилися фільм.
4. Студентка повторює текст.
5. Студент пише лист.
6. Ми пишемо диктант.
7. Я пишу слово.

B

Зразок

На столі лежить ***книга***.
На столі лежать ***книги***.

1. На столі лежить газета.
2. На стіні висить карта.
3. На вікні стоїть лампа.
4. У класі сидить студент.
5. На стіні висить картина.
6. У класі стоїть стіл і стілець.

C

Зразок

Вона пише ***лист***.
Вони пишуть ***листи***.

1. Студент читає урок.
2. Викладач перевіряє завдання.
3. Студентка читає журнал.
4. Я пишу речення.
5. Він купив підручник.

66 Замініть форму множини одниною.

복수명사를 단수명사로 바꿔 쓰시오.

Зразок

Я пишу ***листи***.
Я пишу ***лист***.

1. Я купив зошити й олівці.
2. Джон читав журнали.
3. Ми писали диктанти й завдання.
4. У класі стоять столи й стільці.
5. На столі лежать книги, газети й словники.
6. Викладачі говорять українською мовою.

67 Перекладіть українською мовою.

우크라이나어로 번역하시오.

1. 학생이 이야기를 읽고있다. 학생들이 그가 읽는 것을 듣고 있다.
2. 선생님과 학생들이 우크라이나어로 말하고 있다.
3. 나는 아침에 신문과 잡지를 산다. 나는 지금 잡지를 읽고있다.
4. 매일 우리는 단어들을 공부하고, 동사들을 복습하고, 연습문제를 쓰고 텍스트를 읽는다.
5. 여기 책, 연습교재, 연필, 펜, 그리고 사전이 있다(복수).
6. 여기 책상과 의자들이 있다.

10 Присвійні займенники. *Питання Чий? Чия? Чиє? Чиї?*

소유대명사. 의문사 *Чий? Чия? Чиє? Чиї?*

Це я (Це ти)	Це **мій (твій)** журнал. Це **моя (твоя)** газета. Це **моє (твоє)** оповідання. Це **мої (твої)** книги.	**Чий** це журнал? **Чия** це газета? **Чиє** це оповідання? **Чиї** це книги?
Це ми (Це ви)	Це **наш (ваш)** журнал. Це **наша (ваша)** газета. Це **наше (ваше)** оповідання. Це **наші (ваші)** книги.	**Чий** це журнал? **Чия** це газета? **Чиє** це оповідання? **Чиї** це книги?
Це вони Це студенти	Це **їхній** журнал. Це **їхня** газета. Це **їхнє** оповідання. Це **їхні** книги.	**Чий** це журнал? **Чия** це газета? **Чиє** це оповідання? **Чиї** це книги?
Це він Це студент	Це **його** дім. Це **його** кімната. Це **його** ліжко. Це **його** речі.	**Чий** це дім? **Чия** це кімната? **Чиє** це ліжко? **Чиї** це речі?
Це вона Це студентка	Це **її** зошит. Це **її** ручка. Це **її** ім'я. Це **її** вправи.	**Чий** це зошит? **Чия** це ручка? **Чиє** це ім'я? **Чиї** це вправи?

68 Поставте запитання до виділених слів.

표시된 단어에 대한 질문을 쓰시오.

Зразок

Це ***мій*** журнал.
Чий це журнал?

A

1. Це ***мій*** словник.
2. Це ***твій*** олівець.
3. Це ***наш*** клас.
4. Це ***ваш*** викладач.
5. Це ***їхній*** дім.
6. Це ***його*** друг.
7. Це ***її*** брат.

B

1. Це ***моя*** ручка.
2. Це ***твоя*** книга.
3. Це ***наша*** аудиторія.
4. Це ***ваша*** кімната.
5. Це ***його*** сестра.
6. Це ***її*** газета.
7. Це ***їхня*** мати.

C

1. Це ***моє*** ім'я.
2. Це ***твоє*** прізвище.
3. Це ***наше*** радіо.
4. Це ***ваше*** вікно.
5. Це ***їхнє*** місто.
6. Це ***його*** село.
7. Це ***її*** оповідання.

69 Поставте відповідні присвійні займенники.

빈칸에 알맞은 소유 대명사를 쓰시오.

Зразок

Сестра живе тут. Це __ кімната.
Це *її* кімната.

1. ***Студент*** вчить уроки. Це __ підручник.
2. ***Я*** читаю журнал. Це __ журнал.
3. ***Ви*** пишете лист. Це __ ручка.
4. ***Ти*** вчиш слова. Це __ словник.
5. ***Батько*** вдома. Це __ пальто.
6. ***Ми*** сидимо тут. Це __ клас.
7. ***Вони*** працюють тут. Це __ місце.
8. ***Студенти*** пишуть вправи. Це __ домашнє завдання.
9. ***Студентка*** пише. Це __ ручка.

70 Дайте відповіді на запитання, використовуючи присвійні займенники ***мій, твій, його, її, наш, ваш, їхній.***

*мій, твій, його, її, наш, ваш, їхній*를 사용하여 질문에 대한 답을 쓰시오.

1. Чия це кімната?
2. Чий це клас?
3. Чиє це місце?
4. Чий це зошит?
5. Чиє це пальто?
6. Чий це словник?
7. Чия це сестра?
8. Чия мати часто пише листи?
9. Чий приятель сидить там?
10. Чий друг добре розмовляє українською мовою?

11. Чий журнал ви читаєте?
12. Чиє пальто висить там?
13. Чий костюм висить у шафі?
14. Чий портфель лежить тут?
15. Чия сестра вивчає українську мову?
16. Чий друг живе у Києві?

71 Поставте запитання до виділених слів.

표시된 단어에 대한 질문을 쓰시오.

Зразок

Це ***мої*** зошити.
Чиї це зошити?

1. Це ***ваші*** газети.
2. Це ***його*** журнали.
3. Це ***наші*** друзі.
4. Це ***твої*** олівці.
5. Це ***їхні*** книги.
6. Це ***її*** речі.
7. Це ***наші*** приятелі.
8. Це ***його*** костюми.
9. Це ***ваші*** листи.
10. Це ***мої*** ключі.

72 Поставте запитання до виділених слів.

표시된 단어에 대한 질문을 쓰시오.

Зразок

А. Це ***моя*** шафа. ***Чия*** це шафа?	В. ***Його*** батько працює в школі. ***Чий*** батько працює в школі?

А

1. Це ***наша*** кімната.
2. Це ***мій*** плащ.
3. Це ***ваша*** книга.
4. Це ***твоє*** вікно.
5. Це ***її*** пальто.
6. Це ***його*** стіл.
7. Це ***наше*** місто.
8. Це ***ваш*** костюм.
9. Це ***моя*** ручка.
10. Це ***їхній*** клас.
11. Це ***мій*** олівець.
12. Це ***мої*** друзі.
13. Це ***наші*** підручники.

В

1. ***Мій*** брат працює в школі.
2. ***Твої*** книги лежать тут.
3. ***Його*** приятель живе в Харкові.
4. ***Її*** сестра вивчає українську мову.
5. ***Його*** мати часто пише листи.
6. ***Ваша*** подруга добре розмовляє українською мовою.

73 Перекладіть українською мовою.

우크라이나어로 번역하시오.

1. 이쪽은 내 친구 존이다. 그의 남자 형제는 우크라이나어를 배운다.
2. 이쪽은 앤과 그녀의 아버지다.
3. 이것은 우리 교실이다. 여기에는 우리의 책가방과 책들이 있다.
4. 이쪽은 학생들이고, 저쪽은 그들의 선생님이다.
5. <저 잡지는 누구 거니?> <그것은 그녀의 잡지야>.
6. <그것은 누구의 자동차니?> <그것은 그의 차야>.
7. <이것들은 누구의 책이니?> <그것들은 너의 책이야>.
8. <그것은 누구의 편지니?> <그것은 내 편지야>.

11 Конструкція У *мене є…*, У *тебе є…*

*У мене є…, У тебе є…*구문

У мене є **У тебе** є **У нього** є **У неї** є **У нас** є **У вас** є **У них** є	брат

74 Дайте відповіді на запитання у стверджувальній формі.

질문에 대해 긍정문으로 답하시오.

Зразок

– ***У нього*** є приятель?
– Так, ***у нього*** є приятель.

1. У нього є радіо?
2. У нього є олівець?
3. У нього є підручник?
4. У нього є словник?
5. У нього є сестра?
6. У нього є мати?
7. У нього є газети?
8. У них є зошити?
9. У неї є ручка?
10. У неї є брат?
11. У неї є журнали?
12. У неї є конверт?
13. У неї є марка?
14. У неї є батько?
15. У них є підручники?
16. У них є друзі в Києві?
17. У них у кімнаті є радіо?

75 Дайте відповіді на запитання у стверджувальній формі.
질문에 대해 긍정문으로 답하시오.

Зразок

– ***У вас*** є підручник?
– ***Так, у мене*** є підручник.

A

У вас є сестра?
У вас є ручка?
У вас є словник?
У вас є зошити?
У вас є брат?
У вас є олівець?
У вас є підручник?
У вас є журнал?
У вас є годинник?

B

У тебе є сестра?
У тебе є ручка?
У тебе є газета?
У тебе є папка?
У тебе є брат?
У тебе є плащ?
У тебе є гроші?

76 Перекладіть запитання на українську мову і дайте відповіді.
질눈을 우크라이나어로 번역한 후, 그에 대한 답을 하시오.

1. 당신에게 연필이 있습니까?
2. 그녀에게 잡지가 있습니까?
3.그에게 펜이 있습니까?
4.당신에게 (어떤 것이든) 책이 있습니까?
5. 그들에게 차가 있습니까?
6. 당신에게 남자형제가 있습니까?
7. 그에게 아빠가 있습니까?
8. 당신에게 사전이 있습니까?
9. 당신에게 폴더가 있습니까?
10. 그녀에게 교재가 있습니까?

77 Поставте відповідні присвійні займенники у речення.

빈칸에 알맞은 소유 대명사를 쓰시오.

Зразок

У нього є газета. Це __ газета.
Це *його* газета.

1. У неї є словник. Це __ словник.
2. У мене є підручник. Це __ підручник.
3. У вас є радіо. Це __ радіо.
4. У них є машина. Це __ машина.
5. У нас у класі є карта. Це __ карта.
6. У мене є журнал. Це __ журнал.
7. У неї є друзі. Це __ друзі.
8. У них є книги. Це __ книги.
9. У вас є гроші. Це __ гроші.
10. У тебе є брат. Це __ брат.
11. У мене є друг. Це __ друг.
12. У неї є годинник. Це __ годинник.
13. У нього є портфель. Це __ портфель.
14. У них є олівці. Це __ олівці.

Учора у нас	**був** урок. **була** лекція. **було** змагання. **були** екзамени.

78 Дайте відповіді на запитання у стверджувальній формі.

질문에 대해 긍정문으로 답하시오.

Зразок

– У вас були вчора лекції?
– Так, вчора у нас були лекції.

1. У вас сьогодні був урок?
2. У вас був у суботу вечір?
3. У них сьогодні була лекція?
4. У них вчора було змагання?
5. У тебе був у середу екзамен?
6. У них в неділю була екскурсія?

Завтра у нас **буде**	урок. лекція.
Завтра у нас **будуть**	змагання. екзамени.

79 Дайте відповіді на запитання у стверджувальній формі.

질문에 대해 긍정문으로 답하시오.

1. У вас завтра буде урок?
2. У нас завтра буде лекція?
3. У нас сьогодні будуть змагання?
4. У неділю у вас буде екскурсія?
5. Завтра у нас у клубі буде вечір?
6. Завтра у них будуть екзамени?
7. Завтра у нас будуть лекції?

12 Вказівні займенники *цей, ця, це, ці*. Питання *Який ? Яка? Яке? Які?*

지시대명사 *цей, ця, це, ці*. **의문사** *Який ? Яка? Яке? Які?*

Цей студент пише на дошці. **Ця студентка** добре розмовляє українською мовою. **Це слово** є у словнику. **Ці студенти** пишуть диктант.	**Який** студент пише на дошці? **Яка** студентка добре розмовляє українською мовою? **Яке** слово є у словнику? **Які** студенти пишуть диктант?

80 Поставте вказівні займенники *цей, ця, це або ці*.

빈칸에 지시대명사 *цей, ця, це, ці*를 적절히 넣으시오.

1. __ студентка добре розмовляє українською мовою.
2. Я читав __ журнал.
3. Ви добре знаєте __ текст.
4. __ студент раніше жив у Лондоні.
5. __ дівчина вивчає українську мову.
6. Вони купили __ книги в магазині.
7. Ми вже знаємо __ дієслова.
8. Ми писали __ вправи вдома.
9. Я писав __ лист.
10. Ми вже повторили __слова.
11. У них є __ підручники.
12. Мій приятель бачив __ фільм.

81 Дайте відповіді на запитання у стверджувальній формі.

질문에 대해 긍정문으로 답하시오.

Зразок

– Ви бачили ***цей фільм***?
– Так, я бачив ***цей фільм***.

1. Ви читали цей журнал?
2. Ви купили цей підручник?
3. Ви бачили цей балет?
4. Ця студентка знає українську мову?
5. Ця дівчина вивчає українську мову?
6. Ця викладачка говорить українською мовою?
7. Ви знаєте це слово?
8. Ви писали вдома це завдання?
9. Ви давно купили це пальто?
10. Ці студенти були в Києві?
11. Ви читали ці газети?
12. Ви знаєте ці дієслова?

82 Поставте запитання до виділених слів.

표시된 단어에 대한 질문을 쓰시오.

1. ***Ця*** книга лежала на столі.
2. ***Цей*** студент раніше жив у Львові.
3. ***Ця*** дівчина працює тут.
4. Вчора ***ці*** студенти були в театрі.
5. Ганна читала ***цей*** журнал.
6. Вдома ми писали ***ці*** вправи.
7. Ми вчили ***ці*** дієслова.
8. Джон читав ***це*** оповідання.

83 Прочитайте запитання і відповіді.

질문과 답을 읽으시오.

1. – ***Що це?*** – ***Це журнал***.

   – ***Який*** журнал ви читали? – Я читав ***цей журнал***.

2. –***Що це?*** – ***Це*** книга.

   – ***Яка*** книга лежить на столі? – ***Ця*** книга лежить на столі.

3. –***Що це?*** – ***Це*** завдання.

   – ***Яке*** завдання ви писали вчора? – Я писала вчора ***це*** завдання.

4. –***Що це?*** – ***Це*** газети.

   – ***Які*** газети ви купили в кіоску? – Я купила в кіоску ***ці*** газети.

5. –***Хто це?*** – ***Це*** студент.

   – ***Який*** студент добре розмовляє українською мовою?

   –***Цей*** студент добре розмовляє українською мовою.

6. –***Хто це?*** – ***Це*** студентка.

   – ***Яка*** студентка добре розмовляє українською мовою?

   – ***Ця*** студентка добре розмовляє українською мовою.

7. –***Хто це?*** – ***Це*** студенти.

   – ***Які*** студенти живуть тут? – ***Ці*** студенти живуть тут.

84 Поставте вказівні займенники цей, ця, це або ці.

빈칸에 지시대명사 цей, ця, це, ці를 적절히 넣으시오.

Зразок

__ зошит. – __ зошит лежить тут.
Це зошит. ***Цей*** зошит лежить тут.

1. – Що __? – __ мій портфель. Я купив __ портфель. Скільки коштує __ портфель?
2. Я не знаю __ слово.
3. Він читав __ газети вчора ввечері.
4. Ви бачили __ фільм?
5. __ театр. __ театр розташований у центрі.

6. _ викладач. _ викладач працює тут давно.

7. _ стіл раніше стояв тут, а __ столи стояли там.

8. – Що __? – __ книга. Скільки коштує __ книга?

9. _ аудиторія. _ аудиторія розташована праворуч.

10. _ крейда. _ крейда лежить на столі.

11. _ стіл. _ стіл стоїть у класі.

12. _ картина. _ картина висить на стіні.

13. _ студент. _ студент вивчає українську мову.

14. _ вікно. _ вікно розміщено ліворуч.

15. _ студенти. _ студенти зараз відпочивають.

13 Прикметник. Прикметники твердої групи (закінчення *-ий, -а, -е, -і*)

형용사. 형용사. 경음인 경우의 형용사 (어미 *-ий, -а, -е, -і*)

Це нов**ий** дім. Це нов**а** книжка. Це нов**е** пальто. Це нов**і** книжки.	Це молод**ий** лікар. Це молод**а** артистка. Це молод**е** дерево. Це молод**і** люди.

85 Поставте прикметники у правильній формі.

빈칸에 알맞은 형태의 형용사를 쓰시오.

1 ***новий***

__ дім, __ книга, __ місто, __ журнали.

2. ***старий***

__ костюм, __ папка, __ місто, __ газети.

3. ***білий***

__ костюм, __ стіна, __ пальто, __ машини.

4. ***чорний***

__олівець, __ ручка, __ пальто, __ машини.

86 Поєднайте прикметники *червоний, білий, жовтий, чорний, зелений, темний, світлий або сірий з іменниками.*

형용사 *червоний, білий, жовтий, чорний, зелений, темний, світлий, сірий*를 명사와 연결하여 쓰시오.

Зразок

білий папір, чорна ручка, темне пальто, зелені лампи.

1. олівець, костюм, стіл, автобус, портфель;
2. ручка, машина, сорочка, стіна, лампа, папка;
3. пальто, вікно, плаття;
4. олівці, ручки, зошити, будинки, плащі, стіни.

14 Прикметники м'якої групи (закінчення *-ій, -я, -є, -і*)

연음인 경우의 형용사 (어미 *-ій, -я, -є, -і*)

Це син**ій** костюм.
Це син**я** шапка.
Це син**є** пальто.
Це син**і** костюми.

87 Поставте прикметники у правильній формі.
빈칸에 알맞은 형태의 형용사를 쓰시오.

Зразок

давній друг, давня історія, давнє слово, давні речі

погода	***осінній***
день	
екзамен	***літній***
листи	
клас	***сусідній***
будинок	
пальто	***синій***
вікна	
костюм	***давній***
кімната	

88 Поставте прикметники *останній, домашній, сусідній, літній, осінній і синій* у правильній формі.

빈칸에 형용사 *останній, домашній, сусідній, літній, осінній, синій*를 알맞은 형태로 쓰시오.

1. Це __ зошит.
2. Це __ урок.
3. Це __ лист.
4. Це __ сукня.
5. Це __ костюм.
6. Це __ аудиторія.
7. Це __ шапка.
8. Це __ завдання.
9. Це __ оповідання.
10. Це __ екзамен.
11. Це __ пальто.

89 Поєднайте прикметники з іменниками.

형용사와 명사를 연결하여 쓰시오.

Зразок

високий __ **високий будинок**
висока __ **висока дівчина**
високе __ **високе дерево**
високі __ **високі будинки**

низький __
низька __
низьке __
низькі __

маленький __
маленька __
маленьке __
маленькі __

київський __
київська __
київське __
київські __

український __
українська __
українське __
українські __

90 Замініть форму однини множиною.

단수명사를 복수명사로 바꿔 쓰시오.

Зразок

нoвий викладач – **нові** викладачі

великий будинок, цікавий фільм, українська пісня, важке слово, широка вулиця, гарний друг, англійська газета, коротке оповідання, старе місто, останнє заняття, високий будинок, старша сестра, світлий костюм.

91 Замініть форму однини множиною.

단수명사를 복수명사로 바꿔 쓰시오.

1. У мене є ***новий підручник.***
2. У нього є ***цікава книга.***
3. У неї є ***старший брат.***
4. У мене є ***остання французька газета.***
5. У вас є ***чистий зошит?***
6. У нього є ***гарний друг?***
7. У вас є ***українсько-англійський словник?***
8. Я читав цей ***новий журнал.***
9. Сьогодні ми писали ***складну вправу*** й читали ***коротке оповідання.***
10. Він купив ***чорний олівець.***
11. Ми дивилися ***цікавий український фільм.***
12. Ви розумієте ***останнє речення?***

92 Перепишіть речення, замінюючи прикметники антонімічними конструкціями.

문장에 쓰인 형용사의 반의어를 사용하여 문장을 다시 쓰시오.

Зразок

Це *велика* кімната.
Це *маленька* кімната.

1. Це ***новий*** будинок.
2. Це ***старший*** брат.
3. Це ***легке*** завдання.
4. Це ***широка*** вулиця.
5. Це ***складний*** текст.
6. Це ***молодша*** сестра.
7. Це ***велике*** місто.
8. Це ***коротке*** слово.
9. Це ***добра*** відповідь.
10. Це ***довге*** пальто.
11. Це ***вузький*** коридор.
12. Це ***погана*** ручка.

93 Перепишіть речення, замінюючи прикметники антонімічними конструкціями.

문장에 쓰인 형용사의 반의어를 사용하여 문장을 다시 쓰시오.

Зразок

холодна погода – *тепла* погода

1. стара річ –
2. стара людина –
3. темна кімната –
4. холодна вода –

5. маленьке місто –

6. великий зошит –

7. гарячий чай –

8. гарна людина –

9. цікава книга –

10. довге пальто –

Який це журнал?
Яка це книга?
Яке це вікно?
Які це газети?

94 Дайте відповіді на запитання, використовуючи слова справа.
오른쪽에 제시된 단어를 사용하여 질문에 답하시오.

1. Яка це книга? Який це журнал? Яке це оповідання? Який це текст?	цікавий
2. Який це будинок? Яке це завдання? Яка це кімната? Який це олівець?	великий
3. Яке це слово? Яка це ручка? Який це костюм? Яка це шапка? Яке це пальто?	новий

95 Дайте відповіді на запитання, використовуючи прикметники.
형용사를 사용하여 질문에 답하시오.

Зразок

– ***Який*** це костюм?
– Це ***світлий*** костюм.

– ***Яка*** це газета?
– Це ***українська*** газета.

1. Яка це студентка?

2. Який це будинок?

3. Який це олівець?

4. Яка це площа?

5. Який це журнал?

6. Яка це ручка?

7. Який це клас?

8. Який це зал?

9. Яка це вулиця?

10. Який це лист?

11. Яка це кімната?

12. Яка це країна?

13. Які це зошити?

14. Які це книги?

15. Які це студенти?

16. Які це слова?

17. Яке це оповідання?

18. Які це друзі?

19. Яке це слово?

20. Які це тексти?

96 Дайте відповіді на запитання, використовуючи слова в дужках.
괄호 안에 제시된 단어들을 사용하여 질문에 답하시오.

1. Які словники лежать на столі? (українсько-англійський)
2. Які столи стоять у класі? (великий)
3. Які книги ви купуєте? (український)
4. Які завдання ви пишете? (складний)
5. Які тексти ви читаєте? (короткий)
6. Які газети ви читаєте? (французький)
7. Які фільми ви дивитесь? (новий)
8. Які листи ви пишете? (довгий)
9. Які будинки ви бачите? (високий, новий)

97 Дайте відповіді на запитання, використовуючи прикметники.
형용사를 사용하여 질문에 답하시오.

1. Яка книга лежить на столі?
2. Яка картина висить на стіні?
3. Який журнал ви купили в кіоску?
4. Який текст ви читали сьогодні на уроці?
5. Яке слово ви дивились у словнику?
6. Який фільм ви дивились у суботу?
7. Яке завдання ви пишете зараз?
8. Який балет ви бачили у неділю?
9. Який словник лежить на столі?

98 Поставте запитання до виділених слів.
표시된 단어에 대한 질문을 쓰시오.

Зразок

На столі лежить ***жовтий*** олівець.
Який олівець лежить на столі?

1. У кімнаті стоїть ***великий*** стіл.
2. На столі лежить ***українсько-англійський*** словник.
3. ***Нова*** студентка добре розмовляє українською мовою.
4. На стіні висить ***велика*** карта.
5. Ми читаємо ***свіжі*** газети.
6. Студент пише ***складне*** завдання.
7. Ми дивилися ***цікавий*** фільм.
8. На столі лежить ***старий*** підручник.

15 Прикметники і прислівники. Питання *Який?* і *Як?*

형용사, 부사. 의문사 *Який?* 와 *Як?*

Він пише **цікаво**. **Як** він пише?	Він пише **цікаве** оповідання. **Яке** оповідання він пише?

99 Поставте запитання до виділених слів.

표시된 단어에 대한 질문을 쓰시오.

1. Він розповідає ***цікаво.***
2. У нього є ***цікава*** книга.
3. Він читає ***гарні*** оповідання.
4. Джон говорить ***голосно.***
5. Він ***добре*** відповідав урок.
6. У нього ***тихий*** голос.

100 Поставте прикметники або прислівники в речення, а також запитання до цих слів.

문장의 빈칸에 형용사나 부사를 넣고, 문장에 대한 질문을 만드시오.

Зразок

Я читаю _ роман.	цікавий
Цей автор пише _.	цікаво

Я читаю ***цікавий*** роман. ***Який*** роман я читаю?

Цей автор пише ***цікаво. Як*** пише цей автор?

Ми ще _ говоримо українською мовою.	поганий
Він завжди відповідає _.	погано
Він _ студент.	
Ганна розмовляє _.	тихий
У неї _ голос.	тихо

16 Дієслова *хотіти, любити, могти* і слово *повинен* з інфінітивом

동사 *хотіти, любити, могти, повинен* 등 원형과 함께 쓰이는 단어들

ХОТІТИ		
Я **хочу** Ти **хочеш** Він (вона) **хоче**	Ми **хочемо** Ви **хочете** Вони **хочуть**	+ читати український журнал.

101 **Дайте відповіді на запитання у стверджувальній формі.**

질문에 대해 긍정문으로 답하시오.

Зразок

– Ви хочете купити цей журнал?
– Так, я хочу купити цей журнал.

1. Він хоче обідати?
2. Ви хочете вечеряти?
3. Ви хочете слухати радіо?
4. Він хоче грати у шахи?
5. Вони хочуть обідати зараз?
6. Ви хочете подивитися новий фільм?
7. Ви хочете танцювати?

102 **Поставте дієслово *хотіти* у правильній формі.**

빈칸에 동사 *хотіти*의 알맞은 형태를 쓰시오.

Я _ розмовляти по-українськи.

Ти _ розмовляти по-українськи.

Він _ розмовляти по-українськи.

Ми _ розмовляти по-українськи.

Ви _ розмовляти по-українськи.

Вони _ розмовляти по-українськи.

103 Поставте дієслово *хотіти* у правильній формі.

빈칸에 동사 *хотіти*의 알맞은 형태를 쓰시오.

1. Ти _ читати цей журнал?
2. Ви _ знати останні новини?
3. Увечері вони _ дивитися телевізор.
4. Вона _ купити магнітофон.
5. Він _ подивитися цей фільм.
6. Ця студентка _ працювати в школі.
7. Ми _ знати ваше ім'я.
8. Я _ добре розмовляти українською мовою.

104 Перепишіть речення, замінивши теперішній час минулим.

현재시제를 미래시제로 바꾸어 문장을 다시 쓰시오.

Зразок

Ми ***хочемо*** купити ці книги.
Ми ***хотіли*** купити ці книги.

1. Я хочу грати в шахи.
2. Вони хочуть читати газети.
3. Вона хоче подивитися новий фільм.
4. Ви хочете писати лист?
5. Ми хочемо знати останні новини.
6. Я не хочу дивитися телевізор.
7. Брат не хоче працювати ввечері.
8. Вони хочуть грати в футбол.

ЛЮБИТИ		
Я **люблю** Ти **любиш** Він (вона) **любить**	Ми **любимо** Ви **любите** Вони **люблять**	+ читати

105 Дайте відповіді на запитання.

질문에 답하시오.

1. Ти любиш писати листи?
2. Вона любить дивитися фільми?
3. Ви любите працювати ввечері?
4. Ваш брат любить грати в футбол?
5. Ваша сестра любить танцювати?
6. Ви любите слухати радіо?
7. Ви любите читати?
8. Ти любиш грати в шахи?

106 Поставте дієслово *любити* у правильній формі.

빈칸에 동사 *любити*의 알맞은 형태를 쓰시오.

1. Ми _ дивитися телевізор.
2. Вони не _ працювати ввечері.
3. Він не _ писати листи.
4. Я _ читати газети.
5. Ви _ танцювати?
6. Ти _ грати в футбол?
7. Вона _ готувати ?
8. Ви _ одержувати листи?

107 Допишіть речення, використовуючи дієслово *любити* з інфінітивом.

동사 *любити*를 사용하여 문장을 완성하시오.

1. Моя сестра _ .
2. Я _ .
3. Мій старший брат _ .
4. Ви _?.
5. Наш викладач _ .
6. Ми _ .
7. Його приятель _ .
8. Ці студенти _ .
9. Мій сусід _ .
10. Ти _?

МОГТИ		
Я **можу** Ти **можеш** Він (вона) **може**	Ми **можемо** Ви **можете** Вони **можуть**	+ розв'язати ці задачі

108 Поставте дієслово *могти* у правильній формі.

빈칸에 동사 *могти*를 알맞은 형태로 쓰시오.

1. Сьогодні я не _ відповідати урок.
2. Він не _ писати швидко.
3. Вони _ розв'язати ці задачі.
4. Ми не _ працювати сьогодні ввечері.
5. Я _ пояснити це слово.
6. Вона не _ зробити це завдання.
7. Ви _ повторити запитання?
8. Ви _ показати цей журнал?
9. Вони не _ бути завтра на уроці.

ПОВИНЕН, ПОВИННА, ПОВИННЕ, ПОВИННІ		
Я **повинен (повинна)** Ти **повинен (повинна)** Він **повинен** Вона **повинна**	Ми **повинні** Ви **повинні** Вони **повинні**	+ писати листи.

109 **Поставте дієслово *повинен* у правильній формі.**
빈칸에 동사 *повинен*을 알맞은 형태로 쓰시오.

1. Ви _ розповідати цей текст.
2. Вона _ відповідати урок.
3. Вони _ писати диктант.
4. Студенти _ повторити ці дієслова.
5. Я _ робити домашнє завдання.
6. Він _ знати ці дієслова.
7. Ця студентка _ багато працювати.

110 **Поставте дієслово *повинен* у правильній формі.**
빈칸에 동사 *повинен*을 알맞은 형태로 쓰시오.

1. Увечері я _ писати лист додому.
2. Ви _ читати це оповідання.
3. Студенти _ вчити цей текст.
4. Сьогодні він _ розв'язати ці задачі.
5. Ми _ читати українською мовою щодня.
6. Вона _ знати ці дієслова.

111 **Допишіть речення, використовуючи слово *повинен* з інфінітивом.**
*повинен*을 사용하여 문장을 완성하시오.

1. Сьогодні ввечері я _ .
2. Щодня ми _ .
3. Студенти _ .
4. Сьогодні моя сестра _ .
5. Ваш приятель _ .
6. Після уроку ви _ .

02

ОСНОВНИЙ КУРС ГРАМАТИКИ
주요과정 문법

01 Іменник. Використання відмінків
명사. 격의 활용

01 Кличний відмінок
호격

	Називний відмінок 주격	Кличний відмінок 호격	Закінчення 어미
він 남성	син тато дядько лікар герой Іван директор президент	син-у тат-у дядьк-у лікар-ю геро-ю Іван-е директор-е президент-е	**-Ø, -о – -у** **-ар, -й – -ю** **- Ø,-ор, -ер, – -е**
Але!!! **예외**	друг хлопець козак	друже хлопче козаче	
вона 여성	Ірина мама сестра Галя бабуся Марія	Ірин-о мам-о сестр-о Гал-ю бабус-ю Мар-іє	**-а – -о** **-я – -ю** **-ія – -іє**
Але!!! **예외**	робітниця	робітниц-е	

기억합시다!

пан Віктор – пан-*е* Віктор-*е*
Іван Петрович – Іван-*е* Петрович-*у*
сестра Галя – сестр-*о* Гал-*ю*
Оксана Романівна – Оксан-*о* Романівн-*о*

Антоніо – Антоніо
Мері – Мері
Тоні – Тоні

1 Поставте слова в дужках у правильній формі.

괄호 안에 제시된 단어를 알맞게 격변화시켜 빈칸을 채우시오.

– Доброго дня, ______ ! (Микола)
– Доброго дня, ______ ! (Іван)

– Привіт, ______ ! (Марія)
– Привіт, ______ ! (Ніна)

– Доброго ранку, ______ ! (Ігор Петрович)
– Доброго ранку, ______ ! (Оксана Іванівна)

– Привіт, ______ ! (батько)
– Привіт, ______ ! (син)

2 Поставте слова в дужках у правильній формі.

괄호 안에 제시된 단어를 알맞게 격변화시겨 빈칸을 채우시오.

– Доброго вечора, ______ ! (Петро)

– Доброго вечора, ______ ! (пан професор)

– Привіт, ______ ! (Наталя)

– Привіт, ______ ! (мама)

– До побачення, ______ ! (пан Віктор)

– До зустрічі, ______ ! (пані Оля)

– Привіт, ______ ! (друг)

– Привіт, ______ ! (Ігор)

3 Складіть діалоги-вітання відповідно до ситуації:

제시된 상황에 알맞은 인사말 대화를 만드시오.

Зразок

Оксана, Жан, вечір.

– ***Доброго вечора, Жане!***
– ***Привіт, Оксано!***

1) пан Іван, пані Вікторія, ранок.

2) Ірина, Олена, вечір.

3) Антуан, Марія, 8:00 a. m.

4) Микола, Андрій, 6:30 p. m.

5) Мері, Родріго, день.

6) Сергій, Таня, ранок.

4 Складіть діалоги з поданих слів:

주어진 단어를 사용하여 대화문을 만드시오.

Зразок

Ірина, Мері, вечір. – ***Доброго вечора, Ірино!*** – ***Доброго вечора, Мері!***	Жан, Олена, вечір. – ***До побачення, Жане!*** – ***До зустрічі, Олено!***

1) Студент, викладач, ранок.

2) Пан Віктор, пані Марія, вечір.

3) Оксана, Олена, день.

4) Чен, Антон, 7 a. m.

5) Сергій, мама, 9 p. m.

6) Ірина, Микола, ніч.

02 Місцевий відмінок
전치격

ДЕ?

1. Місцевий відмінок у значенні місця
장소 표현에 쓰이는 전치격

Ганна працює **в університеті**.

	Питання 의문사	Називний відмінок 주격	Місцевий відмінок 전치격	Закінчення 어미
він 남성	***хто?***	син тато лікар хлопець викладач	на син-ові на тат-ові на лікар-еві на хлопц-еві на викладач-еві	**- Ø, -о – -ові** **-ар, -ь – -еві** **(ж, ч, ш, щ) +- Ø, – -еві**
	що?	стіл стілець музей	на (у) стол-і на стільц-і в/у музе-ї	**- Ø – -і** **-ь – -і** **-й – -ї**
воно 중성	***що?***	місто море питання	в/у міст-і на (у) мор-і в/у питанн-і	**-о – -і** **-е – -і** **-я – -і**
вона 여성	***хто?***	сестра бабуся	на сестр-і на бабус-і	**-а – -і** **-я – -і**
	що?	книжка вулиця площа лабораторія	на (у) книжц-і на вулиц-і на площ-і в/у лаборатор-ії	**-а – -і** **-я – -і** **(ж, ч, ш, щ) + -а – -і** **-ія – -ії**

기억합시다!

к › ц +і	г › з +і	х › с +і
урок – на уроц-і книжка – на (у) книжц-і фабрика – на фабриц-і	подруга – на подруз-і нога – на ноз-і	поверх – на поверс-і вухо – на (у) вус-і

-к, -ок, -ак + у	
банк – в/у банку кіоск – в/у кіоску цирк – в/у цирку словник – на (у) словнику будинок – в/у будинку	Мінськ – в/у Мінську гуртожиток – в/у гуртожитку літак – на (у) літаку ліжко – на ліжку військо – у війську

1 A Прочитайте текст і зверніть увагу на використання місцевого відмінка.

전치격의 사용에 유의하여 다음 문단을 읽으시오.

Моя подруга Ірина живе *в Києві*. Вона вчиться *в університеті*. Її батьки живуть *у селі*. Вони працюють *на фабриці*. Сестра Ірини живе *у Львові*. Вона працює *в лікарні*.

B Дайте відповіді на запитання.

질문에 답하시오.

1. Ірина живе в Києві чи Львові?
2. Вона вчиться у школі чи в університеті?
3. Її батьки живуть у селі чи в місті?
4. Сестра Ірини працює у школі чи в лікарні?

2 Дайте відповіді на запитання за зразком.

아래 예시와 같이 주어진 질문에 답하시오.

Зразок

– Ваша сестра вчиться ***в школі***?
– Так, моя сестра вчиться ***в школі***.
– Ні, моя сестра не вчиться ***в школі***. Вона вчиться ***в університеті***.

1. Ваша сім'я живе ***в місті***?
2. Ваш батько працює ***в банку***?
3. Ви вчитеся ***в університеті?***
4. Ваш брат вчиться ***у школі?***
5. Ви купуєте книжки ***в магазині***?
6. Ви берете книжки ***в бібліотеці***?
7. Ви купуєте газети ***в кіоску***?

기억합시다!

на	***в/у***
на факультеті, на курсі, на поверсі, на пошті, на зупинці, на стадіоні, на лекції, на уроці, на вулиці, на площі, на майдані, на проспекті, на екзамені (іспиті), на дошці, на вокзалі,на станції, на концерті, на екскурсії,на виставці, на ринку (базарі), на заводі, на фабриці, на роботі, на батьківщині, на півночі, на півдні, на заході, на сході	в Україні, в/у Данії (Франції, Німеччині), в університеті, в/у школі, в/у магазині, в/у класі, в аудиторії, в аптеці, в/у лікарні, в/у місті, в/у гуртожитку, в/у музеї, в/у театрі, в/у кінотеатрі, в/у центрі

3 Допишіть речення, використовуючи слова в дужках.
괄호 안의 단어를 활용하여 문장을 완성하시오.

Зразок

Діти гуляють _ (парк).
Діти гуляють ***в парку***.

1. Лампа стоїть _ (стіл).
2. Ми сидимо _ (кімната).
3. Студент пише _ (дошка).
4. Ми купуємо журнали _ (кіоск).
5. Картина висить _ (стіна).
6. Книжка лежить _ (полиця).
7. Ми живемо _ (Львів).
8. Квіти стоять _ (вікно).
9. Лист лежить _ (папка).
10. Хлопець сидить _ (диван).

– **Де** сидять студенти? – Студенти сидять **в класі**.	– **Де** лежить сумка? – Сумка лежить **на стільці**.

4 Дайте відповіді на запитання, використовуючи слова в дужках.
괄호 안에 제시된 단어들을 활용하여 질문에 답하시오.

1. Де лежать ваші зошити? (сумка)
2. Де ви берете книжки? (бібліотека)
3. Де вчаться студенти? (університет)
4. Де ви живете? (місто)
5. Де ви відпочиваєте влітку? (море)
6. Де лежить ваша сумка? (стілець)
7. Де стоїть ваза? (стіл) 8. Де пише викладач? (дошка)

5 Дайте відповіді на запитання.

질문에 답하시오.

1. Де працює ваш батько?
2. Де вчиться ваш брат?
3. Де вчиться ваша сестра?
4. Де стоїть автобус?
5. Де гуляють діти?
6. Де зараз сидять учні?
7. Де вони грають у футбол?
8. Де ви купуєте марки?
9. Де ви купуєте книжки?
10. Де ви були влітку?

6 Дайте відповіді на запитання, використовуючи слова в дужках.

괄호 안에 제시된 단어들을 활용하여 질문에 답하시오.

Зразок

– Він працює ***на фабриці***? (школа)
– Ні, він працює не на фабриці, а ***в школі***.

1. Андрій працює на заводі? (театр)
2. Його сестра працює в поліклініці? (бібліотека)
3. Їх батько працює в банку? (школа)
4. Вчора ви були в басейні? (стадіон)
5. Іван був на роботі? (клуб)

7 Дайте відповіді на запитання.

질문에 답하시오.

1. Діти граються на вулиці чи в парку?
2. Вони гуляють у лісі чи в парку?

3. Одяг лежить у шафі чи у валізі?

4. Машина стоїть на дорозі чи на березі?

8 Дайте відповіді на запитання, використовуючи слова в дужках.

괄호 안에 제시된 단어들을 활용하여 질문에 답하시오.

1. Де живуть студенти? (гуртожиток)
2. Де вони слухають лекції? (аудиторія)
3. Де вони були вранці? (лекція)
4. Де вони були вдень? (урок)
5. Де вони були в суботу? (екскурсія)
6. Де живе ваш друг? (Данія)
7. Де живе ваша сім'я? (Англія)
8. Де ви були влітку? (Іспанія)

9 Напишіть речення за зразком.

아래에 제시된 예시와 같이 주어진 문장을 완성하시오.

Зразок

Париж – Франція
Париж знаходиться ***у Франції***.

1. Мадрид – Іспанія.
2. Неаполь – Італія.
3. Тулон – Франція.
4. Женева – Швейцарія.
5. Відень – Австрія.
6. Лісабон – Португалія.
7. Токіо – Японія.
8. Стамбул – Туреччина.
9. Мадрас – Індія.
10. Полтава – Україна.

10 Дайте відповіді на запитання, використовуючи слова в дужках.

괄호 안에 제시된 단어들을 활용하여 질문에 답하시오.

1. Де сидять студенти? (аудиторія)
2. Де висять фотографії? (стіна)
3. Де лежать книжки і зошити? (стіл)
4. Де лежить словник? (шафа)
5. Де пише студент? (зошит)
6. Де студенти шукають нові слова? (словник)

11 Напишіть речення за зразком.

아래에 제시된 예시와 같이 주어진 문장을 완성하시오.

Зразок

– Вчора ми були ***в цирку***. (театр)
– А ми були ***в театрі***.

1. У суботу ми були у клубі. (виставка)
2. У неділю ми були на балеті. (концерт)
3. Вчора я був в басейні. (стадіон)
4. Влітку ми були в Угорщині. (Болгарія)

12 Поставте запитання до виділених слів.

강조된 단어에 대한 질문을 만드시오.

Зразок

– Я живу ***в Києві***.
– ***Де*** ви живете?

1. Я вчуся ***в університеті***.
2. Я живу ***в гуртожитку***.
3. Моя сім'я живе ***у Львові***.
4. Батько Віктора працює ***на заводі***.
5. Сестра Анни працює ***у школі***.
6. Я хочу працювати ***в лабораторії***.

13 Напишіть вправу за зразком.

아래에 제시된 예시와 같이 주어진 문장을 완성하시오.

Зразок

– Ви знаєте, де він живе?
– Так, я знаю, де він живе. Він живе в Одесі.
– Ні, я не знаю, де він живе.

1. Ви знаєте, де я живу?
2. Ви знаєте, де я працюю?
3. Ви знаєте, де вчиться Марія?
4. Ви знаєте, де живуть його батьки?
5. Ви знаєте, де вони працюють?

2. Прикметники в місцевому відмінку однини

전치격 형용사 – 단수

–**У якому** будинку ви живете?
– Ми живемо **у великому будинку**.

	Називний відмінок 주격	Місцевий відмінок 전치격	Закінчення 어미
він 남성	***Який?***	***На (в) якому?***	
	новий старий синій	нов-ому стар-ому син-ьому	**-ий – -ому** **-ій – -ьому**
воно 중성	***Яке?***	***На (в) якому?***	
	нове старе синє	нов-ому стар-ому син-ьому	**-е – -ому** **-є – -ьому**
вона 여성	***Яка?***	***На (в) якій?***	
	нова стара синя	нов-ій стар-ій син-ій	**-а – -ій** **-я – -ій**

14 Дайте відповіді на запитання.

질문에 답하시오.

1. У якому місті ти живеш, у великому чи у малому?
2. У якому будинку ви живете, в новому чи у старому?
3. На котрому поверсі ваша кімната, на четвертому чи на п'ятому?
4. На якому факультеті ви вчитеся, на фізичному чи на хімічному? (історичному, економічному, міжнародних відносин)
5. На якому поверсі живе ваш друг, на першому чи на третьому?
6. У якому будинку знаходиться книжковий магазин, у цьому чи у сусідньому?
7. У якому зошиті ви пишете слова, у новому чи в старому?
8. У якій папці лежать твої зошити, в чорній чи в зеленій?

9. В якій аудиторії буде лекція, в першій чи в другій?

10. На якій вулиці знаходиться супермаркет "Арсен", на Зеленій чи на Пасічній?

15 Дайте відповіді на запитання, використовуючи слова в дужках.

괄호 안에 제시된 단어들을 활용하여 질문에 답하시오.

1. У якому місті ви живете? (велике південне місто)
2. У якому будинку живе ваша сім'я? (старий гарний будинок)
3. На котрому поверсі ваша кімната? (другий поверх)
4. На якому заводі працює ваш старший брат? (новий хімічний завод)
5. У якому клубі ви буваєте? (студентський клуб)
6. У якому магазині ви купуєте книжки? (книжковий магазин)
7. У якому кінотеатрі ви дивитеся фільм? (новий кінотеатр)
8. На якому факультеті вчиться ваша подруга? (факультет іноземних мов)
9. На якій вулиці знаходиться ваш гуртожиток? (тиха зелена вулиця)
10. У якій кімнаті ви живете? (велика світла кімната)
11. У якому інституті вчиться ваш брат? (медичний інститут)
12. У якій школі вчиться сестра Віктора? (музична школа)

16 Дайте відповіді на запитання, використовуючи слова справа.

오른쪽에 제시된 단어를 사용하여 질문에 답하시오.

1. На котрому поверсі розташована ваша аудиторія?	п'ятий
2. На котрому поверсі розташована бібліотека?	третій
3. На котрому поверсі розташована їдальня?	перший
4. У якій аудиторії буде лекція?	дванадцятий
5. У якій аудиторії ви займалися вранці?	тринадцятий
6. На котрому курсі ви вчитеся?	другий
7. На котрому курсі вчиться ваш друг?	четвертий
8. На котрій сторінці є дванадцята вправа?	сьомий
9. На котрій сторінці є оповідання про Львів?	десятий

17 Напишіть вправу за зразком.

아래에 제시된 예시와 같이 주어진 문장을 완성하시오.

Зразок

– Ви знаєте, на котрому поверсі розташований кінозал?
– Так, я знаю. Кінозал розташований ***на другому поверсі***.

1. Ви знаєте, в якій аудиторії буде лекція?
2. Ви знаєте, на котрому поверсі розташована ця аудиторія?
3. Ви знаєте, в якій шафі лежать словники?
4. Ви знаєте, в якому кіоску можна купити свіжі газети?
5. Ви знаєте, в якому магазині можна купити підручники?

18 Напишіть вправу за зразком.

아래에 제시된 예시와 같이 주어진 문장을 완성하시오.

Зразок

– Борис живе на другому поверсі?
– Я не знаю, ***на котрому поверсі*** він живе.

1. Максим купив словник у книжковому магазині?
2. Ганна вчиться в медичному інституті?
3. Андрій працює на автобусному заводі?
4. У суботу вони були в історичному музеї?
5. Ірина працює в дитячій лікарні?

19 Допишіть речення за зразком.

예시와 같이 문장을 쓰시오.

Зразок

Раніше я вчився у школі, а тепер я вчуся _
Раніше я вчився у школі, а тепер я вчуся ***в медичному інституті***.

A

1. Раніше він жив в Австрії, а зараз він живе _
2. Раніше вона вчилася у середній школі, а тепер вона вчиться _
3. Раніше його брат працював у лікарні, а зараз він працює _
4. Раніше наша сім'я жила в маленькому селі, а зараз ми живемо _

B

1. Мій батько працює на хімічному заводі, а я _
2. Моя сестра відпочивала влітку в рідному селі, а я _
3. Вони живуть на півдні, а ми _
4. Я пишу домашнє завдання в бібліотеці, а мій друг _
5. Я обідаю вдома, а вони зажди _
6. Ввечері ми були в нашому студентському клубі, а наша подруга _
7. Старший брат вчиться на фізичному факультеті, а молодший брат _

20 Поставте запитання до виділених слів.

강조된 단어에 대한 질문을 만드시오.

1. Ми живемо ***в новому*** гуртожитку.
2. Я вчуся ***на підготовчому*** факультеті.
3. Саша вчиться ***на третьому*** курсі.
4. Олег працює ***в хімічній*** лабораторії.
5. Його батько працює ***в середній*** школі.

3. Присвійні займенники у місцевому відмінку однини

전치격 소유대명사 – 단수

– Ви були **в нашому місті** раніше?
– Так, ми були **у вашому місті**.

	Називний відмінок 주격		Місцевий відмінок 전치격
він/воно 남성/중성	***Чий?***	***Чиє?***	***На (у) чийому?*** ***На (у) чиєму?***
	мій твій його її наш ваш їхній	моє твоє його її наше ваше їхнє	моєму твоєму його її нашому вашому їхньому
вона 여성	***Чия?***		***На (у) чиїй?***
	моя твоя його її наша ваша їхня		моїй твоїй його її нашій вашій їхній

21 Дайте відповіді на запитання.

질문에 답하시오.

1. У твоїй кімнаті є телефон?
2. У вашому місті є театр?
3. Цей студент вчиться у вашій групі?
4. Ти був в нашому клубі?
5. Що стоїть у твоїй кімнаті?
6. Хто писав у моєму зошиті?

22 Дайте відповіді на запитання.

질문에 답하시오.

1. Це його кабінет. Ви були в його кабінеті?
2. Його кімната розташована на другому поверсі. Ви були в його кімнаті?
3. Це її будинок. Ви були в її будинку?
4. Це їхній гуртожиток. Ви були в їхньому гуртожитку?

23 Напишіть вправу за зразком.

아래에 제시된 예시와 같이 주어진 문장을 완성하시오.

Зразок

Це наш гуртожиток. _ живуть студенти.

У нашому гуртожитку живуть студенти.

1. Це моя сумка. _ лежать книжки.
2. Це наш клас. _ висять карти.
3. Це її кімната. _ велике вікно.
4. Це їхній клуб. _ вчора був цікавий вечір.
5. Це його зошит. _ лежить лист.

4. Іменники та прикметники у місцевому відмінку множини

명사 및 형용사의 복수 전치격

– **Де** лежать свіжі газети?
– Газети лежать **на столах**.

– **У яких магазинах** ви купуєте книжки?
– Ми купуємо книжки **у книжкових магазинах**.

	Називний відмінок 주격	Місцевий відмінок 전치격	Закінчення 어미
він 남성	студенти столи лікарі стільці	на студент-ах на (у) стол-ах на лікар-ях на стільц-ях	**-Ø, -о – -ах** **ар, -ь, -й – -ях**
воно 중성	міста моря питання	в/у міст-ах на (у) мор-ях в/у питанн-ях	**-о – -ах** **-е – -ях** **-я – -ях**
вона 여성	сестри книжки сумки вулиці	на сестр-ах на (у) книжк-ах на (у) сумк-ах на вулиц-ях	**-а – -ах** **-я – -ях**

	Називний відмінок 주격	Місцевий відмінок 전치격	Закінчення 어미
	Які?	***Яким?***	
він/вона/воно 남성/여성/중성	гарн-і давн-і	гарн-их давн-іх	**-ий, -а, -е, -і – -их** **-ій, -я, -є, -і – -іх**

24 Напишіть вправу за зразком.

아래에 제시된 예시와 같이 주어진 문장을 완성하시오.

Зразок

Книжки лежать ***на столі***.
Книжки лежать ***на столах***.

1. Інженери працюють ***на фабриці і на заводі***.
2. Ми купуємо книжки ***в магазині і в кіоску***.
3. Туристи були ***в музеї і в театрі***.
4. ***У листі*** мій батько запитує про моє життя.
5. Ми читали про це ***в газеті***.
6. Студенти живуть ***в гуртожитку***.
7. Влітку вони відпочивали ***в санаторії***.
8. Ми були ***на екскурсії в музеї***.
9. Ми шукали нові слова ***у словнику***.
10. Діти вчаться ***у школі***.

25 Допишіть речення, використовуючи слова в дужках.

괄호 안의 단어를 활용하여 문장을 완성하시오.

1. Ці інженери працюють __ (різні заводи і фабрики).
2. Вони живуть __ (великі нові будинки).
3. Їх діти вчаться __ (нові школи).
4. Вони займаються __ (світлі аудиторії).
5. Діти дивляться фільми __ (дитячі кінотеатри).
6. Влітку вони відпочивають __ (літній табір).

26 **Дайте відповіді на запитання, використовуючи слова в дужках.**
괄호 안에 제시된 단어들을 활용하여 질문에 답하시오.

1. Де вчаться студенти?	Різні інститути і університети
2. Де вони слухають лекції?	Великі аудиторії
3. Де вони займаються спортом?	Стадіони і спортивні зали
4. Де живуть студенти?	Нові гуртожитки
5. Де вони відпочивають ввечері?	Студентські клуби
6. Де вони працюють на практиці?	Різні заводи і фабрики
7. Де студенти купують книжки?	Книжкові магазини
8. Де вони купують газети і журнали?	Газетні кіоски

27 **Замініть виділені слова в однині множиною.**
표시된 단수 전치격을 복수 전치격으로 바꾸어 쓰시오.

1. Мої друзі вчаться ***в київському інституті***.
2. Вони живуть ***в новому гуртожитку***.
3. Влітку вони відпочивали ***в гарному санаторії***.
4. Студенти займаються ***в хімічній лабораторії***.
5. Туристи були ***у львівському театрі***.
6. ***У місцевій газеті*** писали про цікавий фільм.

28 **Допишіть речення.**
문장을 완성하시오.

1. Скажіть, будь ласка, на котрому поверсі __?
2. Скажіть, будь ласка, в якій кімнаті __?
3. Скажіть, будь ласка, у якій газеті __?
4. Ви не знаєте, в якому театрі __?
5. Я хочу знати, на якій вулиці __?
6. Скажіть, будь ласка, на котрій сторінці __?
7. Цікаво, в якому університеті __?
8. Скажіть, будь ласка, в якій аудиторії __?

5. Місцевий відмінок у значенні часу
시간 표현에 대한 전치격

– **Коли** ви були в Києві?
– Я був у Києві **у червні**.

– **Коли** ти народився?
– Я народився **у тисяча дев'ятсот дев'яносто першому році**.

29 Дайте відповіді на запитання, використовуючи слова в дужках.
괄호 안에 제시된 단어들을 활용하여 질문에 답하시오.

1. Коли починається навчальний рік в університеті? (вересень)
2. Коли закінчується навчальний рік? (червень)
3. Коли у вас будуть екзамени? (січень)
4. Коли у вас будуть зимові канікули? (січень і лютий)
5. Коли у вас будуть літні канікули? (липень і серпень)
6. Коли ви були перший раз у Львівському історичному музеї? (листопад)
7. Коли ви бачили цю виставу? (грудень)

30 Поставте запитання до виділених слів.
강조된 단어에 대한 질문을 만드시오.

Зразок

Я народився ***у березні***.
Коли ви народилися?

1. Я народився ***у квітні***.
2. Я був в Одесі ***у травні***.
3. Екзамени будуть ***у січні***.
4. Літні канікули будуть ***у липні і в серпні***.
5. Навчальний рік в університеті починається ***у вересні***.

31 Дайте відповіді на запитання, використовуючи слова в дужках.
괄호 안에 제시된 단어들을 활용하여 질문에 답하시오.

1. Коли народився Іван? (1984 рік)
2. Коли народився його батько? (1958 рік)
3. Коли народилася його мама? (1961 рік)
4. Коли Іван закінчив школу? (2001 рік)
5. Коли його батьки були в Англії? (1999 рік)
6. Коли Іван почав вивчати англійську мову? (1991 рік)

32 Дайте відповіді на запитання.
질문에 답하시오.

1. Коли ви народилися?
2. Коли ви пішли до школи?
3. Коли ви закінчили школу?
4. Коли ви вступили в університет?
5. Коли ви почали вивчати українську мову?

6. Місцевий відмінок в інших значеннях

그 외 표현에 쓰이는 전치격

– **Чим (як)** ви їздите в університет?
– Я їжджу в університет **на автобусі (автобусом)**[1].

33 **Дайте відповіді на запитання, використовуючи слова в дужках.**
괄호 안에 제시된 단어들을 활용하여 질문에 답하시오.

1. Чим він їздив на південь? (поїзд і машина)
2. Чим він їздив у Харків? (автобус) 3. Чим ти вчора їздив у парк? (трамвай і метро)
4. Як ти їздиш в центр? (автобус і тролейбус)
5. Як вона їздить додому? (велосипед)
6. Як ви їздили в місто вчора? (автомобіль)
7. Чим ви їздите в село до бабусі? (електропоїзд та автобус)
8. Як ви їздите в університет? (трамвай і тролейбус)

34 **Допишіть речення, використовуючи слова в дужках.**
괄호 안의 단어를 활용하여 문장을 완성하시오.

У мене є друг. Його звати Вей. Він народився ___ (1988 рік) ___ (Китай, велике місто). Зараз його сім'я живе ___ (Пекін). Його батько працює ___ (лікарня), а старший брат Сінь працює ___ (автомобільний завод). Спочатку Вей вчився (середня школа), потім він працював ___ (завод), де працює його брат. Минулого року він почав вчитися ___ (Львівський національний університет). Зараз він вчиться ___ (другий курс). Вей багато працює. Кожного дня він займається ___ (бібліотека). Він часто буває ___ (театри, музеї, кінотеатри). Влітку він відпочиває ___ (гори або море).

1) У відповіді на це питання можна використовувати Місцевий або Орудний відмінок.

03 Знахідний відмінок
대격

Кого? Що?

1. Знахідний відмінок однини
단수 대격

Анна читає **журнал**
книжку
оповідання

що?	Називний відмінок 주격	Знахідний відмінок 대격	Закінчення 어미
він 남성	стіл ніж стілець	стіл ніж стілець	**не змінюється** 바뀌지 않음
воно 중성	місто море питання	місто море питання	**не змінюється** 바뀌지 않음
вона 여성	книжка сумка вулиця	книжк-у сумк-у вулиц-ю	**-а – -у** **-я – -ю**

хто?	Називний відмінок 주격	Знахідний відмінок 대격	Закінчення 어미
він 남성	студент дядько лікар хлопець	студент-а дядьк-а лікар-я хлопц-я	**-Ø – -а** **-о – -а** **-ар, ь – -я**
Але! 예외	собака	собак-у	**-а – -у**
вона 여성	сестра подруга бабуся	сестр-у подруг-у бабус-ю	**-а – -у** **-я – -ю**
Але! 예외	модель мати	модель матір	**не змінюється** 바뀌지 않음

1 Дайте відповіді на запитання.

질문에 답하시오.

1. Ви читали ***газету*** вранці?
2. Ви слухали ***радіо*** сьогодні?
3. Ви любите ***спорт***?
4. Ви любите ***музику***?
5. Ви любите ***математику***?
6. Ви добре знаєте ***історію***?

2 Напишіть речення за зразком.

아래에 제시된 예시와 같이 주어진 문장을 완성하시오.

Зразок

a) – Я бачу ***вулицю***.
b) – Я читаю ***журнал***.
c) – Я слухаю ***радіо***.

a) театр, бібліотека, кіоск, будинок, лікарня

b) лист, книжка, газета, оповідання, підручник, стаття

c) плеєр, музика, пісня, лекція, радіо

3 Напишіть речення за зразком.

아래에 제시된 예시와 같이 주어진 문장을 완성하시오.

Зразок

Це машина. Я бачу _
Це машина. Я бачу ***машину***.

1. Це вулиця. Я бачу _
2. Це кіоск. _
3. Це бібліотека. _
4. Це театр. _

1. Це книжка. Я читаю _

2. Це журнал. _

3. Це газета. _

4. Це лист. _

1. Це лампа. Я купив _

2. Це картина. _

3. Це сумка. _

4. Це словник. _

4 Дайте відповіді на запитання, використовуючи слова в дужках.

괄호 안에 제시된 단어들을 활용하여 질문에 답하시오.

1. Що ми бачимо на вулиці? (автобус, трамвай, машина, тролейбус)
2. Що ви читаєте ввечері? (книжка, журнал, газета)
3. Що слухають студенти у клубі? (лекція, концерт, музика)
4. Що можна купити в кіоску? (книжка, газета, журнал, олівець, ручка, зошит)
5. Що можна купити в цьому магазині? (хліб, м'ясо, сир, цукор, ковбаса, молоко, риба)
6. Що ви їсте вранці? (м'ясо, сир, ковбаса, риба)
7. Що ви п'єте вранці? (молоко, чай, кава)

5 Напишіть речення за зразком.

아래에 제시된 예시와 같이 주어진 문장을 완성하시오.

Зразок

Ми бачимо __ будинок, вулиця, автобус, машина
Ми бачимо ***будинок, вулицю, автобус, машину***.

1. Я читаю _ книжка, газета, роман, оповідання, текст, журнал
2. Я пишу _ лист, вправа, домашнє завдання
3. Я отримав _ подарунок, повідомлення, листівка
4. Я люблю _ спорт, музика, балет, опера, кіно
5. Ми вивчаємо _ література, математика, історія, фізика, хімія, біологія

6 Із поданих слів складіть речення.

주어진 단어들로 문장을 만드시오.

Зразок

пошта, посилати, листівка
Я був на пошті. (Там) я послав ***листівку***.

1. магазин, купити, фотоальбом
2. бібліотека, взяти, книжка
3. театр, дивитися, вистава
4. аудиторія, слухати, лекція
5. кінотеатр, дивитися, фільм
6. університет, вивчати, географія

Я чекаю	**студента**. **викладача**. **студентку**.

7 Дайте відповіді на запитання.

질문에 답하시오.

1. Ви знаєте його ***брата***?
2. Ви знаєте його ***друга***?
3. Ви чекаєте ***друга*** тут?
4. Він чекає ***Івана*** тут?
5. Ви бачили ***викладача*** сьогодні?
6. Ви добре розумієте ***професора***?
7. Ви добре знаєте ***Віктора***?
8. Ви бачили ***Андрія*** вчора?
9. Ви знаєте його ***сестру***?
10. Ви бачили ***Ірину*** сьогодні?

8 Дайте відповіді на запитання, використовуючи слова в дужках.

괄호 안에 제시된 단어들을 활용하여 질문에 답하시오.

1. Що слухають студенти? (лекція, радіо, концерт, музика, пісня)
2. Що вчить ваш друг? (урок, текст, пісня)
3. Що ви вивчали в школі? (література, історія, математика, фізика, хімія, географія, біологія)
4. Що ви берете на заняття? (підручник, ручка, олівець, словник, зошит)
5. Що він купив у магазині? (костюм, галстук, сорочка, пальто, шапка, шарф)
6. Кого ви зустрічаєте в університеті? (друг, товариш, викладач, Ганна, Іван)
7. Кого слухають студенти? (професор, викладач, поет, письменник, артист)

9 Допишіть речення, використовуючи слова в дужках.

괄호 안의 단어를 활용하여 문장을 완성하시오.

1. Я бачу там _ (машина і автобус).
2. Вчора я купив _ (шапка і шарф).
3. Я добре знаю _ (Ірина і Петро).
4. Викладач питає _ (студент і студентка).
5. Я давно не бачив _ (мама і тато).
6. Мій брат любить _ (музика і спорт).
7. Я знаю його _ (син і дочка). 8. Я чекаю _ (брат і сестра).

10 Поставте запитання до виділених слів.

강조된 단어에 대한 질문을 만드시오.

1. Я купив ***газету і журнал*** в кіоску.
2. Вранці я бачив ***Ганну***.
3. Ірина вивчає ***літературу***.
4. Вона любить ***музику і спорт.***
5. Ми чекаємо ***друга***.
6. Сьогодні вранці я зустрів ***Івана***.

11 Дайте відповіді на запитання, використовуючи слова справа.

오른쪽에 제시된 단어를 사용하여 질문에 답하시오.

1. Про що він розповідав? 2. Що розташовано на цій вулиці? 3. Де вчиться твій друг? 4. Що ви бачите справа?	університет
1. Що ви читаєте? 1. Де лежить лист? 2. Що лежить на столі? 3. Про що ви говорите?	книжка
1. Хто сидить в аудиторії? 2. Кого питає професор? 3. Про кого вони говорять?	студент
1. Кого ви давно не бачили? 2. Про кого ви часто згадуєте? 3. Хто написав цей лист?	мати і сестра

12 Допишіть речення, використовуючи слова справа.

오른쪽에 제시된 단어를 사용하여 문장을 완성하시오.

1. Я пишу _ . У сумці лежить _ . Я загубив _ . 2. На столі лежить _ . Іван розповідає про _ . Віктор купив _ . 3. В аудиторії сидять студенти і _ . У театрі ми зустріли _ . Ганна розповідала про _ .	лист книжка викладач

2. Знахідний відмінок з прийменником *про*
전치사 *про*와 함께 쓰이는 대격

– **Про що** вони говорять?
– Вони говорять **про екзамен**.

– **Про кого** розповідав викладач?
– Викладач розповідав **про поета Тараса Шевченка**.

13 Дайте відповіді на запитання, використовуючи слова в дужках.
괄호 안에 제시된 단어들을 활용하여 질문에 답하시오.

1. Про що ви розповідаєте зараз? (фільм)
2. Про що часто думає Іван? (батьківщина)
3. Про що пише ваш друг? (Київ)
4. Про що питає Ганна? (лист)
5. Про кого писала мама в листі? (сестра) 6. Про кого ви говорите? (письменник)
7. Про кого він думає? (брат)
8. Про кого він розповідає? (друг) 9. Про кого думає Ганна? (мама)

14 Допишіть речення, використовуючи слова в дужках.
괄호 안의 단어를 활용하여 문장을 완성하시오.

1. У листі брат пише _ (сім'я)
2. На уроці ми говорили _ (театр)
3. Він любить говорити _ (література)
4. Я читав оповідання _ (Київ)
5. Зараз студенти думають _ (екзамен)
6. Вчора ми довго говорили _ (футбол)
7. Мама пише _ (місто).
8. Я люблю читати _ (Україна).

15 Поставте запитання до виділених слів.

강조된 단어에 대한 질문을 만드시오.

1. Ганна питала ***про матір*** у листі.
2. Зараз я думаю ***про екзамен***.
3. Хлопець розповідав ***про собаку***.
4. Наш викладач розповідав ***про Шевченка***.
5. Сьогодні ми читали ***про Україну***.
6. Цей письменник пише ***про природу***.

3. Особові займенники у знахідному відмінку
대격 인칭대명사

– Хто цей чоловік?
– Я не знаю **його**.

– **Про кого** ви думаєте зараз?
– Зараз я думаю **про них**.

Хто?	*Кого?*
я	мене
ти	тебе
він	його / про нього
воно	його / про нього
вона	її / про неї
ми	нас
ви	вас
вони	їх / про них

16 Дайте відповіді на запитання.
질문에 답하시오.

Зразок

– Хто ця дівчина?
– Я не знаю ***її***. Я не зустрічав ***її*** раніше.

1. Хто цей молодий чоловік?
2. Хто ця жінка?
3. Хто цей юнак?

4. Хто цей дідусь?

5. Хто ці люди?

6. Хто ці молоді люди?

17 Допишіть речення, використовуючи займенники.

괄호 안의 단어를 활용하여 문장을 완성하시오.

1. У мене є друг. Я хочу запросити _ в гості.
2. – Де Ірина? – Я бачив _ в буфеті.
3. Мої батьки живуть в Китаї. Я давно не бачив _ .
4. Що ви будете робити в суботу? Я хочу запросити _ на концерт.
5. – Де моя ручка? – Я бачив _ на столі.
6. – Де мої ключі? – Ти поклав _ в кишеню.
7. – Де ви купили ці квіти? – Я купив _ на ринку.
8. – Коли ви отримали лист? – Я отримав _ вчора.

18 Дайте відповіді на запитання, використовуючи слова в дужках.

괄호 안에 제시된 단어들을 활용하여 질문에 답하시오.

1. Кого ви зустріли вчора в гуртожитку? (він і вона)
2. Кого ви чекаєте тут? (ти і він)
3. Кого ви запрошуєте в гості? (ви і вона)
4. Кого ви давно не бачили? (ви і вони)
5. Кого він чекає біля метро? (ми)
6. Кого вона знає в нашому університеті? (він і я)

19 Допишіть речення, використовуючи займенники.

괄호 안의 단어를 활용하여 문장을 완성하시오.

1. Моя сестра живе у Франції. Я часто думаю _ .
2. Ваш друг вчиться в Києві. Ви згадуєте _?
3. Скоро екзамени. На уроці ми говоримо _ .
4. Вчора ви не були на вечірці. Ваш друг запитував _ .
5. Вчора ми дивилися цікавий фільм. Ввечері ми говорили _ .
6. Ти давно не був у поліклініці. Лікар запитував _ .
7. Я знаю, що мої батьки завжди думають _ .

20 Дайте відповіді на запитання, використовуючи слова в дужках.

괄호 안에 제시된 단어들을 활용하여 질문에 답하시오.

1. Про кого ви говорите зараз? (він і вона)
2. Про кого писав батько в листі? (вони)
3. Про кого він запитував? (вона)
4. Про кого розповідав викладач? (ми)
5. Про кого написали в газеті? (я)
6. Про кого думав твій друг? (ти)
7. Про кого ви часто розповідаєте? (він)
8. Про кого він говорив на уроці? (ви)

4. Знахідний відмінок прикметників і присвійних займенників однини

단수 형용사 및 소유 대명사의 대격

– **Який журнал** ви читаєте?
– Я читаю **новий журнал**.

– **Яку книжку** ви читаєте?
– Я читаю **нову книжку**.

– **Якого викладача** ви зустріли на вулиці?
– Я зустрів **нового викладача** на вулиці.

	Називний відмінок 주격	Знахідний відмінок 대격		Закінчення 어미	
		Істота 생명체	*Неістота* 비생명체	*Істота* 생명체	*Неістота* 비생명체
він 남성	***Який?***	***Якого?***	***Який?***		
	новий старий синій	нов-ого стар-ого син-ього	новий старий синій	**-ий – -ого** **-ій – -ього**	**не змінюється** 바뀌지 않음
воно 중성	***Яке?***	***Яке?***			
	нове старе синє	нове старе синє		**не змінюється** 바뀌지 않음	
вона 여성	***Яка?***	***Яку?***			
	нова стара синя	нов-у стар-у син-ю		**-а – -у** **-я – -ю**	

	Називний відмінок 주격	Знахідний відмінок 대격	
він 남성	***Чий?***	***Чий?***	***Чийого?***
	мій твій його її наш ваш їхній	мій твій його її наш ваш їхній	мого твого його її нашого вашого їхнього
воно 중성	***Чиє?***	***Чиє?***	
	моє твоє його її наше ваше їхнє	моє твоє його її наше ваше їхнє	
вона 여성	***Чия?***	***Чию?***	
	моя твоя його її наша ваша їхня	мою твою його її нашу вашу їхню	

21 Напишіть слова в знахідному відмінку.

다음 단어들을 대격으로 바꾸어 쓰시오.

Називний	*Знахідний однини*
новий студент	
високий хлопець	
мій викладач	
його учениця	
відома артистка	
рідна сестра	
цікавий фільм	
смачна цукерка	
солодке тістечко	
наш народ	
твоя батьківщина	
моє фото	
важливий предмет	
моє серце	

22 Напишіть речення за зразком.

아래에 제시된 예시와 같이 주어진 문장을 완성하시오.

Зразок

Віктор має (старший брат).Віктор має ***старшого брата***.

а) Викладач питає (новий студент).

б) Я хочу написати (довгий лист) додому.

в) Ми любимо (наш університет).

г) Мама чекає (молодший син).

ґ) Ми бачили в парку (твій новий друг).

д) Я подарую (новий фотоапарат) мамі.

е) Сьогодні ми писали (складний диктант).

є) Викладач питає (важкий урок).

ж) Іноземні студенти вивчають (українська мова).

з) Петро їсть (смачний апельсин).

23 Поставте прикметники в реченні у знахідному відмінку.

주어진 형용사를 대격으로 바꾸어 쓰시오.

(цікавий, -а, -е)	Микола читає _ журнал, а Марта читає _ книжку.
(український, -а, -е)	Студенти вивчають _ мову.
(важкий, -а, -е)	Викладачі часто говорять про _ екзамен.
(майбутній, -я, -є)	Студенти думають про _ вечірку.
(новий, -а, -е)	Він записує _ слово у зошиті.
(веселий, -а, -е)	Ігор зустрічає _ друга.
(низький, -а, -е)	Ми чекаємо на _ ціну.
(ваш, -а, -е)	Вони знають _ сусіда?
(міжнародний, -а, -е)	Майбутні дипломати часто розмовляють про _ політику.
(іноземний, а, е)	Україна використовує _ капітал.
(ефективний, а, е)	Нам треба розвивати _ економіку.

24 Допишіть речення, використовуючи слова в дужках.

괄호 안의 단어를 활용하여 문장을 완성하시오.

1. Я читаю _ (цікава книжка).
2. Він вивчає _ (українська література).
3. Вона думає про _ (рідний брат).
4. Іван розповідає про _ (майбутня професія).
5. Ми пишемо _ (нове оповідання).
6. Вони купили _ (новий одяг).
7. Студенти слухають _ (цікава лекція).
8. Андрій і Микола читають _ (свіжий журнал).
9. Ми купили _ (смачне печиво).
10. Сьогодні викладач говорив про _ (новий студент).

25 Дайте відповіді на запитання.

질문에 답하시오.

1. Кого ти бачив на вулиці? (старий професор)
2. Що ти купив у магазині? (свіжий хліб)
3. Про кого розповідав студент? (новий друг)
4. Що вивчали діти в школі? (цікаве оповідання)
5. Кого ви слухали на уроці? (гарна студентка)
6. Що ти любиш дивитися? (історичний фільм)
7. Кого ви любите слухати? (мій тато)
8. Про що студенти розповідали на екзамені? (домашнє завдання)

5. Знахідний відмінок множини

복수 대격

Ми бачимо	журнали. книжки. словники. будинки. міста.

Ми бачимо	студентів. лікарів. товаришів. викладачів. жінок. сестер. студенток.

що?	Називний відмінок 주격	Знахідний відмінок 대격	Закінчення 어미
він 남성	столи ножі стільці	столи ножі стільці	***не змінюється*** 바뀌지 않음
воно 중성	міста моря питання	міста моря питання	***не змінюється*** 바뀌지 않음
вона 여성	книжки сумки вулиці	книжки сумки вулиці	***не змінюється*** 바뀌지 않음

хто?	Називний відмінок 주격	Знахідний відмінок 대격	Закінчення 어미
він 남성	студенти дядьки лікарі хлопці	студент-ів дядьк-ів лікар-ів хлопц-ів	**-Ø – -ів** **-о – -ів** **-ар, ь – -ів**
вона 여성	сестри подруги бабуся	сестер подруг бабусь	**-а – - Ø** **-я – -Ø**

기억합시다!

дитина – діти – діт**ей**
людина – люди – люд**ей**
дівчина – дівчата – дівчат **Ø**
мати – матері – матер**ів**

	Називний відмінок 주격	Знахідний відмінок 대격		Закінчення 어미	
		Неістота 비생명체	*Істота* 생명체	*Істота* 생명체	*Неістота* 비생명체
він/вона/воно 남성/여성/중성	***Які?***	***Які?***	***Яких?***		
	нові старі сині	нові старі сині	нов-их стар-их син-іх	**-ий – -их** **-ій – -іх**	**не змінюється** 바뀌지 않음

26 Дайте відповіді на запитання.

질문에 답하시오.

1. Ви купуєте ***книжки*** чи берете їх у бібліотеці?
2. Де ви купуєте ***журнали?***
3. Ви любите читати ***газети***?
4. Ви любите ***вірші***?
5. Ви любите писати ***листи***?
6. Де ви купуєте ***листівки, марки і конверти***?
7. Де ви купуєте ***олівці і ручки***?
8. Ви любите писати ***вправи***?

27 Дайте відповіді на запитання.

질문에 답하시오.

Це Анна. Ви знаєте її родичів? Ви знаєте її братів і сестер? Ви знаєте її подруг?

Це Іван. Ви знаєте його товаришів? Ви знаєте його друзів? Ви знаєте його братів?

Це студенти. Ви знаєте їхніх викладачів? Ви знаєте їхніх друзів?

28 Дайте відповіді на запитання, використовуючи слова в дужках.

괄호 안에 제시된 단어들을 활용하여 질문에 답하시오.

1. Кого ми зустрічаємо в університеті? (студенти, студентки, професори, викладачі)
2. Кого ми слухаємо на концерті? (артисти, музиканти, письменники, поети)
3. Кого ми запрошуємо в гості? (друзі, подруги, товариші, сусіди)
4. Що ми слухаємо у клубі? (концерти, лекції, доповіді)
5. Що ми купуємо в кіоску? (газети, журнали, листівки, конверти)

29 Допишіть речення, використовуючи слова справа.

괄호 안의 단어를 활용하여 문장을 완성하시오.

1. Я часто згадую _

   родичі, друзі, сестри, брати, подруги, товариші
2. У нашому університеті мріють вчитися майбутні _

   викладачі, геологи, філологи, юристи, економісти, дипломати
3. Фірма запрошує на роботу _

   секретарі, лаборанти, хіміки

30 Напишіть речення, замінивши однину множиною.

표시된 단수 대격을 복수 대격으로 바꾸어 쓰시오.

1. Я читав ***сьогоднішню газету***.
2. Я купив ***святкову листівку***.
3. Мій друг приніс ***новий диск***.

4. Він знає ***стару українську пісню***.

5. Вона купила ***потрібний підручник***.

6. Товариш приніс ***цікавий журнал***.

7. Студенти склали ***важкий екзамен***.

31 Дайте відповіді на запитання, використовуючи слова в дужках.

괄호 안에 제시된 단어들을 활용하여 질문에 답하시오.

1. Кого ви чекаєте? (мої старі друзі)
2. Кого ви часто зустрічаєте в клубі? (ці нові студенти)
3. Кого вони запросили в театр? (знайомі студентки)
4. Кого ви бачили в кінотеатрі? (наші нові друзі)
5. Кого ви знаєте в цьому університеті? (молоді викладачі)
6. Кого Андрій давно не бачив? (його батьки)
7. Кого він часто згадує? (його молодші брати і сестри)

32 Утворіть речення, використовуючи слова справа.

우측의 단어를 사용하여 문장을 완성하시오.

1. На столі лежать _ . Я купив у кіоску _ .	сьогоднішні газети
2. У мене є _ . Хто забув у класі _ .	великий чорний портфель
3. Учора в нас була _ . Ми говорили про _ . Студенти уважно слухали _ .	цікава лекція
4. Скільки коштує _? Я хочу купити _ .	ця невелика валіза
5. У сусідній кімнаті живуть _ . Сьогодні я бачив _ . Що ти знаєш про _?	наші нові студенти

6. Знахідний відмінок в значенні напрямку руху
직접문에 사용되는 대격

– Ви ідете **в театр**?
– Так, я іду **в театр**.

– Вони їдуть **на виставку**?
– Так, вони їдуть **на виставку**.

33 Дайте відповіді на запитання:
질문에 답하시오.

A

1. Ви ідете в клас?
2. Студенти ідуть в клуб?
3. Батько їде на завод?
4. Мати іде в магазин?
5. Ти ідеш в кафе?

B

1. Мама їде на фабрику?
2. Сестра іде в поліклініку?
3. Ви ідете на вулицю?
4. Діти їдуть в школу?
5. Викладачі ідуть в університет?

34 Дайте відповіді на запитання:

질문에 답하시오.

1. Ви поїдете сьогодні в кіно?
2. Іван і Максим підуть в клуб ввечері?
3. Ганна піде завтра на вечір?
4. Ваша група поїде в музей?
5. Ти підеш завтра на лекцію?
6. Ви підете в бібліотеку завтра?
7. Ви поїдете на екскурсію завтра?
8. Оксана піде в кафе завтра вранці?

– **Куди** ви ідете зараз?
– Я іду **в бібліотеку**.

– **Куди** ви підете завтра?
– Завтра я піду **в клуб**.

– **Куди** ви ходили вчора?
– Вчора ми ходили **в кіно**.

35 Дайте відповіді на запитання:

질문에 답하시오.

1. Куди ви ходили вчора, в кіно чи в театр?
2. Куди вони ходили в неділю, в клуб чи на виставку?
3. Куди ти ходив вранці, в кафе чи в їдальню?
4. Куди вони ходили на екскурсію, в музей чи в галерею?
5. Куди вона ходила вранці, в магазин чи на ринок?
6. Куди він ходив у суботу, в поліклініку чи в бібліотеку?
7. Куди ходила ваша група в п'ятницю, на виставу чи на балет?
8. Куди викладач ходив учора, в аудиторію чи в лабораторію?

36 Дайте відповіді на запитання, використовуючи слова в дужках.
괄호 안에 제시된 단어들을 활용하여 질문에 답하시오.

1. Куди ходили студенти у неділю? (кінотеатр, театр, клуб, музей, цирк, вечірка, концерти)
2. Куди вони підуть у суботу? (школа, виставка, бібліотека, фабрика, поліклініка)
3. Куди ідуть студенти зараз? (клас, аудиторія, кафе, їдальня, бібліотека)

37 Дайте відповіді на запитання:
질문에 답하시오.

1. Вони їдуть в оперний театр? 2. Ви їдете в центр? 3. Ти ідеш в поліклініку? 4. Ваш друг поїде на батьківщину влітку? 5. Ви поїдете у Львів взимку? 6. Ви їздили вчора в музей? 7. Ваші друзі їздили на виставку в суботу? 8. Він їздив у цирк вчора?

38 Дайте відповіді на запитання, використовуючи слова справа:
오른쪽에 제시된 단어를 사용하여 질문에 답하시오.

1. Куди ви ідете зараз?	клуб
2. Куди іде ваш друг?	лабораторія
3. Куди ідуть ці студенти?	бібліотека
4. Куди ти їдеш?	стадіон
5. Куди їдуть ці люди?	виставка
6. Куди ви поїдете влітку?	село
7. Куди ти поїдеш у неділю?	кінотеатр
8. Куди ви ходили вчора?	театр
9. Куди ти їздив у суботу?	екскурсія
10. Куди ходили ваші друзі в середу?	музей

39 Поставте запитання до поданих речень:
다음 문장에 대한 질문을 만드시오.

1. – ______________________?

   – Зараз ми ідемо ***на лекцію***.

2. – ______________________?

   – Після обіду я піду ***в бібліотеку***.

3. – ______________________?

   – Сьогодні ввечері ми поїдемо ***на концерт***.

4. – ______________________.?

   – Вчора вони ходили ***в театр***.

5. – ______________________.?

   – У суботу студенти ходили ***в кінотеатр***.

6. – ______________________?

   – У червні я їздив ***в Україну***.

7. – ______________________?

   – Влітку наша сім'я їздила ***на південь***.

40 Дайте відповіді на запитання, використовуючи слова в дужках.
괄호 안에 제시된 단어들을 활용하여 질문에 답하시오.

1. Куди ти ідеш? (наша бібліотека)
2. Куди ідуть студенти? (новий гуртожиток)
3. Куди Максим іде зараз? (міська поліклініка)
4. Куди він ходив вчора? (наша лікарня)
5. Куди ваші друзі ходили позавчора? (студентський клуб)
6. Куди вони підуть післязавтра? (історичний музей)
7. Куди ви підете в неділю? (французька виставка)
8. Куди ти підеш після обіду? (цікава екскурсія)

41 Дайте відповіді на запитання, використовуючи слова в дужках.
괄호 안에 제시된 단어들을 활용하여 질문에 답하시오.

1. Куди ти їдеш зараз? (міська бібліотека)
2. Куди він поїде вчитися? (Київський національний університет)
3. Куди ваші сестри поїдуть влітку? (рідне місто)
4. Куди студенти їздили вчора? (картинна галерея)
5. Куди ваш брат поїде влітку? (Близький Схід)
6. Куди ви хочете поїхати влітку? (морський берег)
7. Куди ваш друг хоче поїхати восени? (Південна Америка)
8. Куди Іван та Микола їздили в суботу? (цікава екскурсія)

Ми ходили **в театр на концерт**.

42 Дайте відповіді на запитання, використовуючи слова справа.
오른쪽에 제시된 단어를 사용하여 질문에 답하시오.

Зразок

– Куди ви ідете? – Я іду ***в клас на урок***.	клас, урок

1. Куди ідуть студенти?	велика аудиторія, лекція
2. Куди іде викладач?	клас, заняття
3. Куди іде лікар?	лікарня, робота
4. Куди ваші друзі хочуть піти в суботу?	клуб, концерт
5. Куди вони хочуть піти у неділю?	театр, новий балет
6. Куди ти хочеш поїхати влітку?	південь, санаторій
7. Куди ви поїдете завтра?	місто, екскурсія
8. Куди ти ідеш зараз?	бібліотека, читальний зал

43 Дайте відповіді на запитання:

질문에 답하시오.

Зразок

– Ви знаєте, куди він їздив вчора?
– Так, я знаю, куди він їздив учора. Він їздив у театр.

1. Ви знаєте, куди він ходив учора?
2. Ви знаєте, куди вони ходили сьогодні ввечері?
3. Ви знаєте, куди вона ходила позавчора?
4. Ви знаєте, куди вони підуть сьогодні ввечері?
5. Ви знаєте, куди вона поїде завтра?
6. Ви знаєте, куди вони їздили вчора?
7. Ви знаєте, куди вона їздила влітку?
8. Ви знаєте, куди він їздив минулого року?
9. Ви знаєте, куди вони поїдуть наступного тижня?
10. Ви знаєте, куди він поїде взимку?

– **Де** ви були? – Я був **у театрі**. – Я був **на виставці**.	– **Куди** ви ходили? – Я ходив **у театр**. – Я ходив **на виставку**.

44 Дайте відповіді на запитання, використовуючи слова справа.

오른쪽에 제시된 단어를 사용하여 질문에 답하시오.

1. Де були студенти вчора ввечері? — кінотеатр, клуб, театр, бібліотека, парк
   Куди ходили студенти вчора ввечері?
2. Де ви любите відпочивати? — море, санаторій, парк, село, ресторан
   Куди ви поїдете відпочивати влітку?
3. Куди підуть ваші друзі в суботу? — виставка, університет, школа
   Де вони будуть у суботу?

45 Поставте слова в дужках у правильній формі:

괄호 안에 제시된 단어들을 알맞은 형태로 채워 넣으시오.

1. Учора ми ходили _ (виставка). Студенти теж були _ (виставка).
2. Інженер іде _ (завод). Він працює _. (завод).
3. Завтра студенти підуть _ (вечір). _ (вечір) вони будуть співати.
4. Вчора хворий ходив _ (поліклініка). Сьогодні він знову був _ (поліклініка).
5. Ми беремо книжки _ (бібліотека). Після уроків я піду _ (бібліотека).
6. Зазвичай студенти обідають _ (їдальня). Вони підуть _ (їдальня) о 3 годині.
7. Ганна ходила _ (магазин). Вона купила сукню _ (магазин).
8. Вчора моя сестра ходила _ (пошта). Вона отримала посилку _ (пошта).
9. Мій брат працює _ (університет). Кожного ранку він іде _ (університет).
10. У неділю друзі поїдуть _ (клуб). Минулого тижня вони були _ (клуб).

46 Дайте відповіді на запитання, використовуючи слова справа.

오른쪽에 제시된 단어를 사용하여 질문에 답하시오.

1. Де ви були вчора?	наш новий клуб, цікавий вечір
Куди ви ходили вчора?	
2. Де ви будете в суботу?	театр, новий балет
Куди ви поїдете в суботу?	
3. Де він працює?	
Куди він ходить кожного дня?	цей великий хімічний завод
4. Куди ваша молодша сестра ходить щодня?	
Де вона вчиться?	Львівський національний університет, економічний факультет
5. Куди ви підете після уроку?	ця центральна книгарня, газетний кіоск
Де ви купуєте книжки?	
6. Де професор читає лекції?	велика аудиторія
Куди іде професор?	
7. Куди ти їдеш зараз?	історичний музей
Де ти був вчора?	

8. Де ви обідаєте кожного дня? — наша нова їдальня

Куди ви ідете зараз?

9. Куди Іван їздив улітку? — маленьке місто

Де він жив улітку?

10. Де ти будеш увечері? — англійська фотовиставка

Куди ти підете ввечері?

47 Замініть дієслово *бути* дієсловом руху *ходити* або *їхати*. Змініть відмінок іменника.

бути 동사 대신 동작 동사 *ходити* 나 *їхати*를 사용하고, 그에 맞게 명사의 격을 변형하시오.

Зразок

Вчора я ***був у театрі***. Вчора я ***ходив у театр***.	Влітку я ***був у Парижі***. Влітку я ***їздив у Париж***.

1. Вчора я була на виставці.
2. Минулого року ми були в Італії.
3. Позавчора Іван був у поліклініці.
4. Вранці Ганна була на лекції.
5. У червні вони були в Києві.
6. Вчора я був в клубі на концерті.
7. У вівторок ми були на екскурсії в музеї.
8. Минулого тижня студенти були в бібліотеці.

48 Дайте відповіді на запитання, використовуючи дієслово *бути*.

동사 *бути*를 사용하여 질문에 답하시오.

Зразок

– Ви ***ходили*** вранці ***в бібліотеку***?
– Так, я ***був*** вранці ***в бібліотеці***.

1. Ви ходили вчора в театр?
2. Ви ходили в середу в музей?
3. Ганна ходила в суботу в кінотеатр?
4. Ти їздив у Львів?
5. Іван їздив влітку в Париж?
6. Ваша сестра їздила в Італію?
7. Ви їздили вчора на екскурсію?
8. Ти ходив вчора в музей?

49 Дайте відповіді на запитання, використовуючи дієслова руху.

동작 동사를 사용하여 질문에 답하시오.

Зразок

– Де ви ***були*** вчора?
– Вчора ми ***ходили в театр***.

1. Де ви були в суботу?
2. Де ти був сьогодні?
3. Де вони були вчора ввечері?
4. Де ви були влітку?
5. Де ваші друзі були влітку?
6. Де ти був у неділю?

50 Поставте запитання до поданих речень:

다음 문장에 대한 질문을 만드시오.

1. – ______________________?

   – Вчора ми були ***на концерті***.

2. – ______________________?

   – Вчора Іван і Ганна ходили ***в клуб***.

3. – ______________________?

   – Влітку Максим їздив ***у Францію***.

4. – ______________________?

   – Раніше він вчився ***у Франції***.

5. – ______________________?

   – Минулого року мої друзі були ***в Україні***.

6. – ______________________?

   – Минулого року я їздив ***в Україну***.

7. Знахідний відмінок з дієсловами *класти – покласти, ставити – поставити, вішати – повісити*

동사 *класти – покласти, ставити – поставити, вішати – повісити*와 함께 쓰이는 대격

Я **поклав** газету **у сумку**.
Я **поставив** лампу **на стіл**.
Я **повісив** костюм **у шафу.**

51 Дайте відповіді на запитання.

질문에 답하시오.

Зразок

– ***Куди*** ти поклав журнал?
– Я поклав журнал ***на письмовий стіл***.

A

1. Куди ти поклав мою книжку?
2. Куди він поклав вашу ручку?
3. Куди ти поклав мій олівець?
4. Куди вона поклала мою папку?
5. Куди вони поклали свої зошити?
6. Куди він кладе свій портфель?
7. Куди ви кладете свої речі?
8. Куди ви кладете гроші?

B

1. Куди він поставив квіти?
2. Куди він поставив валізу?
3. Куди ви ставите вазони у кімнаті?
4. Куди ми ставимо книжки?

C

1. Куди ви повісили картину?
2. Куди ти хочеш повісити цю фотографію?
3. Куди вона повісила пальто?
4. Куди ви вішаєте костюм?

52 Доповніть речення, використовуючи слова справа.

우측의 단어를 사용하여 문장을 완성하시오.

Зразок

Він поставив __ .	лампа, стіл
Він поставив ***лампу на стіл***.	

1. Я поклав __ . — книжка, стіл; папір, папка; гроші, кишеня; сумка, стілець
2. Я поставив __ . — ваза, вікно; книга, полиця; стілець, кут; склянка, стіл
3. Я повісив __ . — пальто, шафа; таблиця, дошка; фото, стіна
4. Ми кладемо __ . — зошити, портфель; книжки, стіл; речі, валіза
5. Ми ставимо __ . — лампа, стіл; книги, полиця; квіти, ваза
6. Ми вішаємо __ . — сукня, шафа; картини, стіна

53 Дайте відповіді на запитання, використовуючи слова справа.

오른쪽에 제시된 단어를 사용하여 질문에 답하시오.

1. Де лежить лист? — його нова жовта папка
   Куди він поклав цей лист?
2. Куди ви поклали газету? — мій старий портфель
   Де лежить газета?
3. Де стоїть лампа? — її письмовий стіл
   Куди вона поставила лампу?
4. Де стоять квіти? — велика красива ваза
   Куди ви поставили квіти?
5. Куди ви вішаєте пальто і костюми? — наша велика шафа
   Де висять ваші пальто і костюми?

54 Поставте запитання до виділених слів у цих реченнях.
주어진 문장의 강조된 단어에 대한 질문을 만드시오.

1. – ______________________?

   – Квіти стоять ***у вазі***.

2. – ______________________?

   – Я поставив квіти ***у вазу***.

3. – ______________________?

   – Іван поклав газету ***на стіл***.

4. – ______________________?

   – Журнал лежить ***на столі***.

5. – ______________________?

   – Ганна повісила своє фото ***на стіну***.

6. – ______________________?

   – Її фото висить ***на стіні***.

55 Дайте відповіді на запитання, використовуючи слова справа.
오른쪽에 제시된 단어를 사용하여 질문에 답하시오.

Зразок

Він запросив __ .	я, кінотеатр
Він запросив ***мене в кінотеатр***.	

1. Я запрошую __ .	ти, виставка
2. Ми запрошуємо __ .	ви, екскурсія, сусіднє місто
3. Вчора вони запросили __ .	їх друзі, кафе
4. Студенти запросили __ .	викладачі, студентський вечір
5. Він запросив __ .	знайома дівчина, театр
6. Я хочу запросити __ .	товариш, концерт, наш клуб

8. Знахідний відмінок у значенні часу[1)]

시간 표현에 대한 대격

56 Дайте відповіді на запитання, використовуючи слова в дужках.

괄호 안에 제시된 단어들을 활용하여 질문에 답하시오.

1. Коли ви були в театрі? (вівторок)
2. Коли ми підемо на концерт? (субота)
3. Коли вони ходили на екскурсію? (середа)
4. Коли ви відпочиваєте? (субота і неділя)
5. Коли була контрольна робота у вашій групі? (понеділок)
6. Коли він захворів? (четвер)
7. Коли він ходив у поліклініку? (п'ятниця)
8. Коли вона їздила до бабусі? (неділя)

57 Дайте відповіді на запитання, використовуючи слова *понеділок, вівторок* і т. д.

понеділок, вівторок ... 등의 단어들을사용하여 다음 질문들에 답하시오.

1. Ви знаєте, коли буде контрольна робота?
2. Ви знаєте, коли він отримав лист?
3. Ви знаєте, коли ми підемо в кінотеатр?
4. Ви знаєте, коли вони поїдуть на екскурсію?
5. Ви знаєте, коли він був на виставці?
6. Ви знаєте, коли вона піде в бібліотеку?
7. Ви знаєте, коли вони були в Оперному театрі?
8. Ви знаєте, коли вона була в поліклініці?

1) Див. таблиця на с. 50.

58 Поставте запитання до виділених слів.

강조된 단어에 대한 질문을 쓰시오.

Зразок

Весь вечір (Увесь вечір) він писав твір.
Як довго (Скільки часу) він писав твір?

1. ***Увесь день*** він займався в бібліотеці.
2. ***Весь вечір*** я чекав на вас.
3. ***Увесь ранок*** він вчив нові слова.
4. ***Весь урок*** викладач пояснював новий текст.
5. ***Усі канікули*** ми відпочивали на морі.
6. ***Увесь тиждень*** він хворів.
7. ***Усю ніч*** падав дощ.
8. ***Весь рік*** вона вивчала українську мову.

1. Ми розмовляли ***цілий вечір***.
2. Вона хворіла ***цілий тиждень***.
3. Вони жили в Києві ***цілий рік***.
4. Я чекав на тебе ***цілу годину***.

59 Допишіть речення, використовуючи словосполучення *весь день (увесь день), весь тиждень (увесь тиждень), весь рік (увесь рік)* і т. д.

весь день (увесь день), весь тиждень (увесь тиждень), весь рік (увесь рік) 등을 사용하여 문장을 완성하시오.

1. Ми чекали вас _ .
2. Вони працювали там _ .
3. Ми гуляли в лісі _ .
4. Я отримав лист _ .
5. Мої друзі ходять у клуб _ .
6. Ми слухали лекції _ .
7. Я буду вивчати ці слова _.
8. Вона лежала в лікарні _ .

기억합시다!

Коли? (***Родовий відмінок*** 생격)[2]

кожного ранку (дня, вечора, року, місяця, тижня_)
минулого ранку (дня, вечора, року, місяця, тижня_)
наступного ранку (дня, вечора, року, місяця, тижня_)

2) Див. таблиця с. 240.

04 Давальний відмінок
여격

Кому? Чому?

1. Давальний відмінок однини
단수 여격

	Питання 의문사	Називний відмінок 주격	Давальний відмінок 여격	Закінчення 어미
він 남성	хто? що?	син тато лікар хлопець викладач стіл олівець музей	син-ові (-у) тат-ові (-у) лікар-еві (-ю) хлопц-еві (-ю) викладач-еві (-у) стол-у олівц-ю музе-ю	**-Ø, -о – -ові, -у** **-ар, -ь – -еві, -ю** **(ж, ч, ш, щ) +-Ø – -еві, -у** **-Ø – -у** **-ь – -ю** **-й – -ю**
воно 중성	що?	місто море питання	міст-у мор-ю питанн-ю	**-о – -у** **-е – -ю** **-я – -ю**
вона 여성	хто? що?	сестра книжка бабуся вулиця площа лабораторія	сестр-і книжц-і бабус-і вулиц-і площ-і лаборатор-ії	**-а – -і** **-я – -і** **(ж, ч, ш, щ) + -а – -і** **-ія – -ії**

기억합시다!

к › ц +і	**г › з +і**	**х › с +і**
Натал**к**а – Натал**ц-і** дівчин**к**а – дівчин**ц-і**	Оль**г**а – Оль**з-і** подру**г**а – подру**з-і**	Соло**х**а – Соло**с-і**

Мені треба зателефонувати **Іванові та Ганні**.

1 Дайте відповіді на запитання.

질문에 답하시오.

Зразок

– Ти телефонував ***Іванові***?
– Так, я телефонував Іванові.

A

1. Ви дасте ***Степанові*** свій словник?
2. Марія дала ***викладачу*** свій зошит?
3. Ви показали ***професорові*** свою роботу?
4. Ви купили ***товаришеві*** квиток у театр?
5. Ви пишете лист ***братові***?
6. Ви часто пишете ***батькові***?
7. Іван телефонував ***другові*** вчора?

B

8. Ви надіслали ***сестрі*** посилку?
9. Віра розповіла ***подрузі*** про свою роботу?
10. Викладач пояснив ***студентці*** її помилки?
11. Ви сказали ***Ганні*** про екскурсію?
12. Ви часто телефонуєте ***матері***?

– **Кому** ви купили ці газети?
– Я купив ці газети **другові**.

2 Дайте відповіді на запитання, використовуючи слова справа.

오른쪽에 제시된 단어를 사용하여 질문에 답하시오.

Зразок

– Кому ви часто пишете листи? – Я часто пишу листи ***батькові*** та ***матері***.	батько, мати

1. Кому ви написали лист вчора?	брат
2. Кому розповіли про вечір?	друг
3. Кому ви купили газету?	товариш
4. Кому студенти відповідають на екзамені?	професор
5. Кому студенти показали зошити?	викладач
6. Кому ви розповіли про свою хворобу?	лікар
7. Кому викладач пояснив нові слова?	студентка
8. Кому Іван надіслав нові фото?	сестра
9. Кому він купив подарунок?	мати
10. Кому тато подарував книжку?	дочка

3 Дайте відповіді на запитання.

질문에 답하시오.

1. Кому ви ***дали*** свій підручник?
2. Кому ви часто ***пишете*** листи?
3. Кому він ***надсилає*** посилки?
4. Кому наш викладач ***пояснює*** новий урок?
5. Кому ви ***купили*** цю книгу?
6. Кому вона ***подарувала*** свою нову ручку?
7. Кому ви ***показали*** цю вправу?
8. Кому ваш сусід ***телефонує*** кожного дня?
9. Кому ваш друг ***купив*** квитки в театр?
10. Кому ти ***подарував*** ці квіти?

4 Дайте відповіді на запитання.

질문에 답하시오.

1. Кому ви ***обіцяли купити*** квитки в Оперний театр?
2. Кому ви ***обіцяли*** часто ***писати*** листи?
3. Кому ви ***обіцяли пояснити*** цю важку задачу?
4. Кому ваш друг ***допомагає вивчати*** англійську мову?
5. Кому ви ***допомагаєте вивчати*** українську мову?
6. Кому сестра ***допомагає готувати*** обід?
7. Кому мати ***дозволила піти*** в кіно?
8. Кому лікар не ***дозволяє курити***?
9. Кому викладач ***дозволив зайти*** в аудиторію?
10. Кому лікар ***радить поїхати*** в санаторій?
11. Кому ви ***радите вступати*** на медичний факультет?
12. Кому ви ***радите подивитися*** цей фільм?
13. Кому радіо ***заважає вчитися***?

5 Дайте відповіді на запитання.

질문에 답하시오.

Зразок

– Ви знаєте, кому він дав журнал?
– Він дав журнал своєму ***другові***.

1. Ви знаєте, кому вона дала книжку?
2. Ви знаєте, кому він написав лист?
3. Ви знаєте, кому він купив квіти?
4. Ви знаєте, кому вона показала свої фото?
5. Ви знаєте, кому він подарував ручку?
6. Ви знаєте, кому вона розповіла цю новину?
7. Ви знаєте, кому викладач пояснив урок?
8. Ви знаєте, кому студент допоміг зрозуміти новий текст?

6 Допишіть речення, використовуючи слова справа.

우측의 단어를 사용하여 문장을 완성하시오.

Зразок

Викладач пояснив ___ нове слово.	студент
Викладач пояснив ***студентові*** нове слово.	

1. Я часто пишу домашнє завдання ___.	брат
2. Син надіслав посилку ___.	мати
3. Передайте, будь ласка, цей зошит ___.	викладач
4. Цей диск я хочу подарувати ___.	подруга
5. Продавець показав фотоапарат ___.	покупець
6. Листоноша приніс лист ___.	сусід
7. Вчора я телефонував ___.	друг
8. Я обіцяв купити ___ українські журнали.	товариш
9. Лікар не дозволяє ___ багато ходити.	батько
10. Хворий обіцяв ___ більше не курити.	лікар

7 Дайте відповіді на запитання, використовуючи слова справа.

오른쪽에 제시된 단어를 사용하여 질문에 답하시오.

1. Хто сидить у класі?	студент
Кому викладач пояснює урок?	
Кого питає викладач?	
Про кого ви розповідаєте?	
2. Кому Ніна часто телефонує?	подруга
Про кого вона часто думає?	
Кого вона давно не бачила?	
Хто телефонував Ніні сьогодні?	
3. Кого ви запросили на студентський вечір?	письменник
Кому ви надіслали запрошення на вечір?	
Хто виступав на вечорі?	
Про кого ви говорили після вечора?	

8 Поставте слова в речення у правильній формі.

괄호 안에 제시된 단어들을 알맞은 형태로 채워 넣으시오.

1. Вчора я телефонував ___. сестра

   Я часто думаю ___.

   Я давно не бачив ___.

   Цю ручку подарувала мені ___.

2. Вчора до мене приходив ___. друг

   Я розповів батькові та матері ___.

   Я хочу запросити ___ на концерт.

   Сьогодні ввечері я буду телефонувати ___.

9 Поставте запитання до виділених слів.

강조된 단어에 대한 질문을 만드시오.

Зразок

Син подарував ***батькові*** годинник.
Кому син подарував годинник?

1. Батьки подарували ***сину*** фотоапарат.
2. Мама купила пальто ***дочці***.
3. Я купив ***другові*** квиток на футбольний матч.
4. Викладач пояснив ***студентці*** новий текст.
5. Вчора я надіслав посилку ***братові***.
6. Я хочу розповісти про це ***товаришеві***.
7. Ми будемо відповідати на екзамені ***професорові***.
8. Студенти подарували ***викладачеві*** красиві квіти.

2. Давальний відмінок множини
복수 여격

– **Кому** ви телефонуєте?
– Я телефоную **батькам, братам, сестрам, друзям**.

	Називний відмінок 주격	Давальний відмінок 여격	Закінчення 어미
він 남성	студент стіл лікар стілець	студент-ам стол-ам лікар-ям стільц-ям	**-Ø, -о – -ам** **ар, -ь, -й – -ям**
воно 중성	місто море питання	міст-ам мор-ям питанн-ям	**-о – -ам** **-е – -ям** **-я – -ям**
вона 여성	сестра книжка сумка бабуся	сестр-ам книжк-ам сумк-ам бабус-ям	**-а – -ам** **-я – -ям**

10 Дайте відповіді на запитання, використовуючи слова справа.
오른쪽에 제시된 단어를 사용하여 질문에 답하시오.

1. Кому професор читає лекцію? — студенти
2. Кому ви повідомили про збори? — друзі
3. Кому ви купили подарунки? — сестри
4. Кому ти телефонував сьогодні? — товариші
5. Кому Іван надіслав свої фото? — брати
6. Кому мати купила велосипед? — сини
7. Кому Ганна допомагає? — батьки
8. Кому тато подарував книжки? — дочки

11 Поставте слова в речення у правильній формі.

괄호 안에 제시된 단어들을 알맞은 형태로 채워 넣으시오.

1. Викладач пояснив ___ новий матеріал.	студенти
2. Ми розповіли ___ про Львівський університет.	друзі
3. Ви показали свій новий фотоапарат ___.	товариші
4. Кожного дня я телефоную ___.	батьки
5. Я подарував ___ нові книжки.	брати
6. Кожного вечора мати розповідає казки ___.	діти
7. Ганна рідко пише ___	подруги
8. Я надіслав запрошення на концерт ___.	сестри

12 Поставте відповідні дієслова в речення у правильній формі.

아래의 빈칸에 적절한 동사를 선택 및 활용하여 문장을 완성하시오.

1. Батько ___ синові телефон.
2. Хто ___ студентам, що завтра будуть збори?
3. Не розмовляйте, будь ласка. Ви ___ студентам слухати лекцію.
4. Викладач ___ студентам нові слова.
5. Студенти ___ викладачеві свої домашні завдання.
6. Бібліотекар ___ студентам книги і журнали.
7. Дочка ___ матері готувати обід.
8. Вчора я ___ батькам посилку.

Дієслова: показувати, надіслати, заважати, допомагати, давати, подарувати, повідомити, пояснити.

13 Доповніть речення, використовуючи слова справа.

우측의 단어를 사용하여 문장을 완성하시오.

Зразок

– Мати купила __. – Мама купила ***велосипед синові***.	велосипед, син

1. Марія купила __.	подарунок, подруга
2. Вчитель пояснив __.	учні, помилки
3. Листоноша приніс __.	студент, посилка
4. Я надіслав __.	повідомлення, товариші
5. Ми подарували __.	мама, лампа
6. Молоді художники показали __.	школярі, їх нові картини

14 Доповніть речення, використовуючи слова справа.

우측의 단어를 사용하여 문장을 완성하시오.

Зразок

– Я написав __. – Я написав ***сестрі про моїх друзів***.	сестра, мої друзі

1. Я розповідав __.	друзі, наш факультет
2. На зборах декан повідомив __.	студенти, іспити
3. Ви сказали __ ?	товариші, лекція
4. Чому ви не сказали __.	лікар, хвороба
5. Ганна написала __.	брат, наш університет
6. На уроці ми розповідали __.	викладач, екскурсія

3. Особові займенники у Давальному відмінку

인칭대명사 여격

Хто?	*Кому?*
я	мені
ти	тобі
він	йому
воно	йому
вона	їй
ми	нам
ви	вам
вони	їм

15 Дайте відповіді на запитання.

질문에 답하시오.

1. Іван знає про екзамен? Ти сказав ***йому*** про це?
2. Ганна прийде на збори? Ти телефонував ***їй***?
3. Іван і Ганна підуть у театр? Ти купив ***їм*** квитки?
4. Ти даси мені свій номер телефону? Коли я можу зателефонувати ***тобі***?
5. Ганна говорила ***вам***, що сьогодні ввечері вона прийде до нас у гості?

16 Поставте особові займенники в реченні.

문장에 알맞은 인칭대명사를 쓰시오.

Зразок

Це *мій сусід*. Я купив __ газету.
Я купив ***йому*** газету.

1. Це ***мій друг***. Я розповів __ про свою роботу.
2. Це ***наш викладач***. Кожного дня ми показуємо __ свої зошити.
3. Це ***моя подруга***. Я часто розповідаю __ про наш університет.
4. ***Моя мати*** живе в Тунісі. Я часто телефоную __.
5. В аудиторії сидять ***студенти***. Викладач пояснює __ новий матеріал.
6. ***Ми*** вивчаємо фізику. Викладач показує __ фізичні прилади.

7. ***Ви*** були в нашому університеті? Я можу показати __ наш університет.

8. ***Ти*** не зрозумів цю задачу? Я можу пояснити __ цю задачу.

9. Вчора ***у мене*** був день народження. Друзі подарували __ енциклопедію.

10. Це моя ***подруга***. Завтра у неї день народження і я подарую __ подарунок.

17 Поставте особові займенники в реченні.

문장에 알맞은 인칭대명사를 쓰시오.

1. Викладач пояснює __ наші помилки. (ми)
2. Я допомагаю __ вивчати українську мову. (він)
3. Мої батьки часто пишуть __ мейли. (я)
4. Ви не сказали __ про цей підручник. (вони)
5. Завтра я зателефоную __. (ви)
6. Я розповів __ про своє рідне місто. (вона)
7. Брат надіслав __ повідомлення. (я)
8. Учитель допомагає __ зрозуміти новий матеріал? (ти)

18 Дайте відповіді на запитання, використовуючи особові займенники.

인칭대명사를 사용하여 질문에 답하시오.

Зразок

– Ви показали ***викладачеві*** своє домашнє завдання?
– Так, я показав ***йому*** своє домашнє завдання.

1. Ви дали ***товаришеві*** свій словник?
2. Ви телефонували ***другові*** вчора?
3. Викладач розповів ***студентам*** про іспити?
4. Студенти показали ***гостям*** бібліотеку?
5. Ви дали ***приятелям*** квитки на концерт?
6. Вчитель пояснив ***учням*** нові слова?
7. Ви купили ***сестрі*** подарунок?

8. Ганна надіслала ***матері*** повідомлення?

9. Ви допомагаєте ***подрузі*** вивчати англійську мову?

10. Мати дозволила ***синові*** піти на вечірку?

19 Доповніть речення особовими займенниками.

인칭대명사를 사용하여 문장을 완성하시오.

1. Дайте, будь ласка, __ два квитки.
2. Покажіть __ свій підручник.
3. Купіть, будь ласка, __ хліб та йогурт.
4. Скажіть, будь ласка, __ де розташований Театр опери та балету.
5. Перекладіть __ цей лист на українську мову.
6. Зателефонуйте __ сьогодні ввечері.
7. Поясніть __, будь ласка, як робити домашнє завдання.
8. Передайте, будь ласка, __ книгу.

20 Дайте відповіді на запитання.

질문에 답하시오.

1. Хто ***допомагає*** вам ***вивчати*** українську мову?
2. Кому ви ***допомагаєте вивчати*** англійську мову?
3. Кому ви ***допомогли перекласти*** статтю на корейську мову?
4. Хто ***допоміг*** вам ***написати*** статтю в цей журнал?
5. Хто ***заважає*** вам ***вчитися*** вдома?
6. Хто ***заважав*** вам ***слухати*** радіопрограму ввечері?
7. Хто ***обіцяв*** вам ***дати*** цікаву книжку?
8. Кому ви ***обіцяли показати*** свої фото?
9. Хто ***порадив*** вам ***прочитати*** цю книжку?
10. Кому ви ***порадили подивитися*** цей фільм?
11. Кому ви ***дозволили взяти*** ваш словник?
12. Хто ***дозволив*** вам ***взяти*** цю книжку?

4. Прикметники та присвійні займенники у Давальному відмінку однини і множини

단수 및 복수 여격에서의 형용사와 소유대명사

	Називний відмінок 주격	Давальний відмінок 여격	Закінчення 어미
він 남성	*Який?*	*Якому?*	
	новий старий синій	нов-ому стар-ому син-ьому	**-ий – -ому** **-ій – -ьому**
воно 중성	*Яке?*	*Якому?*	
	нове старе синє	нов-ому стар-ому син-ьому	**-е – -ому** **-є – -ьому**
вона 여성	*Яка?*	*Якій?*	
	нова стара синя	нов-ій стар-ій син-ій	**-а – -ій** **-я – -ій**

	Називний відмінок 주격		Давальний відмінок 단수
він/воно 남성/중성	*Чий?*	*Чиє?*	*Чийому? Чиєму?*
	мій твій його її наш ваш їхній	моє твоє його її наше ваше їхнє	моєму твоєму його її нашому вашому їхньому
вона 여성	*Чия?*		*Чиїй?*
	моя твоя його її наша ваша їхня		моїй твоїй його її нашій вашій їхній

복수

	Називний відмінок 주격	Давальний відмінок 단수	Закінчення 어미
	Який? Яка? Яке? Які?	*Яким?*	
він/вона/воно 남성/여성/중성	гарн-ий, -а, -е, -і давн-ій, -я, -є, -і	гарн-им давн-ім	**-ий, -а, -е, -і – -им** **-ій, -я, -є, -і – -ім**

	Називний відмінок 주격	Давальний відмінок 단수
він/вона/воно 남성/여성/중성	*Чиї?*	*Чиїм?*
	мої твої його її наші ваші їхні	моїм твоїм його її нашим вашим їхнім

– **Якому студентові** ви купили квитки в театр?
– Я купив квитки в театр **знайомому студентові**.

– **Якій студентці** ви купили квитки в театр?
– Я купив квитки в театр **знайомій студентці**.

– **Яким студентам** ви купили квитки в театр?
– Я купив квитки в театр **знайомим студентам**.

21 Дайте відповіді на запитання, використовуючи слова справа.

오른쪽에 제시된 단어를 사용하여 질문에 답하시오.

1. Якому професорові ви розповіли про Київ?	новий
2. Якому студенту ви купили ліки?	хворий
3. Якому художникові ваш друг показав свої картини?	відомий
4. Якому приятелю ви телефонували вчора?	давній
5. Якому студентові ваш друг допомагає вивчати українську мову?	іноземний
6. Якому братові ви купуєте дитячі книжки?	молодший
7. Якому братові ви купуєте CD?	старший
8. Якій студентці ви допомагаєте вивчати корейську мову?	нова
9. Якій студентці лікар дав ліки?	хвора
10. Якій дівчині ви подарували квіти?	знайома
11. Якій сестрі вона подарувала сумку?	старша
12. Якій сестрі вона подарувала олівці?	молодша
13. Яким студентам викладач пояснює урок?	нові
14. Яким туристам ви показали місто?	іноземні
15. Яким братам ви часто телефонуєте?	старші

22 Дайте відповіді на запитання.

질문에 답하시오.

1. Якій студентці ви допомагаєте вивчати українську мову?
2. Якому другові ви дали запрошення на концерт?
3. Якому викладачеві ви складали іспит?
4. Яким студентам викладач пояснює урок?
5. Якій сестрі ви часто телефонуєте?
6. Якій подрузі ви купили подарунок?
7. Яким товаришам Іван розповів про мітинг?
8. Яким друзям ви телефонуєте кожної суботи?

23 Допишіть речення, використовуючи слова справа.

오른쪽에 제시된 단어를 사용하여 문장을 완성하시오.

1. Викладач дав книги ___.	цей студент і ця студентка
2. Я показав фото ___.	наш викладач і мої друзі
3. Андрій телефонував ___.	його товариш
4. Він часто пише повідомлення ___.	його сім'я, його батько, його брат і його сестра
5. Нещодавно я надіслав посилку ___.	мої батьки
6. Наш товариш купив квитки в кінотеатр ___.	його сусіди і його друг

24 Дайте відповіді на запитання, використовуючи слова в дужках.

괄호 안에 제시된 단어들을 활용하여 질문에 답하시오.

1. Кому мати купила валізу? (її молодша дочка)
2. Кому ви подарували сумку? (моя молодша сестра)
3. Кому ви допомагаєте вивчати українську мову? (один новий студент)
4. Кому ви обіцяли дати цікаву книжку? (мій друг Іван)
5. Кому лікар не дозволяє курити? (цей хворий студент)
6. Кому ти радиш подивитися цей фільм? (мої друзі)
7. Кому ви повідомили цю новину? (мої товариші)

25 Поставте запитання до виділених слів.

강조된 단어에 대한 질문을 만드시오.

Зразок

Професор допомагає ***молодому*** вченому.
Якому вченому допомагає професор?

1. Я телефонував своєму ***давньому*** приятелеві сьогодні ввечері.
2. Лікар зробив операцію ***хворій*** дівчині.
3. Я хочу написати повідомлення ***старшому*** братові.

4. Микола надсилає дитячі книжки своїй ***молодшій*** сестрі.

5. Студенти показали університет ***іноземним*** гостям.

6. Мати показала ***молодшим*** синам подарунок для батька.

7. Я завжди передаю вітання ***шкільним*** друзям.

8. Викладач допомагає ***іноземним*** студентам дізнатися більше про місто.

26 Дайте відповіді на запитання, використовуючи слова справа.

오른쪽에 제시된 단어를 사용하여 질문에 답하시오.

1. Кого ви запитали про екзамени? Кому ви сказали про екзамени?	наш викладач
2. Кого ви запросили на вечір? Кому ви дали квитки на вечір?	мій старий друг
3. Кого ви попросили купити квитки в театр? Кому ви обіцяли купити квитки в театр?	знайомий студент
4. Кому ви подякували за книжку? Кого ви зустріли в книгарні?	наш бібліотекар
5. Кого ви запитали, де університет? Кому ви пояснили, де університет?	незнайомий чоловік
6. Кого ви давно не бачили? Кому ви передали вітання? Про кого ви думали вчора?	мої давні друзі і товариші
7. Кого ви часто згадуєте? Кому ви часто телефонуєте? Про кого ви часто думаєте?	батько, мати, брати і сестри

5. Давальний відмінок з дієсловом *подобатися – сподобатися*

동사 *подобатися – сподобатися*와 쓰이는 여격

27 Дайте відповіді на запитання.

질문에 답하시오.

1. Вам ***подобається*** цей ***фільм***?
2. Вам ***подобається*** ця ***книжка***?
3. Вам ***подобається*** цей ***будинок***?
4. Вам ***подобається*** ця ***станція*** метро?
5. Вам ***подобаються*** такі ***фільми***?
6. Вам ***подобаються*** такі ***книжки***?
7. Вам ***подобаються*** такі ***будинки***?
8. Вам ***подобаються*** такі ***станції*** метро?

28 Замініть виділені слова формою множини. Зверніть увагу на форму дієслова.

동사의 형태에 주의하여 강조된 단어를 복수형으로 고쳐쓰시오.

1. Мені подобається ***цей підручник***.
2. Нам подобається ***нова станція*** метро.
3. Їм подобається ***ця лекція***.
4. Тобі подобається ***цей фільм***?
5. Вам подобається ***ця виставка***?
6. Йому подобається ***ця професія***?

29 Допишіть речення за зразком.

예시와 같이 문장을 완성하시오.

Зразок

Вчора ми дивилися новий фільм.
Вчора ми дивилися новий фільм. Нам (не) сподобався цей фільм.

1. Нещодавно у нашому клубі був вечір. __
2. У суботу ми були на екскурсії. __
3. Я прочитав вашу книгу. __
4. Вчора ми слухали доповідь. __
5. Друзі подарували мені ручку. __
6. Наша група була на виставці. __

30 Допишіть речення, використовуючи слова справа.

우측의 단어를 사용하여 문장을 완성하시오.

1. __ сподобався Київ.	я і мої друзі
2. __ не подобається моя професія.	мої батьки
3. __ сподобалася остання екскурсія.	усі студенти
4. __ не сподобалася ця книжка.	мій друг
5. __ теж сподобалася ваша квартира?	ваша сестра
6. __ сподобався вчорашній концерт?	ви

31 Дайте відповіді на запитання, замінюючи *любити* дієсловом *подобатися*.

동사 *любити* 대신 *подобатися*를 사용하여 질문에 답하시오.

Зразок

– Ви ***любите*** італійську музику?
– Так, мені ***подобається*** італійська музика.

– Які пісні ви ***любите***?
– Мені ***подобаються*** народні пісні.

1. Він любить українські пісні?
2. Ваш товариш любить балет?
3. Ваш друг любить корейську музику?
4. Ваш сусід любить такі фільми?
5. Ви любите свою роботу?
6. Вона любить такі романи?
7. Ви любите цей театр?
8. Ви любите таку погоду?
9. Яку музику ви любите?
10. Який балет ви любите?
11. Які фільми ви любите?
12. Які книжки ви любите?
13. Який колір ви любите?
14. Яку кав'ярню ви любите?

6. Давальний відмінок у значенні віку

나이 표현에 쓰이는 여격

– Скільки **тобі** років? Скільки років **вашому брату**?
– **Мені** двадцять один рік, а **моєму братові** двадцять три роки[1)].

32 Поставте в речення слово *рік* у правильній формі.

*рік*을 알맞은 형태로 바꾸어 빈칸에 쓰시오.

1. Мені двадцять ___.
2. Йому сімнадцять ___.
3. Старшому братові тридцять три ___.
4. Молодшому братові дванадцять ___.
5. Моїй мамі сорок чотири ___.
6. Моєму батькові п’ятдесят один ___.
7. Ларисі дев’ятнадцять ___.
8. Її молодшій сестрі шість ___.
9. Цій студентці двадцять три ___.
10. Нашому викладачеві тридцять дев’ять ___.

33 Допишіть речення.

문장을 완성하시오.

1. Зараз мені 25 ___. Два роки тому мені було 23 ___. Через два роки мені буде 27 ___.
2. Ганні 22 ___. Через п’ять років їй буде 27 ___. П’ять років тому їй було 17 ___.
3. Моєму татові 45 ___. Коли я народився, йому було 24 ___.
4. Андрієві 21 ___. Коли він закінчить університет, йому буде 26 ___.

1) **Пригадайте**: 1 рік; 2, 3, 4 роки; 5 ⋯ років.

34 Поставте запитання до виділених слів.

강조된 단어에 대한 질문을 만드시오.

Зразок

Миколі ***двадцять два роки***.
Скільки років Миколі?

1. Михайлові ***двадцять років***.
2. Його братові ***сімнадцять років***.
3. Ганні ***двадцять чотири роки***.
4. Її сестрі ***двадцять один рік***.
5. Цьому студентові ***вісімнадцять років***.
6. Цьому чоловікові ***тридцять років***.
7. Мені ***двадцять три роки***.
8. Моїй сестрі ***одинадцять років***.
9. Моїй матері ***сорок п'ять років***.
10. Моєму татові ***п'ятдесят два роки***.

35 Дайте відповіді на запитання.

질문에 답하시오.

1. Скільки вам років?
2. Скільки років вашому другові?
3. Скільки років вашій сестрі?
4. Скільки років вашому батькові?
5. Скільки років вашому діду?
6. Скільки років вашому старшому братові?
7. Скільки років Іванові?
8. Скільки років Ользі?
9. Скільки років цьому хлопчику?
10. Скільки років цій дівчині?

36 Дайте відповіді на запитання.

질문에 답하시오.

1. Скільки вам було років, коли ви закінчили школу?
2. Скільки вам було років, коли ви пішли в школу?
3. Скільки вам було років, коли ви вступили в університет?
4. Скільки вам було років, коли ви почали вивчати українську мову?
5. Скільки вам буде років, коли закінчите університет?
6. Скільки вам буде років, коли ваш друг закінчить університет?

37 Допишіть речення, використовуючи слова справа.

우측의 단어를 사용하여 문장을 완성하시오.

1. __ двадцять років.	мій друг
2. __ двадцять чотири роки.	цей студент
3. __ двадцять шість років.	моя старша сестра
4. __ п'ятдесят один рік.	наш професор
5. __ сорок п'ять років.	моя мама
6. __ п'ятдесят років.	мій тато

38 Допишіть речення, використовуючи особові займенники.

인칭대명사를 사용하여 문장을 완성하시오.

1. ***Я*** вчуся в університеті. __ двадцять один рік.
2. ***Моя сестра Ніна*** – школярка. __ чотирнадцять років.
3. ***Моя мама*** ще молода. __ тридцять дев'ять років.
4. У мене є ***дідусь***. __ сімдесят чотири роки.
5. Це ***мій старший брат***. __ тридцять один рік.
6. Ця ***твоє фото***? Скільки років було __ тоді?
7. Це ***ваша дочка***? Скільки __ років?
8. ***Мій друг*** вже закінчив університет. __ двадцять чотири роки.

7. Давальний відмінок у неозначених реченнях

부정 대명사 여격

Мені важко розмовляти по-українськи.
Йому потрібно написати домашнє завдання.

39 Напишіть антонімічні речення.

다음 문장에 대한 반대의 상황으로 바꾸어 쓰시오.

Зразок

Мені легко розмовляти по-українськи.
Мені важко розмовляти по-українськи.

1. Йому ***цікаво*** читати це оповідання.
2. Мені ***приємно*** говорити про це.
3. Їй ***важко*** розмовляти по-українськи.
4. Їм ***цікаво*** було слухати доповідь.
5. Вам ***важко*** виконувати цю вправу.
6. Нам ***легко*** було вивчати українські слова.
7. Тобі ***легко*** буде вирішити цю проблему.
8. Вам ***неприємно*** дивитися цей фільм?

40 Поставте речення в минулому і майбутньому часах.

다음 문장의 과거형과 미래형을 각각 쓰시오.

Зразок

Мені *важко* вивчати нові слова.
Мені *важко було* вивчати нові слова.
Мені *важко буде* вивчати нові слова.

1. Нам ***цікаво*** дивитися цей фільм.
2. Їй ***важко*** розмовляти по-українськи.
3. Йому ***легко*** писати контрольну роботу.
4. Мені ***приємно*** це чути.
5. Їм ***нудно*** слухати неповні відповіді.
6. Нам ***потрібно*** повторити слова.
7. Вам ***потрібно*** виправити помилки в домашньому завданні.
8. Мені ***можна*** піти на концерт.

41 Допишіть речення, використовуючи слова справа.

우측의 단어를 사용하여 문장을 완성하시오.

Зразок

– ___ потрібно купити підручник. — я
– *Мені* потрібно купити підручник.

1. __ потрібно повторити текст.	ви
2. __ потрібно піти в поліклініку.	вона
3. __ потрібно написати цю вправу.	вони
4. __ не можна кататися на лижах.	він
5. __ необхідно купити цей підручник.	всі студенти
6. __ необхідно іти на збори.	наші викладачі
7. __ не можна курити.	спортсмени
8. __ не можна виходити на вулицю.	хворий

9. __ потрібно займатися спортом.	вона
10. Можна __ взяти вашу ручку?	я
11. Можна __ запитати вас?	
12. Можна __ взяти ваш словник?	
13. Можна __ піти зараз в кафе?	
14. Можна __ піти в поліклініку?	
15. Можна __ піти на збори?	
16. Можна __ не писати цю вправу?	ми
17. Можна __ не іти на екскурсію?	
18. Можна __ не купувати цей підручник?	

42 Дайте заперечні відповіді на запитання.

질문에 대해 부정의 답을 하시오.

Зразок

– ***Вам можна*** багато працювати?
– ***Мені не можна*** працювати.

1. Їй можна кататися на лижах?
2. Вам можна багато ходити пішки?
3. Йому можна пити чорну каву?
4. Йому можна курити (палити)?
5. Цьому хворому можна ходити?
6. Вашому другові можна займатися спортом?

43 Замініть у реченні слово *повинен* на *треба* або *потрібно*.

*повинен*을 *треба*나 *потрібно*로 바꾸어 문장을 다시 쓰시오.

Зразок

– ***Я повинен*** прочитати цю книжку.
– ***Мені треба (потрібно)*** прочитати цю книжку.

1. Ми повинні вивчити ці слова.
2. Вони повинні старанно вчитися.
3. Хворий повинен піти в поліклініку.
4. Студенти повинні бути на зборах.
5. Мій брат повинен скласти іспит.
6. Ганна повинна повторити урок.
7. Мій товариш повинен виступати на вечорі.
8. Усі студенти повинні купити словник.
9. Я повинен зателефонувати другові.
10. Учні повинні прочитати цю статтю.

44 Поставте речення в минулому і майбутньому часах.

다음 문장의 과거형과 미래형을 각각 쓰시오.

1. Вам треба прочитати одну статтю.
2. Їй треба багато працювати.
3. Нам треба писати контрольну роботу.
4. Йому не можна займатися спортом.
5. Мені треба зателефонувати.
6. Мені треба купити зимове пальто.

45 Замініть у реченні слово *могти* на *можна*.

*могти*를 *можна*로 바꾸어 문장을 다시 쓰시오.

Зразок

– ***Ви можете*** не писати цю вправу.
– ***Вам можна*** не писати цю вправу.

1. Ви можете іти відпочивати – ви вже закінчили роботу.
2. Вона може не купувати словник – у неї є такий.
3. Ви можете не читати це оповідання – ви вже прочитали його.
4. Лікар сказав, що вона може займатися спортом – вона добре почувається.
5. Ви можете не повторювати це правило – ви його знаєте.
6. Вони можуть іти додому – заняття вже закінчилися.

05 Орудний відмінок
조격

Ким? Чим?

1. Орудний відмінок іменників однини
단수 조격

	Називний відмінок 주격	Орудний відмінок 조격	Закінчення 어미
він 남성	син тато стіл лікар хлопець олівець викладач музей	син-ом тат-ом стол-ом лікар-ем хлопц-ем олівц-ем викладач-ем музе-єм	**-Ø, -о – -ом** **-ар, -ь – -ем** **(ж, ч, ш, щ) +-Ø – -ем** **-й – -єм**
воно 중성	місто море питання	міст-ом мор-ем питанн-ям	**-о – -ом** **-е – -ем** **-я – -ям**
вона 여성	сестра книжка бабуся вулиця площа лабораторія	сестр-ою книжк-ою бабус-ею вулиц-ею площ-ею лаборатор-ією	**-а – -ою** **-я – -ею** **(ж, ч, ш, щ) + -а – -ею** **-ія – -ією**
Але!!! 예외	модель мати	моделл-ю матір'ю	

Вчора я був у кафе **з Іваном** і **з Ганною**.

1 Дайте відповіді на запитання.

질문에 답하시오.

1. Вчора ви були в театрі ***з братом***?
2. Іван розмовляв по телефону ***з батьком***?
3. Сьогодні вранці ви снідали ***з Тарасом***?
4. Ви були на екскурсії ***з викладачем***?
5. Ви бачили його в кінотеатрі ***з товаришем***?
6. Вчора Марія була в клубі ***з подругою***?
7. Улітку Ганна поїде в село ***з сестрою***?
8. Професор розмовляв ***зі студенткою***?
9. Школярі були в музеї ***з вчителькою***?
10. Дочка ходила в магазин ***з матір'ю***?
11. Онук говорив по телефону ***з бабусею***?
12. Вчора ви обідали ***з Марією***?

2 Поставте слова в дужках у правильній формі.

괄호 안에 제시된 단어들을 알맞은 형태로 채워 넣으시오.

Зразок

Ганна була на вечірці _ (брат).
Ганна була на вечірці ***з братом***.

1. У суботу я був у театрі _ (друг).
2. Учора я вечеряв _ (Максим).
3. Я говорив по телефону _ (товариш).
4. Ми ходили в музей _ (викладач).
5. Він поїхав у Київ _ (батько).
6. Вчора він був на стадіоні _ (брат).
7. Я хочу поговорити _ (лікар).
8. Викладач розмовляє _ (студентка).
9. Вона зазвичай ходить в кінотеатр _ (подруга).

10. Вона не любить сперечатися _ (мати).

11. Батько ходить в цирк _ (дочка).

12. Студент привітався _ (професор).

3 Поставте слова в дужках у правильній формі.

괄호 안에 제시된 단어들을 알맞은 형태로 채워 넣으시오.

1. У театрі ми зустрілися _ (викладач).
2. У клубі наші студенти познайомилися _ (письменник).
3. На вулиці я привітався _ (друг).
4. На вокзалі він попрощався з _ (мати).
5. Ганна завжди радиться _ (сестра).
6. Я познайомився _ (Борис) у Києві.

4 Допишіть речення, використовуючи слова справа.

우측의 단어를 사용하여 문장을 완성하시오.

1. У поліклініці хворий розмовляв _ .	лікар і медсестра
2. Я давно не бачився _ .	сестра і брат
3. Я завжди раджуся _ .	батько і мати
4. Ми були на екскурсії _ .	викладач
5. В Україні ми познайомилися _ .	Ніна і Михайло
6. Викладач розмовляв _ .	студент і студентка
7. Мама гуляє в парку _ .	син і дочка
8. Ми їхали в автобусі _ .	Тарас і Надія

– **З ким** ви були в клубі вчора?
– Вчора я був у клубі **з товаришем**.

5 Дайте відповіді на запитання, використовуючи слова в дужках.

괄호 안에 제시된 단어들을 활용하여 질문에 답하시오.

Зразок

– ***З ким*** ти привітався? (викладач)
– Я привітався ***з викладачем***.

1. З ким Іван говорив по телефону? (брат)
2. З ким Марія познайомилася у Львові? (студентка з Мексики)
3. З ким ви зустрілися в театрі вчора? (викладач математики)
4. З ким ви були на екскурсії в суботу? (професор)
5. З ким розмовляв студент у поліклініці? (лікар)
6. З ким ви ходили в кіно вчора? (друг і подруга)
7. З ким ви їхали сьогодні в автобусі? (Олег і Петро)
8. З ким ти завжди радишся? (мама і тато)

6 Дайте відповіді на запитання.

질문에 답하시오.

Зразок

– Ви знаєте, ***з ким*** він говорив учора по телефону?
– Так, я знаю, з ким він говорив по телефону. Він говорив учора по телефону ***з другом***.

1. Ви знаєте, з ким він був учора в театрі?
2. Ви знаєте, з ким вона поїде в Київ улітку?
3. Ви знаєте, з ким вони розмовляють у коридорі?
4. Ви знаєте, з ким він привітався зараз?
5. Ви знаєте, з ким він познайомився у Львові?
6. Ви знаєте, з ким я зустрівся випадково на вулиці?
7. Ви знаєте, з ким вона займалася граматикою весь тиждень?
8. Ви знаєте, з ким вона говорила по телефону ввечері?

7 Поставте запитання до виділених слів.

강조된 단어에 대한 질문을 만드시오.

1. – ______________________

   – Ми привіталися ***з викладачем***.

2. – ______________________

   – На вулиці я зустрівся ***з другом***.

3. – ______________________

   – У Києві я познайомився ***зі студентом з Алжиру***.

4. – ______________________

   – Ганна завжди радиться ***з подругою***.

5. – ______________________

   – Я часто ходжу в театр ***з сестрою***.

6. – ______________________

   – Учора він говорив по телефону ***з Марією***.

8 Допишіть речення, використовуючи слова справа.

우측의 단어를 사용하여 문장을 완성하시오.

1. Я давно не бачив _ . Влітку я їздив _ . Учора я говорив по телефону _ . Скоро до мене приїде _ . Я хочу розповісти вам _ .	брат

2. Ганна допомагає _ . Вона була в театрі _ . Ганна отримала посилку _ . Учора вона чекала _ . Ганна написала батькам _	сестра
3. Я розмовляла _ . Вчора я була _ . У суботу я знову піду _ . Я розповіла про хворобу _ . Я забула книжку в кабінеті _ .	лікар

2. Орудний відмінок прикметників і присвійних займенників однини

형용사 및 소유대명사의 단수 조격

	Називний відмінок 주격	Орудний відмінок 조격	Закінчення 어미
він 남성	*Який?*	*Яким?*	
	новий старий синій	нов-им стар-им син-ім	**-ий – -им** **-ій – -ім**
воно 중성	*Яке?*	*Яким?*	
	нове старе синє	нов-им стар-им син-ім	**-е – -им** **-є – -ім**
вона 여성	*Яка?*	*Якою?*	
	нова стара синя	нов-ою стар-ою син-ьою	**-а – -ою** **-я – -ьою**

	Називний відмінок 주격		Орудний відмінок 조격
він/воно 남성/중성	*Чий?*	*Чиє?*	*Чиїм?*
	мій твій його її наш ваш їхній	моє твоє його її наше ваше їхнє	моїм твоїм його її нашим вашим їхнім
вона 여성	*Чия?*		*Чиєю?*
	моя твоя його її наша ваша їхня		моєю твоєю його її нашою вашою їхньою

9 Дайте відповіді на запитання.

질문에 답하시오.

1. Ви давно познайомилися ***з цим чоловіком***?
2. Іван познайомився ***з цією дівчиною***?
3. Ви говорили ***з цим студентом*** про роботу?
4. Ви радилися ***з цим лікарем***?
5. Ви знайомі ***з моїм братом***?
6. Ви знайомі ***з моєю сестрою***?
7. Ви давно не бачилися ***зі своїм батьком***?
8. Ви повинні зустрітися ***зі своїм другом*** у клубі?

10 Дайте відповіді на запитання, використовуючи слова справа.

오른쪽에 제시된 단어를 사용하여 질문에 답하시오.

1. З ким ви хочете поговорити?	цей чоловік
2. З ким ви хочете познайомитися?	цей програміст
3. З ким розмовляв викладач?	цей студент
4. З ким ви говорили щойно по телефону?	мій брат
5. З ким ви зазвичай пишете домашнє завдання?	мій товариш
6. З ким вона привіталася?	наш викладач
7. З ким Іван ходив у кінотеатр?	ця дівчина
8. З ким говорив лікар?	ця студентка
9. З ким він їздив на екскурсію?	його сестра
10. З ким ви давно не бачилися?	моя мати

– **З яким студентом** ви розмовляли щойно?
– Я розмовляв щойно **з нашим новим студентом**.

11 Дайте відповіді на запитання, використовуючи слова справа.

오른쪽에 제시된 단어를 사용하여 질문에 답하시오.

1. З яким студентом розмовляє викладач?	новий
2. З яким студентом розмовляє лікар?	хворий
3. З яким лікарем радиться пацієнт?	досвідчений
4. З яким художником ви познайомилися на виставці?	молодий
5. З яким поетом була зустріч у клубі?	відомий
6. З яким студентом він привітався?	знайомий
7. З яким братом вона завжди радиться?	старший
8. З яким студентом ви грали у шахи?	український

12 Дайте відповіді на запитання, використовуючи слова справа.

오른쪽에 제시된 단어를 사용하여 질문에 답하시오.

1. З якою студенткою розмовляє декан?	нова
2. З якою дівчиною говорить лікар?	хвора
3. З якою артисткою познайомилися студенти?	відома
4. З якою письменницею була зустріч у клубі?	корейська
5. З якою студенткою дружить ваша сестра?	іноземна
6. З якою сестрою він ходив у парк?	молодша

13 Поставте слова в дужках у правильній формі.

괄호 안에 제시된 단어들을 알맞은 형태로 채워 넣으시오.

1. Ми привіталися _ (наш новий викладач).
2. Я був у театрі _ (мій добрий друг).
3. Моя сестра Марія дружить _ (одна іноземна студентка).
4. У суботу в клубі була зустріч _ (відомий український поет).
5. На концерті ми познайомилися _ (одна відома артистка).
6. Сьогодні я говорив по телефону _ (твій молодший брат).
7. Він часто сперечається _ (його старша сестра).
8. У неділю ми ходили в парк _ (його молодший брат).

14 Поставте запитання до виділених слів.

강조된 단어에 대한 질문을 만드시오.

1. Він привітався ***зі знайомим студентом***.
2. Я був на концерті ***зі старим другом***.
3. Він говорив по телефону ***зі своєю старшою сестрою***.
4. Цей студент був на вечірці ***зі своєю знайомою дівчиною***.
5. Він давно не бачився ***зі своїм старшим братом***.
6. У Києві він познайомився ***з одним молодим дипломатом***.
7. У неділю вранці я ходив гуляти ***зі своєю молодшою сестрою***.
8. Зазвичай я ходжу в кіно ***з моїм старим другом***.

15 Допишіть речення, використовуючи слова справа.

우측의 단어를 사용하여 문장을 완성하시오.

1. Я давно не бачив _ . Вчора я телефонував _ . Я запросив у гості _ .	мій старий друг
2. Зазвичай я ходжу в кіно _ . Я купив квитки в кіно собі і _ . Учора у мене був _ .	мій добрий товариш
3. У театрі ми зустріли _ . Ми підійшли _ . Ми привіталися _ .	наш новий професор
4. Раніше я не знав _ . Нещодавно я познайомся _ . Я допомагаю _ вивчати українську мову.	цей іноземний студент

5. Вчора я був в гостях _ .
Я приніс квіти _ .
Цю історію мені розповіла _ .
Ми довго розмовляли _ .

моя старша сестра

6. Вчора в клубі я зустрів _ .
Я танцював _ .
Мені треба зателефонувати _ .
Учора я отримав повідомлення _ .
Цю книжку мені дала _ .

одна знайома дівчина

3. Особові займенники в орудному відмінку

인칭대명사 조격

Хто?	*Ким?*
я	мною / зі мною
ти	тобою / з тобою
він	ним / з ним
воно	ним / з ним
вона	нею / з нею
ми	нами / з нами
ви	вами / з вами
вони	ними / з ними

16 Дайте відповіді на запитання.

질문에 답하시오.

1. Ви знайомі ***з ним*** і ***з нею***?
2. Ви давно знайомі ***з ними***?
3. Він піде ***з ними*** в кіно?
4. Можна поговорити ***з вами***?
5. Ви хочете піти ***зі мною*** на стадіон?
6. Хто був ***з тобою*** на виставці?

17 Замініть іменники особовими займенниками.

명사를 인칭대명사로 바꾸어 쓰시오.

Зразок

– Це мій ***друг***. Ви знайомі _ ?
– Це мій друг. Ви знайомі ***з ним***.

1. Це ***Тарас***. Ви знайомі _ ? Ви давно познайомилися _ ? Ви часто бачитеся _ ?
2. Це ***Надія***. Ви привіталися _ ? Можливо, ви знайомі _ ?
3. ***Борис і Ніна*** – наші студенти. Ви хочете піти _ в кіно?
   Вам потрібно зустрітися _ біля кінотеатру о 6 години.
4. ***Ми*** ідемо на концерт. Ви хочете _ ? Наш викладач також хотів піти _ .
5. ***Ви*** були вчора на вечірці? Хто ще був _ там? Ганна ходила _ на вечірку?
6. ***Ти*** ідеш в магазин? Я також піду _ . Хто це щойно привітався _ ?
7. ***Я*** іду зараз в кафе. Ви підете _ ?

18 Поставте слова в дужках у правильній формі.

괄호 안에 제시된 단어들을 알맞은 형태로 채워 넣으시오.

Зразок

Я розмовляв _ (вони) вчора ввечері.
Я розмовляв ***з ними*** вчора ввечері.

1. Я вчуся _ (вона) в одній групі.
2. Моя сестра любить сперечатися _ (я).
3. Чому він не привітався _ (ми)?
4. Учора я зустрічалася _ (вона) в клубі.
5. Мій брат дружить _ (він).
6. Ми зустрілися _ (вони) в театрі.
7. Друзі попрощалися _ (я) і пішли.
8. Я хочу порадитися _ (ти).
9. Мій друг хоче познайомитися _ (ви).
10. Учора я розмовляла _ (вона) по телефону.
11. Я познайомився _ (він) минулого року.
12. Я давно не бачився _ (ви).

4. Орудний відмінок іменників множини

복수 조격

	Називний відмінок 주격	Орудний відмінок 조격	Закінчення 어미
він 남성	студенти столи лікарі стільці	студент-ами стол-ами лікар-ями стільц-ями	**-Ø, -о – -ами** **ар, -ь, -й – -ями**
воно 중성	міста моря питання	міст-ами мор-ями питанн-ями	**-о – -ами** **-е – -ями** **-я – -ями**
вона 여성	сестри книжки сумки вулиці	сестр-ами книжк-ами сумк-ами вулиц-ями	**-а – -ами** **-я – -ями**

기억합시다!

люди – люд-**ьми**
діти – діт-**ьми**
гроші – грош-**има**, гріш-**ми**
двері – двер-**има**, двер-**ми**

– **З ким** розмовляє викладач?
– Викладач розмовляє **зі студентами**.

– **З ким** ви грали вчора у футбол?
– Я грав вчора у футбол **з друзями**.

19 Дайте відповіді на запитання, використовуючи слова справа.
오른쪽에 제시된 단어를 사용하여 질문에 답하시오.

1. З ким ви ходили на виставку?	товариші
2. З ким була зустріч у клубі університету?	письменники
3. З ким Ганна їздила у Львів?	батьки
4. З ким радився директор заводу?	менеджери
5. З ким вони привіталися?	викладачі
6. З ким Марія була вчора в театрі?	друзі
7. З ким Іван часто сперечається?	брати
8. З ким говорить декан?	студенти

5. Орудний відмінок прикметників, присвійних займенників множини

형용사와 소유 대명사의 복수 조격

	Називний відмінок 주격	Орудний відмінок 조격	Закінчення 어미
	Який? Яка? Яке? Які?	*Якими?*	
він/вона/воно 남성/여성/중성	гарн-ий, -а, -е, -і давн-ій, -я, -є, -і	гарн-ими давн-іми	**-ий, -а, -е, -і – -ими** **-ій, -я, -є, -і – -іми**

	Називний відмінок 주격	Орудний відмінок 조격
він/вона/воно 남성/여성/중성	*Чиї?*	*Чиїми?*
	мої твої його її наші ваші їхні	моїми твоїми його її нашими вашими їхніми

Ми давно не бачилися **з нашими старими друзями**.

20 Дайте відповіді на запитання, використовуючи слова в дужках.

괄호 안에 제시된 단어들을 활용하여 질문에 답하시오.

1. З ким ви були в музеї? (наші студенти)
2. З ким ви зустрілися вчора в парку? (наші добрі друзі)
3. З ким ви познайомилися в Україні? (українські студенти)
4. З ким працює ваш батько на заводі? (його давні друзі)
5. З ким вона часто сперечається? (її старші сестри)
6. З ким ця жінка гуляє вранці? (її маленькі діти)
7. З ким ви любите грати в шахи? (мої молодші брати)
8. З ким він грав у футбол вчора? (його одногрупники)

21 Поставте виділені слова у множині.

강조된 단어를 복수형으로 바꾸어 쓰시오.

1. Він був вчора в театрі ***зі своїм давнім другом***.
2. У Києві ми познайомилися ***з українською студенткою***.
3. Сьогодні вранці я говорив по телефону ***зі своїм старшим братом.***
4. Влітку я поїду в село ***зі своєю молодшою сестрою***.
5. Вчора у клубі була зустріч ***з відомим письменником***.
6. Хворий радився у поліклініці ***з досвідченим лікарем***.

22 Поставте виділені слова в однині.

강조된 단어를 단수형으로 바꾸어 쓰시오.

1. Вона привіталася ***зі своїми подругами***.
2. Він попрощався ***зі своїми товаришами***.
3. У клубі ми познайомилися ***з відомими журналістами***.
4. Улітку я був в Америці ***зі своїми друзями***.
5. Я давно не бачився ***зі старшими братами***.
6. Влітку ми поїдемо в гори ***з нашими викладачами***.
7. Я не знайома ***з твоїми новими подругами***.
8. На вулиці я зустрілася ***з нашими новими студентками***.

23 Допишіть речення, використовуючи іменники, прикметники та займенники в орудному відмінку.

명사, 형용사 및 대명사의 조격을 이용하여 문장을 완성하시오.

1. Коли він був на вечорі в клубі, він познайомився _ .
2. Коли ми гуляли в парку, ми зустрілися _ .
3. Коли вечір закінчився, я попрощалася _ .
4. Я запізнився в театр, тому що довго говорив по телефону _ .
5. Коли я жив в Україні, я був знайомий _ .
6. Оскільки він погано бачить, він не привітався _ .

7. Якщо ваш друг поїде в Україну, він, мабуть, зустрінеться там _ .

8. Коли я повертався з театру, я зустрівся на вулиці _ .

24 Допишіть речення, використовуючи слова справа.

우측의 단어를 사용하여 문장을 완성하시오.

1. Я давно не бачив _ . Вчора він приїжджав _ . Він зайшов і привітався _ .	ти і мої товариші
2. Нещодавно я отримав повідомлення _ . Я хочу познайомити вас _ . Учора я зустрів на вокзалі _ .	мої батьки
3. Мені дуже подобаються _ . Ми бачили вчора в клубі _ . Після концерту ми розмовляли _ .	ці відомі артисти
4. Я дуже люблю _ . Я часто пишу листи _ . Я часто отримую посилки _ . Я завжди раджуся _ .	мій старший брат
5. Учора на вулиці я зустрів _ . Я привітався _ . Іван допомагає вивчати українську мову _ . Сьогодні на уроці не було _ .	наша нова студентка

6. Орудний відмінок у значенні іменного присудка

서술어로서의 조격

Мій брат – журналіст.
Моя сестра – студентка.

Мій брат **був** журналістом.
Моя сестра **була** студенткою.

Мій брат **буде** журналістом.
Моя сестра **буде** студенткою.

25 Замініть теперішній час минулим або майбутнім.

주어진 현재형 문장을 과거형 혹은 미래형으로 바꾸어 쓰시오.

Зразок

Моя сестра – лікар.
Моя сестра ***була*** *лікарем*.
Моя сестра ***буде*** *лікарем*.

1. Мій брат – інженер.
2. Мій товариш – студент.
3. Його сестра – директор школи.
4. Її друг – письменник.
5. Вона хороший зубний лікар.
6. Ця жінка – відома артистка.

26 Замініть минулий та майбутній часи теперішнім.

과거형 혹은 미래형 문장을 현재형으로 바꾸어 쓰시오.

Зразок

Мій батько ***був селянином***.
Мій батько – ***селянин***.

1. Вона буде викладачем.
2. Мій старший брат був лікарем.
3. Вона буде хорошою вчителькою.
4. Вони були геологами.
5. Мій брат буде агрономом.
6. Моя сестра буде артисткою.
7. Я буду інженером.
8. Мій друг буде перекладачем.

27 Поставте слова в дужках у правильній формі.

괄호 안에 제시된 단어들을 알맞은 형태로 채워 넣으시오.

Зразок

Раніше я був школярем, а тепер я став _ (студент).
Раніше я був школярем, а тепер я став ***студентом***.

1. Мій друг був робітником, а тепер він став _ (інженер).
2. П’ять років вона була студенткою, скоро вона стане _ (аспірантка).
3. Декілька років тому вона була ученицею музичної школи, а тепер вона стала (відома артистка).
4. Моя сестра буда медсестрою, скоро вона стане _ (дитячий лікар).
5. Раніше він був учителем, а тепер він став _ (директор школи).
6. Два роки тому його батько був викладачем, а тепер він _ (пенсіонер).

28 Поставте слова в дужках у правильній формі.

괄호 안에 제시된 단어들을 알맞은 형태로 채워 넣으시오.

1. Шевченко був _ (відомий український поет).
2. Франко і Стефаник були _ (відомі українські письменники).
3. Жоліо Кюрі був _ (відомий французький фізик).
4. Дарвін був _ (відомий англійський вчений).
5. Ломоносов був _ (перший російський вчений).
6. Юрій Гагарін був _ (перший у світі космонавт).

29 Дайте відповіді на запитання, використовуючи слова в дужках.

괄호 안에 제시된 단어들을 활용하여 질문에 답하시오.

Зразок

– Ким вона працює? (викладач)
– Вона ***працює викладачем***.

1. Ким працює ваш батько? (інженер)
2. Ким працює ваш старший брат? (лаборант)
3. Ким працює ваш друг? (фермер)
4. Ким працює цей чоловік? (директор заводу)
5. Ким працює ваша мати? (лікар)
6. Ким працює ваша старша сестра? (вчителька)

7. Орудний відмінок після дієслів *займатися, цікавитися, захоплюватися*

동사 *займатися, цікавитися, захоплюватися* 뒤에 오는 조격

30 Поставте запитання до виділених слів.

강조된 단어에 대한 질문을 만드시오.

Зразок

Мій брат займається ***спортом***.
Чим займається ваш брат?

1. Кожного дня ми займаємося ***спортом***.
2. Він з цікавістю займається ***математикою***.
3. Я займався ***музикою*** 5 років.
4. Вчора весь вечір він займався ***літературою***.
5. В університеті вони займалися ***історією Сходу***.
6. Цей вчений займається ***економікою України***.

31 Поставте запитання до виділених слів.

강조된 단어에 대한 질문을 만드시오.

Зразок

Мій брат цікавиться ***спортом***.
Чим цікавиться ваш брат?

1. Я цікавлюся ***астрономією***.
2. Вони цікавляться ***українською літературою***.
3. Цей студент цікавиться ***хімією***.
4. Вона цікавиться ***медициною***.
5. Раніше він цікавився ***математикою***.
6. Тепер він цікавиться ***біологією***.

32 Дайте відповіді на запитання, використовуючи слова в дужках.

괄호 안에 제시된 단어들을 활용하여 질문에 답하시오.

1. Чим ви цікавитеся? (література)
2. Чим цікавиться ваша сестра? (медицина)
3. Чим цікавиться ваш старший брат? (математика)
4. Чим цікавиться ваш друг? (театр)
5. Чим цікавиться ваш молодший брат? (музика)
6. Чим цікавиться його товариш? (шахи)

33 Допишіть речення, використовуючи слова в дужках.

괄호안의단어를활용하여 문장을 완성하시오.

1. Моя старша сестра працює _ (дитячий лікар).
2. Його батько працює _ (директор металургійного концерну).
3. Він займається _ (спорт) з дитинства.
4. Вона цікавиться _ (історія).
5. Іван був _ (студент), а зараз він _ (менеджер).
6. Я цікавлюся _ (фотографія).

34 Поставте потрібне дієслово в речення.

아래의 빈칸에 적절한 동사를 선택 및 활용하여 문장을 완성하시오.

1. Мій брат _ викладачем фізики.
2. Я дуже _ хімією.
3. Вона _ українською мовою два роки.
4. Моя мама _ продавцем в магазині.
5. Максим давно _ математикою.
6. Вона _ історією кіно.

Слова для довідок: працювати, цікавитися, захоплюватися, займатися.

8. Орудний відмінок у значенні місця

장소 서술에 쓰이는 조격

– **Де** стоїть машина?
– Машина стоїть **перед вашим будинком**.

35 Поставте запитання до виділених слів.

강조된 단어에 대한 질문을 만드시오.

1. Фото батька висить ***над письмовим столом***.
2. Літак летить ***над Чорним морем***.
3. Хімічна лабораторія розташована ***над нашою аудиторією***.
4. Цей зошит лежить ***під книжкою***.
5. Я знайшов ручку ***під столом***.
6. Шахтарі працюють ***під землею***.
7. Станція метро ***за цим будинком***.
8. Село розташоване ***за річкою***.
9. Наші валізи стоять ***за шафою***.
10. Автобус зупинився ***перед готелем***.
11. ***Перед моїми вікнами*** росте високе дерево.
12. На площі ***перед театром*** стоїть пам'ятник.

36 Замініть речення антонімічними конструкціями.

다음 문장에 대한 반대의 상황으로 바꾸어 쓰시오.

Зразок

Наш автобус зупинився за ***музеєм***.
Наш автобус зупинився ***перед музеєм***.

1. На концерті ***переді мною*** сидів Тарас.
2. Машина зупинилася ***за новим вокзалом***.
3. В кінотеатрі Іван сидів ***за нами***.
4. ***Перед нашим будинком*** стоїть машина.
5. Автобус зупиняється ***за студентським гуртожитком***.
6. ***Перед будинком*** ростуть дерева.

37 Поставте слова в дужках у правильній формі з прийменниками *над, під, за і перед*.

괄호 안의 단어를 알맞은 형태로 바꾸어 전치사 *над, під, за, перед*와 함께 쓰시오.

1. Лампа висить _ (письмовий стіл).
2. Я знайшов свій зошит _ (книжкова шафа).
3. Мій олівець лежав _ (ваш зошит).
4. Ручка впала і лежить _ (цей стілець).
5. _ (наш дім) ростуть дерева.
6. _ (Київський університет) стоїть пам'ятник Шевченкові.
7. Птахи летять _ (ліс).
8. Азія починається _ (Урал).

9. Орудний відмінок в інших значеннях

그 외의 상황에 쓰이는 조격

38 Дайте відповіді на запитання, використовуючи слова в дужках.

괄호 안에 제시된 단어들을 활용하여 질문에 답하시오.

1. Чим ви пишете в зошиті? (ручка)
2. Чим ви пишете на дошці? (маркер)
3. Чим викладач виправляє помилки в зошитах? (червоний олівець)
4. Чим ми їмо? (ложка і виделка)
5. Чим ми ріжемо хліб? (ніж)
6. Чим ми фотографуємо? (фотоапарат)
7. Чим ми чистимо зуби? (зубна щітка)
8. Чим вимірюється температура повітря? (термометр)
9. Чим вимірюється атмосферний тиск? (барометр)
10. Чим вимірюється вологість повітря? (гігрометр)

39 Поставте запитання до виділених слів.

강조된 단어에 대한 질문을 만드시오.

Зразок

Дмитро зустрів нас ***з великою радістю***.
Як Дмитро нас зустрів?

1. Я читав цей текст ***з великим зусиллям***.
2. Ми дивилися цей фільм ***із захопленням***.
3. Ми ***з нетерпінням*** чекаємо на канікули.
4. Студенти слухають викладача ***з великою цікавістю***.
5. Ніна завжди розповідає про свого старшого брата ***з гордістю***.
6. Ми слухали його розповідь ***зі здивуванням***.
7. Я читав цей роман ***з цікавістю***.

40 Поставте в речення слова з *радістю, зі задоволенням, з цікавістю, з гордістю, з зусиллям, з нетерпінням*.

문장의 빈칸에 *з радістю, зі задоволенням, з цікавістю, з гордістю, з зусиллям, з нетерпінням*를 알맞게 써넣으시오.

1. Коли ми приїхали, батьки зустріли нас _ .
2. Мати _ розповідала про свого сина.
3. Я _ подивлюся цей фільм ще раз.
4. Я буду чекати на вас _ .
5. Учора він _ вирішив цю задачу.
6. Ми завжди _ слухаємо лекції цього професора.
7. Він _ дивився на мене.

41 Дайте відповіді на запитання, використовуючи слова в дужках.

괄호 안에 제시된 단어들을 활용하여 질문에 답하시오.

Зразок

Я люблю чай _ (молоко).
Я люблю чай ***з молоком***.

1. Вранці я їм хліб _ (масло і сир).
2. Іван любить м'ясо _ (картопля або рис).
3. Зазвичай я п'ю чай _ (цукор і лимон).
4. Вранці ми п'ємо каву _ (молоко).
5. Я люблю картоплю _ (м'ясо або риба).
6. Я їм суп _ (хліб).

42 Поставте запитання до виділених слів.

강조된 단어에 대한 질문을 만드시오.

Зразок

Він захворів ***перед екзаменами***.
Коли він захворів?

1. Він поснідав ***перед уроками***.
2. ***Перед початком фільму*** вона зателефонувала подрузі.
3. ***Перед Новим роком*** я отримав листівку від друга.
4. Він закінчив інститут ***перед війною***.
5. ***Перед концертом*** ми встигли повечеряти.
6. Вона дуже хвилювалася ***перед цією зустріччю***.

43 Поставте слова в дужках у правильній формі.

괄호 안에 제시된 단어들을 알맞은 형태로 채워 넣으시오.

1. Я був у музеї _ (друг).
2. Він малює портрет _ (чорний олівець).
3. Температуру вимірюють _ (термометр).
4. Подруга слухала мене _ (цікавість).
5. Літак летить _ (місто).
6. _ (будинок) був великий сад.
7. Студент написав диктант _ (помилки).
8. _ (стіл) висить портрет батька.
9. Іван давно займається _ (спорт).
10. Марія цікавиться _ (література).
11. Мій брат працює _ (інженер).
12. Собака сидів _ (великий стіл).

44 Поставте запитання до виділених слів.

강조된 단어에 대한 질문을 만드시오.

1. Я привітався ***зі своїм знайомим***.
2. Його мати працює ***медсестрою***.
3. На зборах я сидів ***зі своїм другом***.
4. Професор зустрів гостей ***з радістю***.
5. Ніна була в театрі ***зі своєю подругою***.
6. Моя сестра цікавиться ***географією***.
7. ***Перед війною*** наша сім'я жила у Варшаві.
8. Машина стоїть ***перед будинком***.

06 Родовий відмінок
생격

Кого? Чого?

1. Родовий відмінок іменників однини
단수 명사 생격

	Називний відмінок 주격	Родовий відмінок 생격	Закінчення 어미
він 남성	син тато лікар хлопець викладач стіл стілець музей	син-а тат-а лікар-я хлопц-я викладач-а стол-а стільц-я музе-я	**-Ø, -о – -а** **-ар, -ь – -я** **(ж, ч, ш, щ) +-Ø – -а** **-Ø – -а** **-ь – -я** **-й – -я**
воно 중성	місто море питання	міст-а мор-я питанн-я	**-о – -а** **-е – -я** **-я – -я**
вона 여성	сестра книжка бабуся вулиця площа лабораторія	сестр-и книжк-и бабус-і вулиц-і площ-і лаборатор-ії	**-а – -и** **-я – -і** **(ж, ч, ш, щ) + -а – -і** **-ія – -ії**

기억합시다!

-а, -я	-у, -ю
Назви істот: брат-а, друг-а, викладач-а, хлопц-я	**Збірні назви:** народ-у, сад-у, га-ю
Назви конкретних предметів: зошит-а, словник-а, олівц-я	**Назви речовин, матеріалу:** сок-у, цукр-у, метал-у, шовк-у, ча-ю **АЛЕ!!!** хліб -а
Назви мір площі, ваги, довжини: метр-а, гектар-а, кілограм-а	**Назви установ та організацій:** університет-у, клуб-у, офіс-у, готел-ю
Назви днів тижня і місяців: понеділк-а, вівторк-а, вересн-я, квітн-я	**Назви явищ природи:** дощ-у, сніг-у, вітр-у, мороз-у
Наукові терміни: відмінк-а, атом-а, синус-а, квадрат-а	**Абстрактні назви:** розвитк-у, прогрес-у, крик-у, сміх-у, бол-ю
Назви міст і сіл: Львов-а, Лондон-а, Париж-а, Сідне-я	**Географічні назви (країни, ріки, озера):** Еквадор-у, Кита-ю, Дуна-ю, Сибір-у,Урал-у, Крим-у **АЛЕ!!!** Дніпр-а

2. Родовий відмінок після заперечних слів *немає (нема), не було, не буде*

부정어 *немає (нема), не було, не буде*뒤에 쓰이는 생격

У мене **немає брата**.
У мене **нема сестри**.

1 Дайте відповіді на запитання.

질문에 답하시오.

Зразок

– У вас ***немає олівця***?
– У мене є олівець.

A

1. У вас ***немає журналу***?
2. У вас ***немає квитка*** в театр?
3. У вас ***немає маркера***?
4. У вас ***нема словника?***
5. У вас ***нема підручника?***
6. У вас ***немає брата?***
7. У вас ***немає батька?***
8. У вас ***нема телевізора?***
9. У цьому місті ***нема університету?***
10. На цій вулиці ***немає кінотеатру?***

B

1. У вас ***немає книжки?***
2. У вас ***нема карти?***
3. У вас ***немає сумки?***
4. У вас ***немає ручки?***
5. У вас ***нема лекції*** сьогодні?

6. У вас ***немає сестри?***

7. У цій аудиторії ***нема дошки?***

8. На цій вулиці ***немає школи?***

– У вас є підручник?
– У мене **немає підручника**.

2 Дайте відповіді на запитання за зразком.

아래 예시와 같이 주어진 질문에 답하시오.

Зразок

– У вас є телефон?
– У мене ***нема телефону***.

1. У вас є словник?
2. У вас є олівець?
3. У вас є сьогодні урок?
4. У Івана є квиток на концерт?
5. У нього є підручник?
6. У вас є телевізор у кімнаті?
7. У вас є бабуся?
8. У Петра є друг?
9. У неї є брат?
10. У нього є сестра?

3 Дайте заперечні відповіді на запитання.

다음 질문에 대해 부정의 대답을 하시오.

1. У вас є ручка?
2. У тебе є папка?
3. У нього є зошит?

4. У Михайла є машина?

5. У цій кімнаті є картина?

6. У цьому класі є дошка?

7. У вас сьогодні є лекція з історії?

8. У них сьогодні є екскурсія в музей?

9. У нього є старша сестра?

10. У них є дочка?

11. У неї є мати?

12. У вас є зараз урок?

У вас **був урок?**		**уроку**.
У вас **була лекція?**	У нас **не було** {	**лекції**.
У вас **було заняття?**		**заняття**.

4 Дайте заперечні відповіді на запитання.

다음 질문에 대해 부정의 대답을 하시오.

1. Вчора у вас був урок історії?

2. Вчора у клубі був концерт?

3. Сьогодні вранці був урок фонетики?

4. Вчора у них був екзамен?

5. Учора в клубі була вечірка?

6. У суботу у вас була екскурсія?

7. Учора була погана погода?

8. Сьогодні вранці було хмарно?

У вас **буде урок?**		**уроку**.
У вас **буде лекція?**	У нас **не буде** {	**лекції**.
У вас **буде заняття?**		**заняття**.

5 Дайте заперечні відповіді на запитання.

다음 질문에 대해 부정의 대답을 하시오.

1. Завтра у вас буде урок української мови?
2. Завтра у них буде лекція з літератури?
3. Завтра у нас буде іспит з історії України?
4. У середу у нас будуть збори?
5. У суботу у клубі буде концерт?
6. У неділю у нас буде екскурсія в музей?

6 Дайте відповіді на запитання.

질문에 답하시오.

Зразок

– Чому ви не пишете?
– Я не пишу, тому що ***у мене немає ручки***.

1. Чому він не написав домашнє завдання?
2. Чому ви не купили цю річ?
3. Чому він не був вчора в театрі?
4. Чому вона не прочитала цю статтю?
5. Чому ви не знайшли ці слова у словнику?
6. Чому ви не носите зошити, підручники, ручки, олівці в сумці?
7. Чому вона не була на вечірці в клубі?
8. Чому ці студенти зараз в їдальні, а не на уроці?

Слова для довідки: підручник, квиток, час, словник, сумка, журнал, гроші (грошей – Род. в.), урок.

3. Родовий відмінок прикметників і присвійних займенників однини

단수 형용사 및 소유대명사 생격

	Називний відмінок 주격	Родовий відмінок 생격	Закінчення 어미
він 남성	*Який?*	*Якого?*	
	новий старий синій	нов-ого стар-ого син-ього	**-ий – -ого** **-ій – -ього**
воно 중성	*Яке?*	*Якого?*	
	нове старе синє	нов-ого стар-ого син-ього	**-е – -ого** **-є – -ього**
вона 여성	*Яка?*	*Якої?*	
	нова стара синя	нов-ої стар-ої син-ьої	**-а – -ої** **-я – -ьої**

	Називний відмінок 주격		Родовий відмінок 생격
він/воно 남성/중성	*Чий?*	*Чиє?*	*Чийого?*
	мій твій його її наш ваш їхній	моє твоє його її наше ваше їхнє	мого твого його її нашого вашого їхнього
вона 여성	*Чия?*		*Чиєї?*
	моя твоя його її наша ваша їхня		моєї твоєї його її нашої вашої їхньої

– У вас є цей підручник?
– У мене нема **цього підручника**.

– У вас є ця книжка?
– У мене немає **цієї книжки**.

7 Дайте заперечні відповіді на запитання.

다음 질문에 대해 부정의 대답을 하시오.

1. У вас є цей журнал?
2. У тебе є цей словник?
3. У вас є цей текст?
4. У тебе в зошиті є ця вправа?
5. У вас у словнику є це слово?
6. У вашій книжці є це оповідання?

8 Дайте заперечні відповіді на запитання.

다음 질문에 대해 부정의 대답을 하시오.

1. У вас є ця книга?
2. У тебе є ця газета?
3. У вас в кімнаті є ця картина?
4. У вашій бібліотеці є ця книжка?
5. У неї є цей диск?
6. У вас є це фото?

9 Дайте заперечні відповіді на запитання.

다음 질문에 대해 부정의 대답을 하시오.

1. У вашого друга є словник?
2. У нашого викладача є ця книжка?
3. У нашої вчительки є ця газета?
4. У твого товариша є квиток у театр?
5. У цього студента є друг?
6. У цієї дівчини є подруга?
7. У вашого брата є дочка?
8. У вашої сестри є син?
9. У вашої подруги є брат?
10. У твого приятеля є сестра?

> – **У кого** є червоний олівець?
> – **У цього студента** є червоний олівець.

10 Дайте відповіді на запитання, використовуючи слова справа.

오른쪽에 제시된 단어를 사용하여 질문에 답하시오.

1. У кого є новий підручник?	цей студент і ця студентка
2. У кого є українсько-англійський словник?	наш викладач
3. У кого є вчорашні газети?	мій сусід
4. У кого є квитки в театр?	Іван та Ганна
5. У кого є машина?	мій друг
6. У кого є діти?	мій брат і моя сестра

11 Дайте відповіді на запитання.
질문에 답하시오.

1. У кого є сьогоднішня газета?
2. У кого є зайвий квиток на концерт?
3. У кого є такий підручник?
4. У кого є червона ручка?
5. У кого є новий зошит?
6. У кого є гроші?
7. У кого є сигарети?
8. У кого є запальничка?

– У вас є новий підручник?
– У мене немає **нового підручника**.

12 Дайте відповіді на запитання.
질문에 답하시오.

Зразок

– У вас ***немає старшого брата***?
– Так, у мене ***немає старшого брата***.

А

1. У вас немає останнього номера журналу?
2. У вас нема чистого аркуша паперу?
3. У нього немає спортивного костюма?
4. У вас немає зайвого квитка?
5. У вас у кімнаті нема книжкової шафи?
6. У вас нема молодшого брата?

B

1. У вас нема нового зошита?
2. У нього немає сьогоднішньої газети?
3. У тебе немає корейсько-англійського словника?
4. У тебе немає молодшої сестри?
5. У неї нема хорошої подруги?
6. У них немає нового підручника?

13 Дайте заперечні відповіді на запитання.

다음 질문에 대해 부정의 대답을 하시오.

Зразок

– У вас є вчорашня газета?
– У мене ***немає вчорашньої газети***.

1. У вас є синій олівець?
2. У неї є англо-український словник?
3. У нього є нова сумка?
4. У нього є велика валіза?
5. У вас є спортивний костюм?
6. У вас сьогодні є вільний час?
7. У вас сьогодні є домашнє завдання?
8. У тебе в кімнаті є настільна лампа?
9. У них у кімнаті є така картина?
10. У вашій кімнаті є книжкова шафа?

14 Дайте заперечні відповіді на запитання.

다음 질문에 대해 부정의 대답을 하시오.

1. У вас є новий підручник?
2. У вашого викладача є великий словник?
3. У вашої вчительки є ця книжка?
4. У Івана є сьогоднішня газета?
5. У вас зараз є вільний час?
6. У цього студента є зайвий квиток у театр?
7. У вашого друга є старший брат?
8. У цієї студентки є молодша сестра?

15 Дайте заперечні відповіді на запитання.

다음 질문에 대해 부정의 대답을 하시오.

A

Зразок

– ***Він*** зараз на занятті?
– Ні, ***його*** зараз ***немає*** на занятті.

1. Він зараз удома?
2. Він в університеті?
3. Вона зараз у класі?
4. Вона в бібліотеці?
5. Вони зараз у гуртожитку?
6. Вони в аудиторії?

В

Зразок

– Іван зараз у класі?
– Ні, ***Івана немає*** зараз у класі.
(Ні, ***його немає*** зараз у класі).

1. Микола зараз у гуртожитку?
2. Ганна зараз в університеті?
3. Викладач в аудиторії?
4. Степан у бібліотеці?
5. Ваш друг на лекції?
6. Ваша сестра зараз удома?

16 Дайте заперечні відповіді на запитання, замінюючи іменники займенниками.

다음 질문에 대해 명사 대신 대명사를 사용하여 부정의 대답을 하시오.

Зразок

– Ваша ***книжка*** лежить на столі?
– Ні, ***її немає*** на столі.

1. Ваш ***словник*** у сумці?
2. Мій ***костюм*** у шафі?
3. ***Ключ*** у тебе в кишені?
4. Ваш ***зошит*** у папці?
5. Ваша ***сестра*** зараз у Києві?
6. ***Діана*** зараз на лекції?
7. ***Лікар*** у кабінеті?
8. Вчора ввечері ***Ганна*** була вдома?
9. Вчора ввечері ваш ***друг*** був удома?
10. ***Декан*** в офісі?

17 Допишіть речення за зразком.

아래에 제시된 예시와 같이 주어진 문장을 완성하시오.

Зразок

– Цей студент хворий, тому _ в класі.
– Цей студент хворий, тому ***його немає (не було)*** в класі.

1. Почекайте, будь ласка, в коридорі, тому що _ в кабінеті.
2. Зараз _ у Львові, вона поїхала в санаторій.
3. Вчора до мене додому приходили друзі, але _ тут.
4. Іван не купив словник учора, тому що _ в магазині.
5. Наш викладач захворів, і сьогодні _ на занятті.
6. У мене не було вільного часу вчора ввечері, тому _ на концерті.

18 Дайте відповіді на запитання, використовуючи слова справа.

오른쪽에 제시된 단어를 사용하여 질문에 답하시오.

1. Кого немає на уроці?
2. Кого сьогодні не було на лекції з історії?
3. Кого вчора не було в театрі?
4. Кого не було на зборах?
5. Кого не було на занятті граматики?
6. Кого не було на іспиті?

Ліда і Петро
Іван і Ганна
мій друг
один викладач
хворий студент
нова студентка

4. Родовий відмінок іменників множини

복수 명사 생격

	Називний відмінок 주격	Родовий відмінок 생격	Закінчення 어미
він 남성	студенти столи лікарі стільці	студент-ів стол-ів лікар-ів стільц-ів	**-Ø, -о – -ів** **ар, -ь, -й – -ів**
воно 중성	міста моря питання	міст мор-ів питань	**-о – -Ø** **-е – -ів** **-я – -Ø**
вона 여성	сестри книжки сумки вулиці	сестер книжок сумок вулиць	**-а – -Ø** **-я – -Ø**

기억합시다!

люди	люд-**ей**
діти	діт-**ей**
гроші	грош-**ей**
двері	двер-**ей**
очі	оч-**ей**
сім'ї	сім-**ей**
речі	реч-**ей**
гості	гост-**ей**
національності	національност-**ей**
спеціальності	спеціальност-**ей**

5. Родовий відмінок зі словами *багато, мало, скільки, стільки, небагато, чимало, кілька, декілька* і числівниками *п'ять, шість, сім* і т. д.

багато, мало, скільки, стільки, небагато, чимало, кілька, декілька 및 숫자 5,6,7 등과 함께 쓰이는 생격

19 Дайте відповіді на запитання.

질문에 답하시오.

Зразок

– ***Скільки будинків*** на цій вулиці? (15)
– На цій вулиці ***15 будинків***.

1. ***Скільки студентів*** у вашій групі? (6)
2. ***Скільки друзів*** у нього в Києві? (7)
3. ***Скільки викладачів*** було на зборах? (19)
4. ***Скільки братів*** у вашого друга? (5)
5. ***Скільки лікарів*** у поліклініці? (10)
6. ***Скільки столів*** у цьому класі? (8)
7. ***Скільки стільців*** у вашому класі? (16)
8. ***Скільки аудиторій*** на цьому поверсі? (12)
9. ***Скільки журналів*** ви купили в кіоску? (9)
10. ***Скільки книг*** ви прочитали цього місяця? (8)
11. ***Скільки речень*** у цьому тексті? (20)
12. ***Скільки слів*** у цьому реченні? (11)

20 Дайте відповіді на запитання за зразком.

아래 예시와 같이 주어진 질문에 답하시오.

Зразок

– Ви знаєте, скільки студентів у цій групі?
– Так, я знаю, скільки студентів у цій групі. У цій групі ***7 студентів***.

1. Ви знаєте, скільки сторінок у цій книзі?
2. Ви знаєте, скільки вправ ми повинні написати вдома?
3. Ви знаєте, скільки студентів на нашому факультеті?
4. Ви знаєте, скільки лікарів працює в цій поліклініці?
5. Ви знаєте, скільки столів і стільців у нашій аудиторії?
6. Ви знаєте, скільки аудиторій на цьому поверсі?
7. Ви знаєте, скільки поверхів у цьому будинку?
8. Ви знаєте, скільки дівчат вчиться у цій групі?
9. Ви знаєте, скільки музеїв у цьому місті?
10. Ви знаєте, скільки екзаменів вам треба скласти в кінці семестру?

21 Дайте відповіді на запитання.

질문에 답하시오.

Зразок

– У вас три зошити? (5)
– Ні, у мене ***п'ять зошитів***.

1. У цьому залі чотири вікна? (6)
2. У нашому класі три столи? (5)
3. У вас у групі чотири особи? (7)
4. У вас у групі чотири дівчини? (8)
5. Ви купили чотири зошити? (10)
6. Ви зробили в диктанті дві помилки? (6)
7. Ви будете складати чотири іспити? (6)
8. У вас сьогодні три лекції? (5)

22 Дайте відповіді на запитання.
질문에 답하시오.

1. Скільки університетів у вашому місті?
2. Скільки факультетів у вашому університеті?
3. Скільки груп на вашому факультеті?
4. Скільки студентів у вашій групі?
5. Скільки дівчат у вашій групі?
6. Скільки лекцій у вас кожного дня?
7. Скільки у вас буде екзаменів?
8. Скільки викладачів працює на факультеті?

23 Дайте відповіді на запитання, використовуючи слова в дужках.
괄호 안에 제시된 단어들을 활용하여 질문에 답하시오.

1. Скільки часу ви вчитеся кожного дня? (6, година)
2. Скільки часу ви пишете домашнє завдання? (5, година)
3. Скільки часу ви читали цю книжку? (5, день)
4. Скільки часу ви відпочивали у селі? (10, день)
5. Скільки часу ви були в Києві? (6, місяць)
6. Скільки часу хворів ваш товариш? (5, тиждень)
7. Скільки часу ви вивчаєте українську мову? (10, місяць)
8. Скільки часу ви будете відпочивати влітку? (8, тиждень)
9. Скільки часу ваша сім'я живе у цьому місці? (20, рік)
10. Скільки часу ви навчаєтеся в університеті? (5, рік)

24 Дайте відповіді на запитання.

질문에 답하시오.

Зразок

– Скільки коштує ця книжка? (5, гривня; 30, копійка)
– Ця книжка коштує ***п'ять гривень тридцять копійок***.

1. Скільки коштує пляшка води? (5, гривня)
2. Скільки коштує сік? (10, гривня)
3. Скільки коштує пачка цигарок? (20, гривня)
4. Скільки коштує пакет молока? (15, гривня; 45, копійка)
5. Скільки коштує пляшка пива? (17, гривня)
6. Скільки коштує булочка з варенням? (6, гривня)
7. Скільки коштує плитка шоколаду? (8, гривня; 50 копійка)
8. Скільки коштує кілограм цукру? (20, гривня; 65, копійка)
9. Скільки коштує коробка цукерок? (25, гривня)
10. Скільки коштує білий хліб? (12, гривня)

25 Дайте відповіді на запитання.

질문에 답하시오.

Зразок

– Ви знаєте, скільки коштує ця ручка?
– Так, я знаю, скільки коштує ця ручка. Вона коштує ***5 гривень***.

1. Ви знаєте, скільки коштує ця книжка?
2. Ви знаєте, скільки коштує цей зошит?
3. Ви знаєте, скільки коштує цей словник?
4. Ви знаєте, скільки коштує цей костюм?
5. Ви знаєте, скільки коштує це пальто?
6. Ви знаєте, скільки коштують ці книги?
7. Ви знаєте, скільки коштують ці журнали?
8. Ви знаєте, скільки коштують ці олівці?

26 Поставте запитання до виділених слів.

강조된 단어에 대한 질문을 만드시오.

1. – ______________________________

– У нас у групі ***10 студентів***.

2. – ______________________________

– Я вивчаю українську мову ***5 місяців***.

3. – ______________________________

– Вдома ми повинні написати ***6 вправ***.

4. – ______________________________

– Ганна взяла в бібліотеці ***5 книжок***.

5. – ______________________________

– Я читав цю книжку ***багато разів***.

6. – ______________________________

– Учора я написав ***кілька повідомлень*** друзям.

7. – ______________________________

– Ми чекали вас ***15 хвилин***.

8. – ______________________________

– На екскурсії було ***18 осіб***.

– **Скільки осіб сидить** у кімнаті?
– **Скільки осіб (людей) було** вчора на зборах?

27 Поставте слова в дужках у правильній формі.
괄호 안에 제시된 단어들을 알맞은 형태로 채워 넣으시오.

1. Скільки осіб _ на нашому факультеті? (вчитися)
2. Скільки студентів _ вчора на вечорі? (бути)
3. Скільки викладачів _ у нашому університеті? (працювати)
4. Скільки людей _ завтра на екскурсію? (поїхати)
5. Скільки осіб _ у нашій бібліотеці? (працювати)
6. Скільки осіб _ у сусідній кімнаті? (сидіти)
7. Скільки книг _ на столі? (лежати)
8. Скільки стільців _ у кімнаті? (стояти)
9. Скільки картин _ у цьому залі? (висіти)
10. Скільки дівчат _ у вашій групі? (вчитися)

28 Поставте слова в дужках у правильній формі.
괄호 안에 제시된 단어들을 알맞은 형태로 채워 넣으시오.

1. У нашому місті багато _ (сади і парки).
2. На вулицях міста багато _ (машини, автобуси, трамваї).
3. У поліклініці працює тридцять _ (лікарі, медсестри).
4. На зборах було чимало _ (студенти і студентки).
5. Цього місяця Дмитро отримав декілька _ (листи, листівки).
6. Іван взяв у бібліотеці кілька _ (підручники, книжки і журнали).
7. Я купив у кіоску декілька _ (зошити, ручки).
8. В університеті багато _ (аудиторії, кабінети, зали).

29 Допишіть речення, використовуючи слова справа.

우측의 단어를 사용하여 문장을 완성하시오.

1. У мене багато _ .	брати, сестри, друзі, товариші і знайомі
2. Друзі подарували мені декілька _ .	книги, ручки, олівці та інші речі
3. У цьому місті раніше було мало _ .	парки, театри, магазини, школи
4. У нашому університеті багато _ .	зали, офіси, кабінети, аудиторії, лабораторії
5. На цій вулиці мало _ .	трамваї, тролейбуси, автобуси, машини
6. Кожного ранку листоноша приносить кілька _ .	газети, журнали, листи, листівки

30 Допишіть речення, використовуючи слова справа.

우측의 단어를 사용하여 문장을 완성하시오.

1. У магазині я купив небагато _ .	м'ясо, риба і хліб
2. У цій пляшці мало _ .	молоко
3. На тарілці було небагато _ .	сир і ковбаса
4. У цього фермера багато _ .	земля
5. В Україні багато _ .	залізо і вугілля
6. У цьому районі знайшли багато _	золото і нафта

31 Поставте слова в дужках у правильній формі.

괄호 안에 제시된 단어들을 알맞은 형태로 채워 넣으시오.

1. У нашій країні багато _ (міста).
2. У цьому районі мало _ (вода).
3. Цього року я подивився багато _ (фільми).
4. На виставці мені сподобалося декілька _ (картини).
5. Скільки _ (кілометри) туристи йшли пішки?
6. Цього року тут було мало _ (сніг).
7. На уроці ми розв'язати декілька _ (задачі).
8. Зараз у мене мало _ (гроші). 9. Скільки _ (речення) ти написав вдома?
10. Я купив у магазині небагато _ (хліб, цукор, м'ясо, масло, фрукти).

6. Родовий відмінок прикметників і присвійних займенників множини

복수 형용사 및 대명사 생격

	Називний відмінок 주격	Родовий відмінок 생격	Закінчення 어미
	Які?	*Яких?*	
він/вона/воно 남성/여성/중성	гарн-і давн-і	гарн-их давн-іх	**-ий, -а, -е, -і – -их** **-ій, -я, -є, -і – -іх**

	Називний відмінок 주격	Родовий відмінок 생격
він/вона/воно 남성/여성/중성	*Чиї?*	*Чиїх?*
	мої твої його її наші ваші їхні	моїх твоїх його її наших ваших їхніх

> **нових будинків.**
> У цьому місті **багато** {**красивих будівель.**
> **широких вулиць.**

32 Дайте відповіді на запитання.

질문에 답하시오.

1. У вашому місті ***багато книжкових магазинів***?
2. На цій вулиці ***багато високих будівель***?
3. На цьому поверсі ***багато великих аудиторій***?
4. У вашій бібліотеці ***багато українських книг***?
5. Ви бачили ***багато українських фільмів***?
6. У вас багато ***знайомих студентів*** в університеті?
7. У вашого друга ***багато іноземних знайомих***?
8. У цьому регіоні ***багато металургійних заводів***?

33 Поставте слова в дужках у правильній формі. Дайте відповіді на запитання, використовуючи слова *багато, мало, кілька і декілька.*

괄호 안의 단어를 알맞은 형태로 바꾸고, *багато, мало, кілька, декілька*를 사용하여 질문에 답하시오.

1. Скільки _ (українські книжки) у нашій бібліотеці?
2. Скільки _ (іноземні мови) він знає?
3. Скільки _ (молоді викладачі) працює у нашому університеті?
4. Скільки _ (середні школи, дитячі садки) у вашому місті?
5. Скільки _ (високі будинки) на цій вулиці?
6. Скільки _ (українські пісні) ви знаєте?

Сьогодні в кіоску **були** англійські газети.
Сьогодні в кіоску **не було** англійських газет.

Завтра в кіоску **будуть** англійські газети.
Завтра в кіоску **не буде** англійських газет.

34 Дайте заперечні відповіді на запитання.

다음 질문에 대해 부정의 대답을 하시오.

Зразок

– У вас ***є вчорашні газети***?
– У мене ***немає вчорашніх газет***.

1. У вас є нові зошити?
2. В кіоску були сьогодні українські газети?
3. У цьому тексті були незнайомі слова?
4. У цьому підручнику є важкі вправи?
5. У залі є вільні місця?
6. На виставці будуть нові картини?
7. На цій площі є великі дерева?
8. У цьому місті є високі будинки?

35 Допишіть речення.

문장을 완성하시오.

Зразок

У вас є квитки в театр, а у нас ***немає квитків*** у театр.

1. В Івана є товариші в нашому університеті, а у Максима _ .
2. У Ніни є друзі в Києві, а у Ліди _ .
3. У мене є старші брати, а у нього _ .
4. У вас будуть завтра екзамени, а у нас _ .
5. У них були вчора уроки, а у нас _ .
6. У кіоску є ці журнали, а в магазині _ .
7. У книгарні є англо-українські словники, а в кіоску _ .
8. У нього є батьки, а у неї _ .
9. У мене зараз є вільний час, а у них _ .
10. У цьому місті є високі будинки, а у тому _ .

36 Дайте заперечні відповіді на запитання.

다음 질문에 대해 부정의 대답을 하시오.

1. У вас є ручка?
2. У нього є зошит?
3. У вас вчора був урок історії?
4. У цій аудиторії була лекція з літератури?
5. У цьому будинку є спортивний зал?
6. У бібліотеці є українські книжки?
7. У вас є хороші друзі в цьому місті?
8. У вас були вчора важкі вправи?
9. У вас сьогодні є урок граматики?
10. У нього був вільний час учора ввечері?
11. У неї будуть завтра гості?
12. У них були вчора лекції?

13. У них вчора була екскурсія?

14. У вас є знайомі студенти в цьому університеті?

15. У них є друзі у Львові?

16. У нього є молодші брати і сестри?

17. У неї є батьки? 18. У них є знайомі викладачі у нашому університеті?

19. У нашій бібліотеці є англійські книжки?

20. У вас є ці вправи?

7. Родовий відмінок у значенні назви власника предмета

사물의 소유 및 소속을 표현하는 생격

Чий це словник?
Це словник **нашого викладача**.

Чия книжка лежить на столі?
На столі лежить книжка **нашої студентки**.

37 Дайте відповіді на запитання, використовуючи слова справа.

오른쪽에 제시된 단어를 사용하여 질문에 답하시오.

Зразок

– ***Чий*** це олівець?
– Це олівець ***студента***.

1. Чия це кімната?	сестра
2. Чий це словник?	викладач
3. Чий це зошит?	студентка
4. Чия це книжка?	Ганна
5. Чия це машина стоїть біля будинку?	Максим
6. Чиє повідомлення ви читаєте?	батько
7. Чий брат працює в театрі?	Марія
8. Чия сестра вчиться в університеті?	Борис
9. Чиї батьки живуть у Парижі?	Іван
10. Чий друг вчиться в Україні?	Ліза

38 Дайте відповіді на запитання, використовуючи слова справа.

오른쪽에 제시된 단어를 사용하여 질문에 답하시오.

Зразок

– ***Чий*** це зошит?
– Це зошит ***мого сусіда***.

1. Чия це кімната?	мій знайомий студент
2. Чиє це пальто?	одна наша студентка
3. Чия це машина?	наш новий лікар
4. Чиї це книжки?	наші викладачі
5. Чий це кабінет?	наш професор
6. Чий це словник?	мій друг Іван
7. Чиї це фото?	мій батько і моя мати
8. Чий це роман?	один відомий письменник

39 Дайте заперечні відповіді на запитання, використовуючи слова справа.

오른쪽에 제시된 단어를 사용하여 다음 질문에 대해 부정의 대답을 하시오.

Зразок

– Це ваші книжки? інші студенти
– Ні, це не мої книжки, це книжки ***інших студентів***.

1. Це ваша кімната?	мої молодші брати
2. Це ваші підручники?	мої сусіди
3. Це ваші речі?	мої друзі
4. Це ваші зошити?	наші викладачі
5. Це ваш одяг?	ці студенти
6. Це ваше взуття?	наші гості

40 Дайте відповіді на запитання, використовуючи слова в дужках.

괄호 안에 제시된 단어들을 활용하여 질문에 답하시오.

Зразок

– ***Чия*** папка лежить на столі? (наш викладач)
– На столі лежить папка ***нашого викладача***.

1. Чий підручник лежить на столі? (наш студент Тарас)
2. Чиї зошити лежать на столі? (наші студенти і наша вчителька)
3. Чий брат хоче поїхати в Україну? (мій найкращий друг)
4. Чиї батьки живуть у Туреччині? (наші студенти Ахмед і Хасан)
5. Чия машина стоїть на вулиці? (наш професор)
6. Чию книжку знайшли в коридорі? (одна наша студентка)
7. Чиї пісні ви слухали вчора по радіо? (молоді українські співаки)
8. Чию статтю ви читали вчора? (відомий американський письменник)
9. Чиї фото стоять у вас на столі? (мої батьки, брати і сестри)
10. Чия сумка на стільці? (моя молодша сестра)

41 Дайте відповіді на запитання, використовуючи слова в дужках.

괄호 안에 제시된 단어들을 활용하여 질문에 답하시오.

1. Чиє це повідомлення? (мій найкращий друг)
2. Чия це кімната? (моя старша сестра)
3. Чиї це зошити? (наші нові студенти)
4. Чиї батьки живуть в Австралії? (мій найкращий друг Ніколь)
5. Чий брат вчиться в цій школі? (Микола)
6. Чиї друзі були в клубі на вечорі? (наші студенти)
7. Чиї оповідання вам подобаються? (один молодий письменник)
8. Чию газету ви взяли? (наш викладач)
9. Чиє домашнє завдання перевіряє викладач? (наша студентка)
10. Чиїх батьків ми зустріли на вечорі? (Іван і Ганна)

42 Поставте запитання до виділених слів.

강조된 단어에 대한 질문을 만드시오.

1. – ______________________________

– На столі лежать речі ***мого друга***.

2. – ______________________________

– Вчора у нас в гостях були батьки ***Івана***.

3. – ______________________________

– Нам подобаються лекції ***нашого викладача***.

4. – ______________________________

– У моїй кімнаті висить фото ***моєї матері***.

5. – ______________________________

– Викладач перевіряє роботи ***студентів***.

6. – ______________________________

– Учора я читав книжку ***відомого письменника***.

8. Родовий відмінок у значенні місця

장소를 표현하는 생격

43 Напишіть речення за зразком.

아래에 제시된 예시와 같이 주어진 문장을 완성하시오.

Зразок

– Нікосія – Кіпр.
– Нікосія – столиця ***Кіпру***.

1. Париж – Франція.
2. Варшава – Польща.
3. Осло – Норвегія.
4. Бейрут – Ліван.
5. Прага – Чехія.
6. Делі – Індія.
7. Токіо – Японія.
8. Відень – Австрія.
9. Рим – Італія.
10. Лондон – Великобританія.
11. Київ – Україна.
12. Сеул – Корея.

44 Доповніть речення, використовуючи слова справа.

우측의 단어를 사용하여 문장을 완성하시오.

1. Ви пам'ятаєте прізвище _ ? — цей студент, ця студентка, цей письменник, ця артистка

2. Ви пам'ятаєте назву _ ? — цей журнал, ця книжка, цей фільм, ця газета

3. Ви бачили нову будівлю _ ? — університет, музей, гуртожиток, бібліотека

4. Ви були сьогодні на уроках _ ? — історія, граматика, фонетика, література

5. Ми уважно слухали лекцію _ — наш викладач
пояснення _ — наш професор
відповіді _ — наші студенти

6. Мені подобаються пісні _ — цей композитор
картини _ — цей молодий художник
романи _ — цей відомий письменник
вірші _ — цей український поет

45 Дайте відповіді на запитання.

질문에 답하시오.

1. Ваші друзі були на вечорі української культури?
2. Усі студенти купили новий підручник з української мови?
3. Вам подобається музика Чайковського?
4. Ви бачили будівлю Київського університету?
5. Ви знаєте, де книжковий магазин?
6. Ви пам'ятаєте назву останнього фільму?
7. Ви були на лекції з історії України?
8. Ваш друг вивчає українську мову?

46 Допишіть речення, використовуючи слова справа.

우측의 단어를 사용하여 문장을 완성하시오.

1. Універмаг Глобус розташований у центрі _	місто
2. Улітку ми відпочивали на березі _	море
3. Гості оглянули аудиторії _	університет
4. Мені робив операцію головний лікар _	лікарня
5. У нашому місті виступали артисти _	київський театр
6. Я люблю музику _	цей композитор
7. Спортсменів зустрів президент _	республіка
8. Викладач показав нам фото _	його колишні студенти

47 Дайте відповіді на запитання, використовуючи слова справа.

오른쪽에 제시된 단어를 사용하여 질문에 답하시오.

Зразок

– ***Які студенти*** були на екскурсії? (перший курс)
– На екскурсії були ***студенти першого курсу***.

1. Які оповідання ви читали на уроці?	українські письменники
2. Які студенти організували цей вечір?	наш університет
3. На якій виставці ви були вчора?	молоді корейські художники
4. На якому концерті ви були в суботу?	симфонічний оркестр
5. Які студенти їздили в Київ минулого року?	старші курси
6. Про яку статтю ви говорили вчора?	наш професор історії
7. Які вірші ви читаєте?	українські поети
8. Яку музику ви слухаєте?	німецькі композитори

9. Родовий відмінок у ступенях порівняння

비교 표현에 쓰이는 생격

Я старший, **ніж Андрій**. (*Називний відмінок*)
Я старший **за Андрія**. (*Знахідний відмінок*)
Я старший **від Андрія**. (*Родовий відмінок*)

48 Допишіть речення, використовуючи слова в дужках.

괄호 안의 단어를 활용하여 문장을 완성하시오.

Зразок

– Проспект ширший від __ . (вулиця)
– Проспект ширший ***від вулиці***.

1. Мій батько старший від __ . (мати)
2. Мій брат вищий від __ . (батько)
3. Іван молодший від __ . (Тарас)
4. Ваша сім'я більша від __ . (наша сім'я)
5. Наш будинок більший від __ . (ваш будинок)
6. Зима в Україні холодніша від __ (зима) в Кореї.
7. Ваша робота цікавіша від __ . (моя робота)
8. Остання вправа була важча від __ (перша і друга вправа)
9. Марія знає українську мову краще від __ (інші студенти)
10. Борис бігає швидше від __ (всі інші спортсмени).

49 Змініть речення за зразком.

예시와 같이 문장을 다시 쓰시오.

Зразок

– Наше місто більше, ***ніж сусіднє місто.***
– Наше місто більше ***від сусіднього міста.***

1. Ганна старша, ніж її брат.
2. Наша група більша, ніж ваша група.
3. Мій друг розмовляє по-українськи краще, ніж я.
4. Я читаю по-українськи повільніше, ніж ти.
5. Ця вправа коротша, ніж перша вправа.
6. Квитки в оперний театр дорожчі, ніж квитки в кінотеатр.
7. Наша вулиця красивіша, ніж сусідня.
8. Сьогоднішня лекція цікавіша, ніж вчорашня.

10. Родовий відмінок у значенні часу

날짜 및 시간 표현에 쓰이는 생격

– Котре сьогодні число?
– Сьогодні **перше січня дві тисячі сімнадцятого року**.

50 Запишіть дату словами.

날짜를 글자로 쓰시오.

1. 01.1945 р.; 30.07.1961 р.; 28.02.1991 р.; 12.05.2005 р.; 24.09.1999 р.; 19.11.2009 р.; 19.06.2011 р.; 9.12.1975 р.; 15.03.1987 р.; 21.04.1953 р.; 13.08.2000 р.; 5.10.2002 р.

– **Коли** він народився?
– Він народився **двадцятого січня тисяча дев'ятсот дев'яносто першого року**.

– **Коли** це сталося?
– Це сталося **другого березня дві тисячі п'ятого року**.

51 Дайте відповіді на запитання, використовуючи слова в дужках.

괄호 안에 제시된 단어들을 활용하여 질문에 답하시오.

1. Коли відкрили першу лінію метро в Києві? (6.11.1961р.)
2. Коли закінчилася Друга світова війна? (9.05.1945 р.)
3. Коли відбувся перший політ людини у космос? (12.04.1961 р.)
4. Коли народився Тарас Шевченко? (9.03.1814 р.)
5. Коли Україна стала незалежною? (24.08.1991 р.)
6. Коли відбулася Помаранчева революція в Україні? (22.11.2004 р.)

11. Родовий відмінок у значенні місця, до якого рухається об’єкт
장소 및 사물의 움직임 표현에 쓰이는 생격

Я іду **до друга**.
Влітку Іван їздив **до батьків**.

52 Дайте відповіді на запитання.
질문에 답하시오.

1. Ви ідете ***до лікаря***?
2. Ви ідете ***до хворого товариша***?
3. Дівчата підуть завтра ***до хворої подруги***?
4. Ви підете ввечері ***до свого друга***?
5. Ви поїдете ***до батьків***?
6. Студенти ходили ***до професора***?

53 Допишіть речення, використовуючи слова справа.
우측의 단어를 사용하여 문장을 완성하시오.

1. Сьогодні мені треба піти _ .	рідний брат
2. Улітку я поїду _ .	батько і мати
3. Студенти ходили в гості _ .	їхній викладач
4. Кожного дня ми ходимо у лікарню _ .	хворий товариш
5. На канікулах Максим поїде в село _ .	його давній друг
6. Ганна поїде в місто _ .	її найкраща подруга

54 Допишіть речення, використовуючи слова справа.

우측의 단어를 사용하여 문장을 완성하시오.

Зразок

– Я іду _ .	кабінет, медсестра
– Я іду ***в кабінет до медсестри***.	

1. Я іду _ .	поліклініка, лікар
2. Вчора Іван ходив _ .	гуртожиток, його друг
3. Улітку студенти їздили _ .	рідне місто, батьки
4. Увечері я піду _ .	кімната, мій сусід
5. Після уроків ми ходили _ .	деканат, декан
6. Після іспитів вона поїде _ .	Київ, її подруга
7. Кожної неділі він їздив _ .	село, його сестра
8. У суботу я їздив _	медичний інститут, студенти

– **До кого** ви ходили вчора?
– Вчора ми ходили **до давнього друга**.

55 Дайте відповіді на запитання.

질문에 답하시오.

1. До кого ви ідете зараз?
2. До кого іде ця студентка?
3. До кого ви ходили вчора?
4. До кого ви підете ввечері?
5. До кого ви поїдете в суботу?
6. До кого ви поїдете влітку?
7. До кого Ганна поїде влітку?
8. До кого ти їдеш зараз?

56 Замініть у реченні виділені слова особовими займенниками.

인칭대명사를 사용하여 문장을 완성하시오.

Зразок

– Тут живе ***мій друг***. Я іду _ .
– Тут живе мій друг. Я іду ***до нього***.

1. Це наша ***студентка Марія***. _ приїхав її брат.
2. Я іду до ***викладача***. Я обіцяв прийти _ о 3 годині.
3. Одна наша ***студентка*** лежить в лікарні. Ми часто ходимо _ .
4. ***Друзі*** запросили мене в гості. Я поїду _ в суботу ввечері.
5. ***Ми*** запросили нашого викладача. Завтра він прийде _ в гості.
6. ***Лікар*** сказав, щоб я прийшов _ у понеділок.
7. ***Ви*** допоможете мені перекласти статтю? Тоді я прийду _ після уроку.
8. Учора ***у мене*** були гості. Вони приїхали _ о 6 годині.

57 Поставте запитання до виділених слів.

강조된 단어에 대한 질문을 만드시오.

Зразок

– Я був ***у поліклініці***. ***Де*** ви були?
– Я ходив ***у поліклініку***. ***Куди*** ви ходили?
– Я ходив ***до лікаря. До кого*** ви ходили?

1. Студенти були ***в гуртожитку***.

   Студенти ідуть ***в гуртожиток***.

   Студенти ходили ***до своїх друзів***.

2. Ми їздили ***в село***.

   Ми були ***в селі***.

   Ми їздили ***до батьків***.

3. Аспіранти ідуть ***до професора***.

Аспіранти ідуть ***у лабораторію***.

Аспіранти працюють ***у лабораторії***.

4. Наш викладач навчався ***у Львівському університеті***.

Влітку він поїде на конгрес ***у Львівський університет***.

Він поїде ***до своїх друзів***.

58 Поставте дієслова *підійти або під'їхати* у правильній формі.

동사 *підійти*나 *'їхати*를 알맞은 형태로 바꾸어 빈칸에 쓰시오.

1. Студент _ до дошки.
2. Дівчина _ до вікна.
3. Машина _ до будинку.
4. Ми _ до автобусної зупинки.
5. Таксі _ до вокзалу.
6. Чоловік _ до поліцейського.
7. Велосипедист _ до магазину.
8. Хлопчик _ до мами.

59 Допишіть речення, використовуючи слова справа.

우측의 단어를 사용하여 문장을 완성하시오.

1. Я підійшов _ і запитав, де станція метро.	незнайомий чоловік
2. _ підійшла дівчина і запитала, де бібліотека.	ми
3. Ми підійшли _ і купили газети та журнали.	кіоск
4. Я підійшов _ і почав шукати ключ у кишені.	двері
5. Викладач підійшов _ і почав писати.	дошка
6. Я телефонував вам, але ніхто не підходив _ .	телефон
7. Увечері туристи підійшли _ .	маленьке село
8. Уранці таксі під'їхало _ .	міський вокзал

60 Допишіть речення, використовуючи слова справа.

우측의 단어를 사용하여 문장을 완성하시오.

1. Вчора Тарас ходив _ . Тарас розповів _ про свою хворобу.	лікар
2. Я хочу показати свої малюнки _ . Завтра я поїду _ .	відомий художник
3. Іван підійшов _ і запросив її в театр. Він сказав _, що у нього є квитки в театр.	знайома дівчина
4. Я написав _, що скоро у нас будуть канікули. Я думаю, що влітку я поїду _ .	Батьки
5. У неділю ми поїдемо _ . Ми вже телефонували _ і сказали їм про це.	наші друзі
6. Завтра Ганна поїде _ . Минулого тижня вона вже була _ .	найкраща подруга

> Зараз у нас буде лекція **з історії України**.
> Я купив підручник **з історії України**.

61 Дайте відповіді на запитання.

질문에 답하시오.

1. Ви слухаєте ***лекції з історії***?
2. Вам сподобалася ***лекція з літератури***?
3. Всі студенти купили ***підручник з географії***?
4. У вас є ***підручник з фізики***?
5. У вас буде ***екзамен з української мови***?
6. Це ваш ***зошит з математики***?
7. Ви були на ***іспиті з граматики***?
8. У вас буде завтра ***лекція з української літератури***?

> – **Який підручник** нам треба купити?
> – Вам треба купити **підручник з історії**.

62 Дайте відповіді на запитання, використовуючи слова справа.

오른쪽에 제시된 단어를 사용하여 질문에 답하시오.

1. Який іспит ви будете складати завтра?	Історія
2. Яку лекцію ви слухали вчора?	Граматика
3. Який підручник вам треба купити?	Мистецтво
4. Який зошит ви загубили?	література
5. Яку книжку вам треба взяти в бібліотеці?	українська культура
6. Яку контрольну роботу ви писали сьогодні?	історія України
7. Яка консультація буде завтра?	українська література
8. Яку лекцію ви хочете послухати?	економіка і політика України

Мій друг був **у Києві**.
Мій друг їздив **до Києва**.
Куди він їздив?

Нещодавно мій друг повернувся **з Києва**.
Звідки він повернувся?

63 Допишіть речення, використовуючи слова справа.

우측의 단어를 사용하여 문장을 완성하시오.

Зразок

– Ми вийшли __ . — аудиторія
– Ми вийшли ***з аудиторії***.

1. Діти ідуть додому __ .	школа
2. Вчора ми пізно повернулися __ .	театр
3. Студенти повертаються __ .	інститут
4. Ми отримали вітальні листівки __ .	Софія, Варшава, Рим, Берлін
5. Ці студенти приїхали __ .	Індія, Пакистан, Уругвай, Перу
6. Увечері ми прийшли пізно __ .	вечірка

64 Дайте відповіді на запитання, використовуючи виділені слова.
강조된 단어를 사용하여 질문에 답하시오.

Зразок

– Студенти були ***на екскурсії***.
– ***Звідки*** вони повернулися?
– Студенти повернулися ***з екскурсії***.

1. Мій брат вчиться ***в школі***. Звідки він прийде через 2 години?
2. Вчора наші студенти були ***в театрі***. Звідки вони повернулися дуже пізно?
3. Мій друг був ***у поліклініці***. Звідки він повернувся?
4. Улітку студенти працювали ***в селі***. Звідки вони приїхали у серпні?
5. Брат Івана живе ***в Австрії***. Звідки Іван отримує посилки?
6. Раніше Мухамед жив ***у Туреччині***. Звідки він приїхав?
7. У суботу мої друзі були ***в клубі***. Звідки вони повернулися?
8. Ці студенти були ***в музеї***. Звідки повертаються ці студенти?
9. Батьки Андрія були ***в санаторії***. Звідки повернулися батьки Андрія?
10. Наша група відпочивала ***на півдні***. Звідки ми приїхали нещодавно?

65 Допишіть речення, використовуючи виділені слова.
강조된 단어를 사용하여 문장을 완성하시오.

Зразок

– Ми були ***в театрі на балеті***.
– Ми пізно прийшли ***з театру*** (***з балету***).

1. Вони були ***в клубі на концерті***. Вони вже прийшли _ .
2. Ми були ***в залі на зборах***. Ми пішли _ .
3. Влітку студенти їздили відпочивати ***в санаторій на південь***. У серпні вони повернулися _ .
4. Наша група ходила ***на екскурсію в музей***. Ми щойно повернулися _ .
5. Мій брат зараз ***на роботі в лікарні***. Зазвичай він приходить _ о 6 годині.
6. Ви довго були вчора ***в клубі на вечірці***? Так, ми пізно повернулися _ .

66 Дайте відповіді на запитання, використовуючи слова в дужках.

괄호 안에 제시된 단어들을 활용하여 질문에 답하시오.

1. Звідки приїхали студенти? (Туніс, Китай, Аргентина, різні країни світу)
2. Звідки приїхали учасники конференції? (Польща, Франція, Сполучені Штати Америки)
3. Звідки повернулися твої брати? (екскурсія, вечірка, концерт)
4. Звідки повернулися ваші батьки? (лікарня, театр, відпустка)

67 Поставте запитання до виділених слів.

강조된 단어에 대한 질문을 만드시오.

1. – ______________________________

   – Ми повертаємося ***з театру***.

2. – ______________________________

   – Вони приїхали ***з України***.

3. – ______________________________

   – Викладач вийшов ***з аудиторії***.

4. – ______________________________

   – Ця дівчина приїхала ***з Єгипту***.

5. – ______________________________

   – Вчора я повернувся ***з відрядження***.

6. – ______________________________

   – Студенти прийшли ***зі зборів***.

68 Дайте відповіді на запитання, використовуючи слова справа.

오른쪽에 제시된 단어를 사용하여 질문에 답하시오.

Зразок

– ***Де*** був Іван вчора?
– ***Куди*** він ходив?
– ***Звідки*** він прийшов?

клуб, вечір

– Вчора Іван був ***у клубі на вечорі***.
– Він ходив ***у клуб на вечір***.
– Він прийшов ***з клубу (з вечора)***.

1. Куди студенти ходили вранці?
   Де вони були?
   Звідки вони ідуть зараз? — медичний інститут, лекція
2. Куди ходила вчора ваша група?
   Де ви були вчора?
   Звідки ви повернулися пізно? — екскурсія, школа
3. Куди студенти їздили минулого року?
   Де вони були?
   Звідки вони приїхали у серпні? — південь, санаторій
4. Куди Ганна та Іван їздили вчора?
   Де вони були вчора?
   Звідки вони приїхали дуже пізно? — сусіднє місто
5. Куди ходив Максим?
   Де він був?
   Звідки він повернеться? — Оперний театр
6. Куди ви ідете?
   Де ви були?
   Звідки ви повертаєтеся? — вечірка
7. Куди ти їздив минулого року?
   Звідки ти приїхав?
   Де ти відпочивав улітку? — маленьке село

8. Куди поїде ваш друг улітку?

Де жив ваш друг раніше?

Звідки приїхали його батьки? Північна Ірландія

– **У кого** ви були вчора?
– Вчора я був **в одного свого товариша**.

69 Дайте відповіді на запитання, використовуючи слова справа.

오른쪽에 제시된 단어를 사용하여 질문에 답하시오.

Зразок

– ***У кого*** ви були вчора? мій старший брат

– Вчора я був ***у свого старшого брата***.

1. У кого ви були в суботу? мій старий друг
2. У кого ви взяли цю книжку? наш викладач
3. У кого ви взяли цей словник? мій товариш
4. У кого був ваш товариш? наш професор
5. У кого вчора була ваша сестра? її подруга
6. У кого ви були у неділю? моя старша сестра

70 Поставте запитання до виділених слів.

강조된 단어에 대한 질문을 만드시오.

Зразок

– Тарас жив ***у Лондоні***. ***Де*** жив Тарас?
– Тарас був ***у друга***. ***У кого*** був Тарас?

1. Сьогодні я був ***у поліклініці***. Сьогодні я був ***у лікаря***.
2. Влітку ми жили ***в селі***. Влітку ми жили ***у батьків***.
3. Наш викладач ***у деканаті*** зараз. Наш викладач ***у декана*** зараз.
4. Я взяв цю книжку ***в бібліотеці***. Я взяв цю книжку ***у друга***.
5. Наші студенти були ***в школі***. Наші студенти були ***у директора школи***.
6. Вчора мій друг працював ***у лабораторії***. Вчора мій друг був ***у професора***.

71 Замініть дієслово *ходити, їздити* на *бути*.

동사 *ходити, їздити* 대신 *бути*를 사용하여 문장을 완성하시오.

Зразок

– Я ходив ***в гуртожиток до друга***.
– Я був ***у гуртожитку в друга***.

1. Учора я ходив у поліклініку до лікаря.
2. У середу ми ходили в гуртожиток до моїх друзів.
3. Студенти ходили в лікарню до хворого друга.
4. Влітку наші студенти їздили додому до своїх батьків.
5. Вчора ми ходили до професора на консультацію.
6. Влітку я їздив у село до старшої сестри.
7. Взимку вона їздила в Київ до своєї матері.
8. Коли я був у Львові, я їздив у Львівський університет до своїх товаришів.

72 Допишіть речення, використовуючи слова справа.

우측의 단어를 사용하여 문장을 완성하시오.

1. Наш будинок розташований недалеко від __ .	центр міста
2. Мій товариш живе недалеко від __ .	наш університет
3. Моє рідне місто розташоване недалеко від __ .	Київ
4. Влітку ми жили недалеко від __ .	море
5. Станція метро є напроти __ .	історичний музей
6. Я живу навпроти __ .	річковий вокзал
7. Мої друзі живуть біля __ .	міський парк
8. Я буду чекати вас біля __ .	ваш будинок

73 Дайте відповіді на запитання.

질문에 답하시오.

1. Скільки кілометрів від Києва до Львова?
2. Скільки кілометрів від Києва до Одеси?
3. Скільки кілометрів від Києва до Сеула?
4. Скільки годин їде поїзд з Києва до Львова?
5. Скільки годин летить літак зі Львова до Одеси?
6. Скільки хвилин ви ідете з гуртожитку до університету?
7. Скільки часу ви їдете від вашого дому до центру міста?
8. Скільки часу ви ідете від вашого дому до зупинки автобуса?

> Вчора він був у бібліотеці **з одинадцятої години вечора до третьої години дня**.

74 Допишіть речення, використовуючи слова справа.

우측의 단어를 사용하여 문장을 완성하시오.

Зразок

– Улітку ми будемо відпочивати __. | липень, вересень

– Улітку ми будемо відпочивати ***з липня до вересня***.

1. Сьогодні з _ до _ я був в університеті.	ранок, вечір
2. Навчальний рік триває з _ до _ .	вересень, липень
3. Кожного дня ми вчимося з _ до _ .	9 год (ранок), 3 год (день)
4. Книгарні працюють з _ до _ .	11 год (ранок), 8 год (вечір)
5. Після уроків, з _ до _, я обідаю і відпочиваю.	3 год, 5 год
6. Кожної неділі з _ до _ ми граємо теніс.	4 год, 6 год

75 Перефразуйте речення антонімічними конструкціями.

다음 문장에 대한 반대의 상황으로 바꾸어 쓰시오.

Зразок

– Студент прийшов ***після дзвінка***.
– Студент прийшов ***до дзвінка***.

1. Цю школу збудували ***після війни***.
2. Ми дивилися телевізор ***після вечері***.
3. Батько читає газети ***після роботи***.
4. Я не бачив його ***після іспиту***.
5. Я повинен випити ліки ***після обіду***.
6. Іван увійшов в аудиторію ***після дзвінка***.

76 Дайте відповіді на запитання і напишіть короткий текст на тему: «*Мій день*».

다음 질문에 대답한 후, '나의 하루'라는 주제로 짧게 작문하시오.

1. Коли ви прокидаєтеся?
2. Що ви робите до сніданку?
3. Коли ви виходите з дому?
4. Як ви їдете до університету?
5. Де ви зазвичай снідаєте?
6. Коли ви приходите в університет?
7. Коли у вас заняття в університеті?
8. Коли закінчуються лекції?
9. Що ви робите після лекцій?
10. Куди ви ідете після лекцій?
11. Що ви робите після обіду?
12. Де ви зазвичай вчитеся?
13. Скільки часу ви пишете домашнє завдання?
14. Що ви робите ввечері?
15. Де ви буваєте ввечері?
16. Коли ви лягаєте спати?

77 Дайте відповіді на запитання і напишіть короткий текст на тему: «*Як я провів канікули*».

다음 질문에 대답한 후, '나는 어떻게 방학을 보냈는가'라는 주제로 짧게 작문하시오.

1. Коли (З котрого до котрого числа) в студентів були зимові канікули?
2. Що зазвичай роблять студенти під час канікул?
3. Де ви провели ваші канікули?
4. Куди ви їздили протягом канікул?
5. Що ви робили тоді?
6. Що ви бачили протягом канікул?
7. Яка була тоді погода?
8. Ви були в театрах під час канікул?
9. У якому театрі ви були?
10. Що ви дивилися в театрі?
11. Ви часто ходили в кінотеатр?
12. Скільки разів ви були в кінотеатрі?
13. Які фільми ви подивилися тоді?
14. Як ви відпочили під час канікул?

78 Дайте відповіді на запитання і напишіть короткий текст на тему: «*Моє рідне місто*».

다음 질문에 대답한 후, '나의 고향'이라는 주제로 짧게 작문하시오.

1. Де ви народилися? (У якій країні, в якому місті?)
2. Це місто велике чи мале, старе чи нове?
3. Які вулиці у вашому рідному місті? Які вулиці в центрі міста і на околиці?
4. У вашому місті є багатоповерхові будинки?
5. У вашому місті багато магазинів, базарів, кафе, ресторанів?
6. Які театри, кінотеатри є у вашому місті?
7. Чи є в цьому місті історичні пам'ятки, якщо так, то які?
8. Ваша сім'я давно живе в цьому місті?
9. Ви давно переїхали з рідного міста?
10. Скільки часу ви не бачили рідного міста?

07 ВПРАВИ НА ПОВТОРЕННЯ ВІДМІНКІВ

반복되는 격에 대한 예제

1 Дайте відповіді на запитання, використовуючи слова справа.

오른쪽에 제시된 단어를 사용하여 질문에 답하시오.

1. Де живе ваша сім'я?	Україна
Звідки ви отримуєте посилки?	
Куди ви поїдете влітку?	
Що ви часто згадуєте?	
2. Кому ви купили цей словник?	товариш
Хто телефонував вам щойно?	
З ким ви граєте у шахи?	
У кого ви позичили книжку?	
3. Чим ви захоплюєтеся?	історія
Що ви зараз вивчаєте?	
Який іспит у вас буде завтра?	
4. З ким радився директор заводу?	менеджери
Хто працював на заводі разом з директором?	
У кого директор взяв документи?	

2 Допишіть речення, використовуючи слова справа.

우측의 단어를 사용하여 문장을 완성하시오.

1. Я повинен купити подарунок __ .	друзі
Я давно не бачив __ .	
У суботу до мене прийдуть __ .	
2. У цьому місті багато __ .	музеї
Я люблю ходити __ .	
Ви були __ цього міста?	
3. У нас в університеті були __ .	туристи з Києва
Ми познайомилися __ .	
Екскурсовод розповів __ історію нашого міста.	

3 Дайте відповіді на запитання, використовуючи слова справа.

오른쪽에 제시된 단어를 사용하여 질문에 답하시오.

1. Де ви берете книжки?	бібліотека
Куди ви ходили сьогодні?	
2. Хто написав це повідомлення?	сестра
Від кого ви отримали це повідомлення?	
3. З ким ви ходите на стадіон?	вчитель
Кого ви бачили на стадіоні?	
4. Чим ви любите займатися?	спорт
Яку книжку ви зараз читаєте?	
5. Кого ви чекаєте?	подруга
Кому ви телефонували?	

6. Ким хоче стати ваш друг? лікар

У кого був сьогодні ваш друг?

4 Доповніть речення, використовуючи відповідні займенники.

적절한 대명사를 이용하여 문장을 완성하시오.

1. Моя сестра вчиться в Америці. __ часто телефонує мені. Нещодавно я отримав від __ велику посилку. Сьогодні я повинен зателефонувати __ .
2. У мене є приятель. __ звати Ігор. __ працює в університеті. Іноді ми ходимо __ в басейн. Я вчу __ плавати.
3. Ця дівчина працює в нашому інституті. Я не знайомий __ . Я не знаю, як __ звати. Я часто зустрічаю __ у бібліотеці. __ також вивчає англійську мову.

5 Поставте слова в дужках у правильній формі.

괄호안에 제시된 단어들을 알맞은 형태로 채워 넣으시오.

1. Я рідко бачу __ (він і вона).
2. Ви давно знаєте __ (вони)?
3. Де ви познайомилися __ (вони)?
4. Ви часто телефонуєте __ (вони)?
5. Передайте, будь ласка, __ (вона) цю книжку.
6. Я прошу __ (ти) принести __ (я) журнал.
7. Покажи, будь ласка, __ (ми) свої фото.
8. Я хочу бачити __ (ви). 9. Можна прийти __ (ви) завтра?
10. Я зателефоную __ (ти) завтра ввечері.
11. Ти підеш __ (я) в кіно?
12. Іван порадив __ (я) купити цей телефон.

6 **Дайте відповіді на запитання, замінивши виділені іменники особовими займенниками.**

강조된 명사 대신 인칭대명사를 사용하여 질문에 답하시오.

1. Ви знаєте ***Ніну***?
2. Ви знаєте ***Івана***?
3. Ви знайомі ***з Борисом***?
4. Ви давно знайомі ***з Ганною***?
5. Ви були вчора ***у своїх друзів***?
6. Ви принесли зошити ***викладачеві***?
7. Ви їздили в суботу ***до батьків***?
8. Ви говорили з батьками ***про брата***?
9. Ви отримали лист ***від батька***?
10. Ви написали повідомлення ***матері***?

7 **Дайте відповіді на запитання, використовуючи слова справа.**

오른쪽에 제시된 단어를 사용하여 질문에 답하시오.

A

1. Кого ви бачили на виставці?
2. З ким ви розмовляли про картини?
3. Хто показав вам свої картини?
4. Кому ви обіцяли показати свої картини?
5. Чиї картини ви бачили на виставці?
6. Про кого писали газети?

один відомий
український художник

B

1. Хто повідомив вам про збори?
2. З ким ви сперечалися?
3. Кого ви бачили на зборах?
4. Кому ви допомогли перекласти оповідання?
5. Чиї лекції вам подобаються?
6. Про кого ви розповідаєте?

наш новий
викладач

8 Допишіть речення, використовуючи слова справа.

우측의 단어를 사용하여 문장을 완성하시오.

A

мій давній шкільний приятель

1. Я хочу розповісти вам __ .
2. Коли я жив у рідному місті, я завжди ходив у кіно __ .
3. У мене в папці лежить лист __ .
4. Нещодавно в Київ приїхав __ .
5. Я зустрів на вокзалі __ .
6. Сьогодні я телефонував __ .

B

її найкраща подруга

1. Ніна купила квитки в кінотеатр для себе і __ .
2. У кінотеатрі ми бачили Ніну і __ .
3. Ніна показала нам фото __ .
4. Вона розповіла нам __ .
5. Вона ходила в кінотеатр __
6. Вона давно не бачила __ .

02 ДІЄСЛОВО
동사

01 ДІЄСЛОВА РУХУ
동작동사

1. Дієслово *іти*. Теперішній час
동사 *іти.* 현재형

Я ***іду***

Ми ***ідемо***

Ти ***ідеш***

Ви ***ідете***

Він, вона ***іде***

Вони ***ідуть***

– Куди **іде** Іван?
– Іван **іде в магазин.**

1 Поставте запитання до виділених слів.

강조된 단어에 대한 질문을 만드시오.

Зразок

– Він іде ***в клас***.
– ***Куди*** він іде?

1. Я іду ***в університет***.
2. Ти ідеш ***в гуртожиток***.
3. Він іде ***в театр***.
4. Вона іде ***в магазин***.
5. Ми ідемо ***в бібліотеку***.
6. Ви ідете ***в поліклініку***.
7. Вони ідуть ***в кіно***.

2 Поставте дієслово *іти* в потрібній формі.

동사 *іти*를 알맞은 형태로 바꾸어 빈칸에 쓰시오.

1. Я _. в лабораторію.
2. Ніна _ в кафе.
3. Його друзі _ в клуб.
4. Студентка _ в аудиторію.
5. Ми _ в бібліотеку.
6. Анна _ в музей.
7. Студенти _ в гуртожиток.
8. Куди ти _?
9. Куди ви _?
10. Куди вони _?

3 Дайте відповіді на запитання.

질문에 답하시오.

Зразок

– ***Куди*** ви ідете? (університет)
– Я іду ***в університет***.

1. Куди він іде зараз? (клуб)
2. Куди вона іде? (бібліотека)
3. Куди вони ідуть? (театр)
4. Куди ви ідете? (лікарня)
5. Куди ти ідеш? (магазин)
6. Куди ідуть діти? (школа)
7. Куди іде викладач? (аудиторія)
8. Куди ідуть студенти? (стадіон)
9. Куди іде інженер? (завод)
10. Куди ідуть люди? (пошта)

4 Дайте відповіді на запитання.

질문에 답하시오.

Зразок

– ***Куди*** вони ідете? (стадіон)
– Вони ідуть ***на стадіон***.

1. Куди вони ідуть? (фабрика)
2. Куди ти ідеш? (вулиця)
3. Куди він іде? (ринок)
4. Куди вона іде? (лікарня)
5. Куди ми ідемо? (вокзал)
6. Куди ідуть діти? (завод)
7. Куди іде викладач? (лабораторія)
8. Куди ідуть студенти? (концерт)

9. Куди ти ідеш? (урок)

10. Куди ідуть люди? (театр)

5 Допишіть діалоги.

아래의 대화를 완성하시오.

– Куди _ Борис та Іван?

– Я не знаю, куди вони _ . Я думаю, вони _ в їдальню.

– Куди _ Марія?

– Вона _ на лекцію.

– А ви також _ на лекцію?

– Так, я також _. туди.

– Куди ви _?

– Я _ в кіно.

– А чому ви _ самі?

– Я _ сам, тому що мої друзі вже бачили цей фільм.

– Ви _ у студентський клуб?

– Ні, ми вже були там. Зараз ми _ в бібліотеку.

2. Дієслово *ходити*. Минулий час

동사 *ходити*. 과거형

я, ти, він ***ходив***

я, ти, вона ***ходила***

ми, ви, вони ***ходили***

Зараз я **іду** в їдальню.
Вранці я **ходив** у кафе.

6 Поставте дієслово *ходити* в минулому часі.

동사 *ходити*를 과거시제로 바꾸어 빈칸에 쓰시오.

1. Вчора мій товариш _ у театр.
2. Вранці студенти _ на лекцію.
3. Позавчора ми _ в музей.
4. Учора я _ на стадіон.
5. Минулого тижня ми _ в цирк.
6. У четвер Микола _ в поліклініку.
7. Вранці Анна _ в бібліотеку.

7 Замініть дієслово *іти* дієсловом *ходити* в минулому часі.

동사 *іти*대신 동사 *ходити*의 과거시제를 사용하여 문장을 완성하시오.

Зразок

– ***Зараз*** ми ***ідемо*** на виставу.
– ***Вчора*** ми ***ходили*** на виставу.

1. Зараз я іду в аудиторію.
2. Зараз ми ідемо на лекцію.
3. Зараз мій друг іде в поліклініку.

4. Зараз студенти ідуть у бібліотеку.

5. Зараз мої друзі ідуть у клуб.

6. Ти ідеш в їдальню?

7. Вони ідуть на пошту?

8. Ви ідете на концерт?

– **Вчора** я **ходив** в театр.
– **Куди** ви ходили вчора?

– **Вчора** я **був** у театрі.
– **Де** ви були вчора?

8 Поставте запитання до виділених слів.

강조된 단어에 대한 질문을 완성하시오.

1. Вчора ми ***були в театрі***. Вчора ми ***ходили в театр***.

2. Анна ***ходила в магазин***. Анна ***була в магазині***.

3. Студенти ***ходили в клуб***. Студенти ***були в клубі***.

4. У суботу Антон ***був на виставці***. У суботу Антон ***ходив на виставку***.

5. Позавчора ми ***були на концерті***.

6. Позавчора ми ***ходили на концерт***.

9 Замініть дієслово *ходити* дієсловом *бути*.

동사 *ходити* 대신 동사 *бути*를 사용하여 문장을 완성하시오.

Зразок

Він ***ходив*** у клуб.
Він ***був*** у клубі.

1. Вчора ми ходили на вечірку.

2. Вчора моя сестра ходила в консерваторію.

3. Мій друг ходив у музей.

4. Вранці вона ходила на пошту.

5. Петро ходив у бібліотеку.

6. У неділю вони ходили в ресторан.

10 Напишіть вправу за зразком.

아래에 제시된 예시와 같이 주어진 문장을 완성하시오.

Зразок

Вчора він ***був*** у театрі.
Вчора він ***ходив*** у театр.

1. Недавно ми були в історичному музеї.
2. У суботу моя подруга була на Площі Ринок.
3. Позавчора мої друзі були в книжковому магазині.
4. У неділю мої батьки були в театрі.
5. Вчора Наталка була в університеті.
6. Сьогодні мій друг був у книгарні.

11 Дайте відповіді на запитання.

질문에 답하시오.

Зразок

Що ви робили вранці? (бібліотека)
Вранці я ***ходив*** у бібліотеку.

1. Що ви робили вчора ввечері? (концерт)
2. Що ви робили в суботу? (басейн)
3. Що Іван робив у неділю? (стадіон)
4. Що Марта робила після уроку? (бібліотека)
5. Що ваші друзі робили в неділю? (ресторан)

12 Дайте відповіді на запитання.

질문에 답하시오.

Зразок

– Де ви були вранці? (бібліотека)
– Вранці я ***був у бібліотеці***. ***або*** Вранці я ***ходив у бібліотеку***.

1. Де він був учора? (клуб)
2. Де була Марія? (їдальня)
3. Де ви були в неділю? (цирк)
4. Де була вранці ваша сестра? (лікарня)
5. Де були ваші друзі в неділю? (консерваторія)

13 Допишіть діалоги, використовуючи дієслово *ходити* в минулому часі.

동사 *ходити*의 과거시제를 사용하여 대화를 완성하시오.

– Куди ви _. в суботу?
– Я _ в клуб на вечірку.
– А ваші друзі також _ на вечірку?
– Ні, вони не _ .

– Ви хочете подивитися новий фільм?
– Ні, я вже бачив його. Я _ дивитися цей фільм вчора.
– А Анна бачила цей фільм?
– Так, вона також _ зі мною.

– Куди ти _ вчора ввечері?
– Я _ в театр. А ти?
– А я _ в гості.

3. Дієслово *піти*. Майбутній час

동사 *nimu*. 미래형

я ***піду***

ти ***підеш***

він, вона ***піде***

ми ***підемо***

ви ***підете***

вони ***підуть***

Зараз я **іду** в університет.
Завтра я **піду** в університет.

14 Поставте дієслово *піти* в майбутньому часі.

동사 *nimu*를 미래시제로 바꾸어 빈칸에 쓰시오.

1. Завтра мій брат _ в цирк.
2. У суботу ми _ на виставку.
3. Завтра мої друзі _ в театр.
4. Сьогодні після обіду я _ в магазин.
5. Післязавтра вони _ в клуб на вечірку.
6. Завтра ми _ на концерт.
7. Увечері батьки _ в кінотеатр.

15 Напишіть вправу за зразком.

아래에 제시된 예시와 같이 주어진 문장을 완성하시오.

Зразок

– Ми ***ідемо*** в кіно.
– Сьогодні ввечері ми ***підемо*** в кіно.

1. Ми ідемо в театр.
2. Студенти ідуть в аудиторію.
3. Борис іде в магазин.
4. Він іде в зоопарк.
5. Ми ідемо в бібліотеку.
6. Я іду в гості.

16 Замініть дієслово *бути* дієсловом *піти*.

동사 *бути* 대신 동사 *піти*를 사용하여 문장을 완성하시오.

Зразок

– Завтра він ***буде*** в університеті.
– Завтра він ***піде*** в університет.

1. Після уроків ці студенти будуть у фізичній лабораторії.
2. У неділю я буду на стадіоні.
3. У суботу він буде в театрі.
4. Завтра ввечері вони будуть на зборах.
5. Післязавтра ми будемо на концерті.
6. Після обіду я буду у своїй кімнаті.
7. Сьогодні ввечері мої друзі будуть в кінотеатрі.
8. У вівторок наша група буде на виставці.

17 Дайте відповіді на запитання.
질문에 답하시오.

Зразок

– Ви ***будете*** ввечері в клубі?
– Так, я ***піду*** в клуб увечері.

1. Ти будеш завтра на зборах?
2. Вони будуть сьогодні на лекції?
3. Наш викладач буде на вечорі?
4. Вона буде післязавтра в театрі?
5. Ці студенти будуть в університеті?
6. Ти будеш на концерті в суботу?
7. Ви будете на репетиції у четвер?
8. Ти будеш в бібліотеці після уроків?

18 Замініть дієслово *бути* дієсловом *піти*.
동사 *бути* 대신 동사 *піти*를 사용하여 문장을 완성하시오.

Зразок

– Завтра я ***буду*** у своєї сестри.
– Завтра я ***піду*** до своєї сестри.

1. Сьогодні ввечері ми будемо у цього інженера.
2. Після обіду я буду у зубного лікаря.
3. Завтра він буде у свого друга.
4. Післязавтра ці студенти будуть у декана.
5. У неділю вона буде у старшого брата.
6. У четвер ви будете у цього письменника.
7. Післязавтра я буду у своєї старшої сестри.
8. Сьогодні ввечері ми будемо у своїх родичів.
9. У неділю вони будуть у своїх друзів.
10. Завтра вони будуть у свого професора.

19 Допишіть діалоги, використовуючи дієслово *піти* в майбутньому часі.

동사 *піти*의 미래시제를 사용하여 대화를 완성하시오.

– Куди _ завтра ваші друзі?

– Вони говорили, що вони _ в театр.

– А ви також _ в театр?

– Ні, я не _, тому що я буду зайнятий.

– Що буде робити Іван у неділю?

– Він говорив, що він _ на стадіон.

– А Віктор і Сергій також _? Чи Іван _ сам?

– Я думаю, що вони також _ на стадіон.

– Коли ви _ в їдальню? Зараз?

– Ні, зараз ми _ на лекцію, а потім – в їдальню.

– Хто хоче _ на екскурсію?

– Ми всі хочемо _ .

20 Напишіть вправу за зразком.

아래에 제시된 예시와 같이 주어진 문장을 완성하시오.

Зразок

Я ***іду*** в університет.
Вранці я ***ходив*** в університет.
Після обіду я ***піду*** в університет.

1. Я іду на роботу.
2. Мої друзі ідуть у зоопарк.
3. Ми ідемо в цирк.
4. Ви ідете в клуб?
5. Ти ідеш у басейн?
6. Ти ідеш у бібліотеку?
7. Наш викладач іде в бібліотеку.
8. Ця студентка іде в поліклініку.
9. Я іду в гуртожиток.
10. Його друг іде в музей.

21 Допишіть діалоги, використовуючи дієслова *іти, ходити, піти*.

іти, ходити, піти 위에 제시한 동작동사를 활용하여 아래의 대화를 완성하시오.

– Куди ви зараз _?
– Я _ в буфет. А куди ви _?
– Ми _ в аудиторію. Там зараз буде лекція.
– Куди ви _ сьогодні ввечері?
– Я думаю, що ми _ в кіно.
– Ганна і Сергій також _ в кіно?
– Ні, вони _ в театр.

– Куди _ зараз цей студент?

– Він _ на стадіон.

– Куди ви _ вчора?

– Вчора ми _ на виставку.

– Куди ти _ завтра?

– Завтра я _ в театр.

22 Допишіть діалоги, використовуючи дієслова *іти, ходити, піти*.

іти, ходити, піти 위에 제시한 동작동사를 활용하여 아래의 대화를 완성하시오.

– Куди ти _?

– Я _ в буфет, я ще не снідав.

– А куди ти _ потім?

– Потім я _ в бібліотеку.

– Де ти був вчора ввечері?

– Вчора я _ в клуб.

– Ти _ сам?

– Ні, я _ з Віктором.

– Завтра неділя. Що ти будеш робити?

– Завтра вранці я _ в басейн. Потім ми з другом _ в ліс.

– А куди ви _ ввечері?

– Я ще не знаю, куди ми _ .

– Куди ти _?

– Я _ на пошту. А ви також _ на пошту?

– Ні, ми вже _ на пошту, зараз ми _ додому.

4. Дієслово *їхати*. Теперішній час

동사 *їхати*. 현재형

Я ***їду***

Ти ***їдеш***

Він, вона ***їде***

Ми ***їдемо***

Ви ***їдете***

Вони ***їдуть***

Куди їде Іван?
Іван їде **в магазин**.

23 Дайте відповіді на запитання.

질문에 답하시오.

Зразок

– ***Куди*** вони їдуть? (бібліотека)
– Вони їдуть ***у бібліотеку.***

1. Куди ви їдете? (робота)
2. Куди студенти їдуть? (університет)
3. Куди їдуть працівники? (завод)
4. Куди діти їдуть? (стадіон)
5. Куди ти їдеш? (додому)
6. Куди вони їдуть? (село)

24 Поставте дієслова в дужках у правильній формі.

괄호안에 제시된 단어들을 알맞은 형태로 채워 넣으시오.

1. Я їду _ (Париж).
2. Ти їдеш _ (Відень)?
3. Цей студент їде _ (Данія).
4. Іван їде _ (Африка).
5. Мої друзі їдуть _ (Київ).
6. Ці студенти їдуть _ (Польща).
7. Ця студентка їде _ (Японія).
8. Ми їдемо _ (Туніс).

25 Напишіть вправу за зразком.

아래에 제시된 예시와 같이 주어진 문장을 완성하시오.

Зразок

– Ти їдеш додому? — вокзал
– Ні, я їду ***на вокзал***.

1. Ви їдете в село?	додому
2. Ти їдеш у гості?	театр
3. Вони їдуть до Києва?	Одеса
4. Ви їдете в університет?	бібліотека
5. Ти їдеш на стадіон?	басейн

26 Допишіть діалоги, використовуючи дієслово *їхати*.

їхати 위에 제시한 동작동사를 활용하여 아래의 대화를 완성하시오.

– Куди ви зараз _?

– Я _ в центр, а мій друг _ в університет.

– Куди ти зараз _?

– Я _ в театр.

– Ваша група _ на екскурсію?

– Так, ми _ на екскурсію.

– Ви _ на концерт?

– Так, ми _ на концерт.

– Куди вони _?

– Вони _ в цирк.

5. Дієслово *їздити*. Минулий час

동사 *їздити* 과거형

я, ти, він ***їздив***

я, ти, вона ***їздила***

ми, ви, вони ***їздили***

Зараз я **їду** на стадіон.
Вчора я **їздив** на стадіон.

27 Поставте дієслово *їздити* в потрібній формі.

동사 *їздити* 를 알맞은 형태로 바꾸어 빈칸에 쓰시오.

1. Влітку мій друг _ в Італію.
2. Минулого року я _ в Київ.
3. Недавно моя сестра _ у Туреччину.
4. У серпні мої батьки _ у Карпати.
5. У неділю вона _ в гості.
6. Вчора ми з братом _ в зоопарк.

28 Дайте відповіді на запитання.

질문에 답하시오.

Зразок

– ***Куди*** ви ***їздили*** вчора? (зоопарк)
– Вчора я ***їздив в зоопарк***.
– ***Чим*** ви ***їздили*** туди? (автобус)
– Я їздив туди ***автобусом.***

1. Куди ви їздили вчора? (стадіон)

   Чим ви їздили туди? (машина)

2. Куди ви їздили вчора? (музей)

   Чим ви їздили туди? (трамвай)

3. Куди ви їздили в неділю? (село)

   Чим ви їздили туди? (велосипед)

4. Куди недавно їздив Олег? (Москва)

   Чим він їздив туди? (поїзд)

5. Куди їздили вчора ці студенти? (театр)

   Чим вони їздили туди? (автобус)

Влітку я **їздив до Києва**.
Куди ви їздили влітку?

Влітку я **був у Києві**.
Де ви були влітку?

29 Поставте запитання до виділених слів.

강조된 단어에 대한 질문을 쓰시오.

1. Влітку наша сім'я ***була в Криму***. Влітку наша сім'я ***їздила в Крим***.
2. У червні я ***був у Києві***. У червні я ***їздив у Київ***.
3. Вчора ми ***їздили на стадіон***. Вчора ми ***були на стадіоні***.
4. Недавно Іван ***їздив у Францію***. Нещодавно Іван ***був у Франції***.
5. Минулого року Анна ***була в Іспанії***. Минулого року Анна ***їздила в Іспанію***.
6. У суботу наша група ***була в школі***. У суботу наша група ***їздила в школу***.

30 Напишіть вправу за зразком.

아래에 제시된 예시와 같이 주어진 문장을 완성하시오.

Зразок

– Влітку я ***їздив*** у Київ.
– Влітку я ***був*** у Києві.

1. Сьогодні вранці я їздив у лікарню.
2. Вчора мої друзі їздили в ліс.
3. У неділю ми їздили на стадіон.
4. Минулого року мій брат їздив в Індію.
5. Влітку Петро і Марта їздили в Китай.
6. У липні моя сестра їздила в Польщу.

31 Напишіть вправу за зразком.

아래에 제시된 예시와 같이 주어진 문장을 완성하시오.

Зразок

Влітку я ***був*** у Норвегії.
Влітку я ***їздив*** у Норвегію.

1. Влітку я був у Франції.
2. Минулого року я був у Росії.
3. Цього року вона була в Києві.
4. Минулого місяця мій друг був в Італії.
5. Недавно вони були в Парижі.
6. Влітку вона була на батьківщині.
7. У березні ми були в Болгарії.
8. У червні наші студенти були у Львові.

32 Дайте відповіді на запитання.

질문에 답하시오.

Зразок

– **Де** ти був влітку? (село)
– Влітку я був ***у селі***.

1. Де були ваші батьки влітку? (Крим)
2. Де була ваша сестра у листопаді? (Єгипет)
3. Де ви були влітку? (Одеса)
4. Де була ваша сім'я в суботу? (концерт)
5. Де ви були у неділю? (екскурсія)
6. Де ти був у понеділок? (стадіон)

33 Допишіть діалоги, використовуючи дієслова *їхати* або *їздити*.

їхати – їздити 위에 제시한 동작동사를 활용하여 아래의 대화를 완성하시오.

– Куди ви _ зараз?
– Ми _ додому.
– Ви були на концерті?
– Так, ми _ на концерт.

– Куди Андрій _ зараз?
– Він _ в магазин. Він _ туди вчора, але магазин був закритий.

– Куди _ зараз туристи?
– Вони _ в Київ.
– Вони були в інших містах?
– Так, вони вже _ в Одесу.

6. Дієслово *поїхати*. Майбутній час

동사 *поїхати*. 미래형

я ***поїду***

ти ***поїдеш***

він, вона ***поїде***

ми ***поїдемо***

ви ***поїдете***

вони ***поїдуть***

Зараз я **їду** в театр.
Завтра я **поїду** в театр.

34 Поставте дієслово *поїхати* в потрібній формі.

동사 *поїхати*를 알맞은 형태로 바꾸어 빈칸에 쓰시오.

1. Влітку студенти _. на батьківщину.
2. У червні мій батько _ в Крим.
3. Скоро мій друг _ у Китай.
4. У вересні вони _ в Київ.
5. Завтра ми _. на екскурсію.
6. У неділю ви _ в село?
7. Завтра ти _ на стадіон?

35 Замініть дієслово *бути* дієсловом *поїхати*.

동사 *бути* 대신 동사*поїхати*를 사용하여 문장을 완성하시오.

Зразок

– Улітку я ***буду*** на батьківщині.
– Влітку я ***поїду*** на батьківщину.

1. У липні я буду у Львові.
2. Улітку Іван буде у Варшаві.
3. У серпні мій друг буде в Шотландії.
4. На зимових канікулах ми будемо в Австрії.
5. У вересні ці студенти будуть в Україні.
6. Після іспитів моя сестра буде в Парижі.

36 Допишіть діалоги, використовуючи дієслова *їхати, їздити* або *поїхати*.

їхати, їздити, поїхати 위에 제시한 동작동사를 활용하여 아래의 대화를 완성하시오.

– Куди ви зараз _?
– Ми _ на екскурсію в музей. А ви вже були в музеї?
– Так, ми _ туди у неділю.

– Куди Іван _ минулого року?
– Минулого року він _ у Варшаву.
– А ви _ в Варшаву?
– Ні, я ще не _ . Я _. туди наступного року.

– Куди ви зараз _?
– Я _ в поліклініку, а потім я _ в аптеку. А куди ти _?
– Я _ в книжковий магазин.

– У суботу у нас буде екскурсія в музей. Хто хоче _ на екскурсію?
– Ми не _ на екскурсію, тому що ми вже були в цьому музеї.

7. Дієслова *іти – ходити*

동사 *іти – ходити*

1. *Зараз* мій брат **іде** в школу.	1. *Кожного дня* мій брат **ходить** в школу.
2. *Зараз* студенти **ідуть** у бібліотеку.	2. Студенти *часто* **ходять** у бібліотеку.
3. *Зараз* ми **ідемо** в театр.	3. *Іноді* ми **ходимо** в театр.
4. Ви **ідете** в читальний зал?	4. Ви *завжди* **ходите** в читальний зал?
5. Я **іду** швидко.	5. *Зазвичай* я **ходжу** швидко.
6. Вона **іде** в університет пішки.	6. *Зазвичай* вона **ходить** в університет пішки. Ганна *любить* **ходити** пішки.

Ходити
Я ***ходжу*** Ми ***ходимо*** Ти ***ходиш*** Ви ***ходите*** Він, вона ***ходить***

37 Дайте відповіді на запитання.

질문에 답하시오.

1. Куди ви ходите вранці?
2. Куди ви ходите вдень?
3. Куди ви і ваші друзі ходять у суботу?
4. Куди вони ходять у неділю?
5. Куди ви ходите в неділю?

38 Напишіть вправу за зразком.

아래에 제시된 예시와 같이 주어진 문장을 완성하시오.

Зразок

– Він часто ***буває*** в нашому клубі.
– Він часто ***ходить*** у наш клуб.

1. Я часто буваю на стадіоні.
2. Кожної суботи моя сестра буває в консерваторії.
3. Кожної середи і п'ятниці вони бувають у басейні.
4. У неділю ми буваємо у театрі.
5. Я часто буваю в бібліотеці.

39 Поставте дієслова *іти* чи *ходити* у теперішньому часі в потрібній формі.

동사 *іти*나 *ходити*를 알맞은 형태의 현재시제로 바꾸어 빈칸에 쓰시오.

– Привіт, Ніно!
– Привіт, Володю!
– Куди ти _ ?
– Я _ в їдальню.

– Привіт, Іване!
– Привіт, Андрію!
– Куди ти _ ?
– Я _ в басейн.
– Ти часто _ туди?
– Я _ в басейн кожного дня.

– Максиме, куди ти _ ?
– Я _ в бібліотеку.
– Ти часто _ в бібліотеку?
– Зазвичай я _ в бібліотеку один раз на тиждень.

– Привіт, Ганно!

– Привіт, Ніно!

– Куди ти _ ?

– Я _ в лабораторію.

– Ти завжди _ в лабораторію в цей час?

– Ні, іноді я _ туди ввечері. А куди ти _ зараз?

– Я _ в гуртожиток.

40 Поставте дієслова *іти* чи *ходити* у теперішньому часі в потрібній формі.
동사 *іти*나 *ходити*를 알맞은 형태의 현재시제로 바꾸어 빈칸에 쓰시오.

– Куди _ ці студенти?

– Вони _ в парк.

– Вони часто _ в парк?

– Так, вони завжди _ в парк, коли гарна погода.

– Куди ти _ вчора?

– Вчора я _ у клуб.

– Ти часто _ туди?

– Так, я часто _ в клуб.

– Зараз ти також _ в клуб?

– Ні, зараз я _ в кіно.

– Доброго дня!

– Доброго дня!

– Куди ви _ ?

– Ми _ в їдальню.

– Ви завжди _ в їдальню разом?

– Так, ми часто _ в їдальню разом.

– Добрий вечір!

– Добрий вечір!

– Куди ви _ ?

– Я _ в клуб.

– Ви часто _ в клуб?

– Зазвичай я _ в клуб кожної суботи.

1. Вчора я **ходив** у кіно.	1. ***Коли*** я **ішов** у кіно, я зустрів друга.
2. У неділю студенти **ходили** в музей.	2. ***Коли*** вони **йшли** в музей, вони говорили про літературу.
3. Позавчора Іван **ходив** у поліклініку.	3. ***Коли*** він **ішов** у поліклініку, він зустрів товариша.
4. У неділю Іван та Ганна **ходили** в театр.	4. ***Коли*** вони **йшли** з театру, вони говорили про виставу.

я, ти, він ***ішов***

я, ти, вона ***ішла***

ми, ви, вони ***ішли***

41 Поставте дієслова *іти* чи *ходити* у минулому часі.

동사 *іти*나 *ходити*를 과거시제로 바꾸어 빈칸에 쓰시오.

1. Учора він _ в аптеку. Коли він _ в аптеку, на вулиці падав дощ.
2. Вчора ввечері ми _ в клуб. Коли ми _ в клуб, ми зустріли друзів.
3. У суботу ми _ в кіно. Коли ми _ в кінотеатр, наш товариш розповів нам про фільм.
4. Сьогодні вранці я _ в кіоск. Коли я _ туди, я знайшов гаманець.

42 Поставте дієслова *іти* чи *ходити* у минулому часі.

동사 *іти*나 *ходити*를 과거시제로 바꾸어 빈칸에 쓰시오.

1. Вчора ми _ в парк.
2. Коли ми _ в парк, була гарна погода.
3. Коли студенти _ в їдальню, вони розмовляли.
4. Сьогодні вранці я не _ в їдальню, а в кафе.
5. У понеділок Іван _ у поліклініку.
6. Коли я _ в поліклініку, я зустрів Івана.
7. Вчора, коли ми _ додому, було вже пізно.
8. – Де ви були вчора? – Ми _ в театр.

8. Дієслова *їхати – їздити*

동사 *їхати – їздити*

1. ***Зараз*** я **їду** в університет. 2. ***Зараз*** студенти **їдуть** на екскурсію. 3. ***Зараз*** Ганна **їде** на південь. 4. Зараз ми **їдемо** в село.	1. ***Кожного дня*** я **їжджу** в університет. 2. Студенти ***часто*** **їздять** на екскурсію. 3. ***Кожного літа*** Ганна **їздить** на південь. 4. Влітку ***зазвичай*** ми **їздимо** в село. 5. Він ***любить*** **їздити** на мотоциклі. 6. Вона ***вміє*** **їздити** на велосипеді.

їздити
Я ***їжджу*** Ти ***їздиш*** Він, вона ***їздить*** Ми ***їздимо*** Ви ***їздите*** Вони ***їздять***

43 Дайте відповіді на запитання.

질문에 답하시오.

1. Куди ви їздите кожного дня?
2. Куди ваш брат їздить кожного ранку?
3. Куди ваша сім'я їздить кожної суботи?
4. Куди ви їздите влітку?
5. Куди студенти їздять кожного року?

44 Поставте дієслова *їхати* чи *їздити* в потрібній формі.

동사 *їхати*나 *їздити*를 알맞은형태로바꾸어 빈칸에 쓰시오.

– Привіт, Іване!

– Привіт, Борисе!

– Куди ти _ ?
– Я _ на стадіон.
– Ти часто _ на стадіон?
– Я _ на стадіон кожного дня.

– Куди ви _ зараз?
– Ми _ на виставку. А ви були на виставці?
– Так, ми _ на виставку минулої неділі.

– Максиме, де ти був сьогодні вранці?
– Я _ в центр, у книжковий магазин.
– Чому ти туди _ ?
– Я хотів купити словник.

– Привіт, Вікторе!
– Привіт, Максиме!
– Куди ти _ вчора ввечері?
– Учора ввечері я _ у басейн.
– А куди ти _ зараз?
– Зараз я _ в кіно.

1. Вчора я **ходив** у кіно.	1. ***Коли*** я **ішов** у кіно, я зустрів друга.
2. У неділю студенти **ходили** в музей.	2. ***Коли*** вони **йшли** в музей, вони говорили про літературу.
3. Позавчора Іван **ходив** у поліклініку.	3. ***Коли*** він **ішов** у поліклініку, він зустрів товариша.
4. У неділю Іван та Ганна **ходили** в театр.	4. ***Коли*** вони **йшли** з театру, вони говорили про виставу.

я, ти, він ***їхав***

я, ти, вона ***їхала***

ми, ви, вони ***їхали***

45 Поставте дієслова *їхати* або *їздити* в минулому часі.
동사 *їхати*나 *їздити*를 과거시제로 바꾸어 빈칸에 쓰시오.

1. Вчора вона _ до подруги.
2. Коли вона _ до подруги, вона читала книжку.
3. Коли ми _ на екскурсію, ми співали в поїзді пісні.
4. Минулого місяця студенти _ на екскурсію.
5. Влітку моя сестра _ в Криму.
6. Коли моя сестра _ в Криму, в поїзді вона познайомилася з туристами з Франції.
7. Коли він _ на роботу, він загубив телефон.
8. Минулого року він _ у Київ.

46 Поставте дієслова *їхати* або *їздити* в минулому часі.
동사 *їхати*나 *їздити*를 과거시제로 바꾸어 빈칸에 쓰시오.

Зразок

– Вчора ми ***їздили*** в парк.
– Туди ми ***їхали*** автобусом, а назад ***їхали*** на метро.

1. Позавчора ми _. в гості. Туди ми _. на метро, а назад _ на таксі.
2. Вчора ми _. в театр. Туди ми _. на таксі, а назад _ автобусом.
3. У неділю вони _ на виставу. Туди вони _ автобусом, а назад _ трамваєм.
4. Минулого тижня ми _ в село. Спочатку ми _ поїздом, а потім _ автобусом.
5. Влітку мої друзі _ в Крим. Спочатку вони _ поїздом, а потім _ машиною.

47 Поставте дієслова *ходити* або *їздити* в теперішньому часі.
동사 *ходити*나 *їздити*를 현재시제로 바꾸어 빈칸에 쓰시오.

1. Я живу недалеко від університету. Кожного дня я _ в університет пішки.
2. Він живе далеко від фірми. Кожного дня він _ на фірму на автобусі і на метро.
3. Аптека розташована далеко, тому ми _ в аптеку трамваєм.
4. Магазин розташований дуже близько. Ми _ туди пішки.

5. Моя подруга живе далеко, тому я __ до неї тролейбусом.

6. Мій друг живе недалеко, тому я __ до нього пішки.

48 Замініть дієслово *бути* дієсловом *ходити* або *їздити*.

동사 *бути* 대신 동사*ходити*나 *їздити*를 사용하여 문장을 완성하시오.

Зразок

– Минулого року я ***був*** на півдні.
– Минулого року я ***їздив*** на південь.
– Учора я ***був*** у бібліотеці.
– Учора я ***ходив*** у бібліотеку.

1. Улітку цей студент був на морі.
2. Після уроків цей студент був у їдальні.
3. Минулого місяця мій друг був у Києві.
4. Минулого тижня я була в поліклініці.
5. Влітку вона була в санаторії.
6. Уранці вона була в книжковому магазині.
7. У серпні наша сім'я була в селі.
8. Учора я була в лабораторії.
9. У липні студенти були в Україні.
10. Минулого року моя сестра була в Америці.

49 Поставте дієслова *іти – ходити, їхати – їздити* в потрібній формі.

동사 *іти – ходити, їхати – їздити*를 알맞은 형태로 바꾸어 빈칸에 쓰시오.

1. Вчора мій друг __ у театр. Коли він __ у театр, він зустрів у метро старого знайомого.
2. Кожного дня я __ на роботу тролейбусом або трамваєм. Зазвичай я __ пішки.
3. Він любить __ мотоциклом. Зазвичай він __ мотоциклом дуже швидко. Вчора він у гості до своїх батьків. Коли він __. туди, падав дощ.

4. Моя мама живе далеко від мене. Кожної неділі я _ до неї. Минулої неділі я також до неї.
5. Ми часто буваємо в басейні. Зазвичай ми _ туди пішки, іноді ми _ туди автобусом. Вчора ми _ в басейн. Коли ми _ в басейн, ми зустріли в автобусі наших друзів. А ви часто _ в басейн?
6. Він живе недалеко від університету і _ в університет пішки. Сьогодні вранці, коли він _ вулицею, він зустрів друга.

50 Поставте дієслова *піти* чи *поїхати* у майбутньому часі в потрібній формі.

동사 *піти* 나 *поїхати*를 알맞은 형태의 미래시제로 바꾸어 빈칸에 쓰시오.

1. Після уроків ми _ в їдальню.
2. Влітку мій друг _ на батьківщину.
3. У неділю Іван і Марта _ в село.
4. Наступного місяця вона _ відпочивати в Крим.
5. Я _ в театр на таксі.
6. Після обіду мій друг _ в бібліотеку.
7. Магазин розташований близько від гуртожитку, тому я _ туди пішки.
8. Студенти _ на екскурсію на автобусі.

51 Напишіть вправу за зразком.

아래에 제시된 예시와 같이 주어진 문장을 완성하시오.

Зразок

Кінотеатр розташований далеко, тому _
Кінотеатр розташований далеко, тому ми ***поїдемо*** туди автобусом.

Базар розташований недалеко, тому _
Базар розташований недалеко, тому ми ***підемо*** туди пішки.

1. Мій брат живе далеко, тому _

2. Цей магазин розташований далеко, тому _

3. Бібліотека розташована поруч, тому _

4. Парк розташований недалеко від нашого гуртожитку, тому _

5. Пошта розташована в сусідньому будинку, тому _

6. Музей розташований у центрі міста, тому _

52 Допишіть діалоги, використовуючи дієслова *їхати, їздити, поїхати, іти, ходити, піти.*

위에 제시한 동작동사를 활용하여 아래의 대화를 완성하시오.

– Минулої неділі я _ велосипедом до свого брата. Цієї неділі я знову _ до нього.

– Кожного літа цей студент відпочиває на морі. Минулого року він _ туди в липні, а цього року він _ на море у вересні.

– Куди ти _?

– Я _ в поліклініку, до стоматолога.

– А я _ до нього вчора.

– Куди ти _ влітку?

– Влітку я _ в Італію. А ти?

– Я _ в Італію минулого року. Цього року я _ у Францію.

– Ти _ у Францію перший раз?

– Ні, я _ туди два роки тому.

– Куди ти _ зараз?

– Я _ в бібліотеку, потім я _ додому. Підемо разом!

– Ні, дякую, я вже _ у бібліотеку.

9. Інші дієслова руху

기타 동작동사

1. Діти **біжать** додому.	1. Діти **бігають** по саду.
2. Птахи **летять** на південь.	2. Птахи **літають** над горою.
3. Човен **пливе** до берега.	3. Човен **плаває** по озері.
4. Подивись, як швидко **пливуть** ці спортсмени.	4. Ці спортсмени **плавають** швидко.
5. Подивися, як красиво **біжать** ці спортсмени.	5. Цей спортсмен красиво **бігає**.
6. Цей літак **летить** високо над морем.	6. Ці літаки **літають** високо.
7. Я **несу** книжки в бібліотеку.	7. Студенти **носять** книжки і зошити в сумці.
8. Автобус **везе** дітей на екскурсію.	8. Кожного дня водій **возить** продукти в магазин.

53 Допишіть речення, використовуючи дієслова справа у правильній формі.

알맞은 형태의 동사를 사용하여 문장을 완성하시오.

1. Мій брат часто _ в Київ. Минулої неділі він _ у Київ. — летіти – літати

   Коли він _ туди, була погана погода.

   Мій брат любить _ літаком, а я не люблю _ літаком.

2. – Куди _ цей студент? — бігти – бігати

   – Я думаю, що він _ на автобусну зупинку.

   – Куди ти _ ?

   – Я _ на урок.

   – Куди ти _, коли я зустрів тебе?

   – Не пам'ятаю, мабуть, я _ на лекцію.

   Він добрий спортсмен. Він швидко _ . Подивіться, як він добре _ зараз.

3. Подивіться, який великий пароплав _ там.

   Мій старший брат – капітан. Він _ на цьому пароплаві. — пливти – плавати

54 Прочитайте речення і запам'ятайте значення слів *нести – носити, везти – возити*.

문장을 읽고 *нести – носити, везти – возити*의 의미를 기억하시오.

1. Студент **іде** по коридорі. У руках у нього маркер.	1. Студент іде по коридорі та **несе** маркер.
2. Я **іду** в бібліотеку. У руках у мене книжки.	2. Я іду в бібліотеку і **несу** туди книжки.
3. Студенти **ходять** на заняття з книжками і зошитами.	3. Студенти **носять** на заняття книжки і зошити.
4. В автобусі сидить жінка. У руках у неї сумка з продуктами.	4. В автобусі **їде** жінка і **везе** сумку з продуктами.
5. По вулиці **їде** автобус. В автобусі сидять діти.	5. По вулиці **їде** автобус і **везе** дітей.
6. Ці автобуси **їдуть** в аеропорт. В автобусах пасажири.	6. Ці автобуси **возять** пасажирів в аеропорт.

55 Поставте дієслова *нести – носити, везти – возити* у правильній формі.

동사 *нести – носити, везти – возити*를 알맞은 형태로 바꾸어 빈칸에 쓰시오.

1. Ось іде листоноша. Він __ нам газети і журнали. Кожного ранку листоноша газети і журнали.
2. Мій друг іде на урок. Він __ підручники і зошити. Кожного дня студенти __ на урок цей підручник.
3. Цей автобус їде в аеропорт. Він __ пасажирів. Кожного дня цей автобус пасажирів в аеропорт.
4. Ця машина їде в магазин. Вона __ хліб. Біля магазину стоїть велика машина, яка меблі.
5. Біля університету стоїть автобус, який __ студентів на екскурсію.

56 Поставте дієслова *нести – носити, везти – возити* у правильній формі.

동사 *нести – носити, везти – возити*를 알맞은 형태로 바꾸어 빈칸에 쓰시오.

– Куди ти ідеш?

– Я іду до товариша.

– Що ти _ ?

– Я _ йому книжку, яку я брав у нього.

– Куди ви їдете?

– Я їду до друга.

– Що ви _ ?

– Я _ CD, які він просив у мене.

– Звідки іде ця студентка?

– Вона іде з бібліотеки.

– Що вона _ ?

– Вона _ нові книги.

– Звідки ти їдеш?

– Я їду з магазину.

– Що ти _ ?

– Я _ телефон, який я купив там.

57 Напишіть вправу за зразком.

아래에 제시된 예시와 같이 주어진 문장을 완성하시오.

Зразок

Викладач іде в клас. У руках у нього наші зошити.
Викладач ***несе*** (в клас) наші зошити.

1. Я іду в бібліотеку. В руках у мене книжки.
2. Студент іде в клас. У нього в руках словник.
3. Жінка іде з магазину. У неї в руках фрукти.
4. Ось іде дівчина. У руках у неї квіти.
5. Пасажир іде до таксі. У нього в руках важка валіза.
6. Ось їде автобус. У цьому автобусі студенти їдуть на екскурсію.
7. У трамваї біля вікна сидить чоловік. У нього на руках син.
8. Жінка іде в лікарню. На руках у неї хвора дівчина.

я, ти, він	***ніс***	***віз***
я, ти, вона	***несла***	***везла***
ми, ви, вони	***несли***	***везли***

58 Поставте дієслово *нести* або *везти* у минулому часі.

동사 *нести*나 *везти* 를 과거시제로 바꾸어 빈칸에 쓰시오.

1. Учитель ішов по коридорі і _ наші зошити.
2. Цей чоловік їхав автобусом та _ валізу.
3. Дівчина йшла по вулиці та _ квіти.
4. Він їхав додому з півдня і _ з собою фрукти.
5. Студентка йшла по коридору і _ в руках книжки.
6. Юнак ішов по вулиці та _ портфель.

59 **Поставте дієслова *нести – носити, везти – возити* у минулому часі.**

동사 *нести – носити, везти – возити*를 과거시제로 바꾸어 빈칸에 쓰시오.

1. Сьогодні вранці я зустрів друга. Він ішов з бібліотеки і __ книжки. Він сказав мені, що він __ ці книжки в бібліотеку, але бібліотека була закрита.
2. Учора я __ свій годинник у майстерню. Коли я __ годинник у майстерню, я подумав, що мені треба купити новий годинник
3. Мій товариш завжди __ всі підручники в університет. Вчора, коли він ішов в університет і __ підручники, він загубив одну книжку.
4. У мого брата болить нога. Вранці я __ його в поліклініку. Туди я __ його автобусом, а назад на таксі.
5. Мій друг працював водієм автобуса. Він __ пасажирів із центру міста на вокзал. Одного разу, коли він __ пасажирів на вокзал, автобус поламався і пасажири запізнилися на поїзд.

10. Дієслова руху з префіксами

접두사를 가진 동작동사

1) Префікс *по- (п-)*

접두사 ***по- (п-)***

Дієслова руху з префіксом *по- (п-)* у минулому часі означають початок дії.

1. Вони **ходили** в кіно. (Вони були в кіно, подивилися фільм і повернулися додому.)	1. Вони **пішли** в кіно. (Вони пішли в кіно, але невідомо, були вони там чи ні. Можливо, вони пішли в кіно, але запізнилися на сеанс і вирішили повернутися додому.)
2. Ми **ходили** в парк. (Ми були в парку і гуляли там.)	2. Ми **пішли** в парк. (Невідомо, були ми в парку чи ні. Наприклад, ми пішли в парк, але зустріли друзів і поїхали до них додому. А, можливо, і були в парку.)
3. Я **ходив** у їдальню.	3. Я **пішов** у їдальню.
4. Наш викладач **ходив** у бібліотеку.	4. Наш викладач **пішов** у бібліотеку.
5. Він **їздив** у книжковий магазин.	5. Він **поїхав** у книжковий магазин.

60 Прочитайте речення і зверніть увагу на використання дієслів руху з префіксом *по- (п-)*.

접두사 *по- (п-)*가 들어간 동사의 쓰임에 유의하여 문장을 읽으시오.

1. Вранці ми ***поснідали*** і ***пішли*** на заняття.
2. Я ***закінчив писати*** домашнє завдання і ***пішов гуляти***.
3. Я ***захворів*** і ***пішов*** до лікаря.
4. Ми ***захотіли їсти*** і ***пішли*** в їдальню.
5. Він ***сів*** у машину і ***поїхав*** у центр міста.
6. Студенти ***склали іспити*** і ***поїхали відпочивати***.
7. Я ***вирішив купити*** новий телефон і ***поїхав*** у магазин.
8. Я ***дізнався***, що мій друг захворів і ***поїхав*** до нього.

61 Поставте в речення дієслова *поїхати, піти* в минулому часі.

동사 *поїхати, піти*를 과거시제로 바꾸어 빈칸에 쓰시오.

1. Я захотів їсти і _ в ресторан.
2. Ми вирішили подивитися балет «Лебедине озеро» і _ в оперний театр.
3. Учора ми вирішили подивитися новий фільм і _ в кінотеатр.
4. Він сів у таксі і _ на вокзал.
5. Вона взяла рецепт у лікаря і _ в аптеку.
6. Я купив подарунок і _ на день народження до мого товариша.

62 Поставте в речення дієслова *поїхати, піти* в правильній формі.

동사 *поїхати, піти*를 알맞은 형태로 바꾸어 빈칸에 쓰시오.

1. У суботу наша група їздила на екскурсію в школу. Спочатку ми були на уроці в першому класі. Потім ми _ у фізичний кабінет, де мав заняття десятий клас. Після уроку ми _ дивитися спортивний зал. Ми оглянули школу і _ в університет. Наш викладач сказав нам, що після екскурсії буде заняття. Ми _ в їдальню, пообідали і потім _ в аудиторію.
2. Вчора була неділя. Вранці я _ до товариша. Після сніданку я і мій товариш гуляти. Спочатку ми _ в центр міста. Потім ми _ в магазин, де він купив словник.
3. – Що ми будемо тепер робити? – запитав товариш.
   – Я хочу подивитися новий фільм, – відповів я.
   І ми _ в кінотеатр. Після кіно ми _ додому.

63 Поставте в речення дієслова *поїхати, піти* у правильній формі.

동사 *поїхати, піти*를 알맞은 형태로 바꾸어 빈칸에 쓰시오.

– Володимир удома?

– Ні, він _ .

– Він давно _ ?

– Так, він _ годину тому.

– Де Максим?

– Він _ .

– Де твоя сестра?

– Вона _ .

– А ти не знаєш, куди вона _ ?

– Не знаю.

– Ваш брат у Києві?

– Ні, він у Львові.

– Він давно _ ?

– Він _ місяць тому.

– Ганна вдома?

– Ні, вона _ півгодини тому.

64 Поставте в речення дієслова *поїхати, піти* у правильній формі.

동사 *поїхати, піти*를 알맞은 형태로 바꾸어 빈칸에 쓰시오.

1. Минулого тижня мій друг _ в Рим.
2. Після занять студенти _ з університету.
3. Ми _ звідси через 10 хвилин.
4. Вони _ в село тиждень тому.
5. Після іспитів студенти _ на відпочинок.
6. Вона _ в їдальню годину тому.
7. Учора він _ з бібліотеки пізно.
8. Моя сестра _ з України вчора.

65 Напишіть вправу за зразком.

아래에 제시된 예시와 같이 주어진 문장을 완성하시오.

Зразок

Він був ***в університеті***. Зараз його немає в університеті.
Він ***пішов з університету***.

1. Мої друзі були ***в аудиторії***. Зараз їх немає в аудиторії.
2. Моя подруга була ***на вечірці***. Зараз її немає на вечірці.
3. Зараз мій друг ***в лабораторії***. Через годину його не буде в лабораторії.
4. Зараз мій приятель ***в університеті***. Через півгодини його не буде в університеті.
5. Зараз я ***в бібліотеці***. Через двадцять хвилин мене не буде в бібліотеці.
6. Раніше Віктор жив ***у Львові***. Зараз він живе в іншому місті.
7. Зараз моя сестра ***в Америці***. Через місяць її не буде в Америці.
8. Зараз ***в Україні*** перебуває делегація з Кореї. Через два тижні члени делегації будуть у Кореї.

66 Поставте в речення дієслова *іти –піти, їхати – поїхати* у правильній формі.

동사 *іти –піти, їхати – поїхати*를 알맞은 형태로 바꾸어 빈칸에 쓰시오.

1. Зазвичай вона _ з роботи о 5 годині. Сьогодні вона _ з роботи о 6 годині.
2. Кожного дня він __ в університет о 8 годині. Сьогодні він __ в університет дуже пізно.
3. Зазвичай я _ з лабораторії о 6 годині вечора. Сьогодні я _ звідти о 7 годині.
4. Кожного року вони __ на практику в липні. Цього року вони __ на практику у травні.
5. Кожної суботи ця сім'я _ за місто. Вчора вони _ за місто.
6. Кожного літа він _ за кордон. Він _ за кордон минулого тижня.

2) Префікс *при-*

접두사 ***при-***

Дієслова руху з префіксом *при-* у минулому часі означають кінець дії.

67 Дайте відповіді на запитання, використовуючи слова *прийти* або *приїхати*.

прийти 나 *приїхати*를 사용하여 질문에 답하시오.

A *приїхати*

1. Коли Іван ***приїхав*** з Києва? (вересень)
2. Коли Ганна ***приїхала*** до Львова? (минулий рік)
3. Коли ваш друг ***приїде*** до вас? (субота)
4. Коли з Відня ***приїде*** ваша сестра? (липень)
5. Коли Максим ***приїхав*** з Києва до Сеула? (серпень)

B *прийти*

1. Коли ви ***прийдете*** в університет? (9 година ранку)
2. Коли він ***прийде*** сюди? (через година)
3. Коли ***прийдуть*** ці студенти на консультацію? (2 година)
4. Коли ви ***прийдете*** в гуртожиток? (пізно вечір)

68 Поставте запитання до виділених слів.

표시된 단어에 대한 질문을 만드시오.

Зразок

– Цей студент приїхав ***з Японії***.
– ***Звідки*** приїхав цей студент?

A ***приїхати***

1. Мій приятель приїхав ***з Варшави***.
2. Ці студенти приїхали ***з Англії***.
3. Ця дівчина приїхала ***з Африки***.
4. У вересні мої батьки приїдуть ***з Рима***.

B ***прийти***

1. Студенти прийшли ***з гуртожитку***.
2. Викладач прийшов ***з бібліотеки***.
3. Ми прийдемо ***з театру*** пізно.
4. Сьогодні ми прийдемо ***з клубу*** о 10 годині.

69 Поставте в речення дієслова *приїхати, прийти* у правильній формі.

동사 *приїхати, прийти*를 알맞은 형태로 바꾸어 빈칸에 쓰시오.

1. Сьогодні Іван _ в університет об 11 годині.
2. Невдовзі до мене _ мій друг.
3. Цей студент _ до Львова минулого року.
4. Сьогодні Петро _ в університет раніше за всіх.
5. Мій брат _ з Туреччини минулого тижня.
6. Мій батько _ сюди наступного місяця.
7. Вчора я _ в аудиторію рівно о 9 годині.
8. Ми _ сюди 5 хвилин тому.

70 Поставте в речення дієслова *приходити – прийти, приїжджати – приїхати* у правильній формі.

동사 *приходити – прийти, приїжджати – приїхати*를 알맞은 형태로 바꾸어 빈칸에 쓰시오.

1. Зазвичай я _ додому о 3 годині. Сьогодні у мене будуть збори, тому я _ додому о 5 годині.
2. Кожного дня батько _ з роботи о 4 годині. Він сказав, що сьогодні він _ пізніше.
3. Цей студент завжди _ на лекції. Сьогодні він не _, тому що він захворів.
4. Зазвичай Ганна _ на заняття о 8 годині. Сьогодні вона _ дуже рано.
5. Кожного літа мій брат _ з Англії в Україну. Цього року він не _ в Україну.
6. Зазвичай мій друг _ з півдня у серпні. Цього року він _ у липні.

71 Напишіть вправу за зразком, використовуючи слова *приїхати, прийти*.

*приїхати, прийти*를 사용하여 예시와 같이 문장을 완성하시오.

Зразок

Він був в Америці. Зараз він у Києві.
Він приїхав у Київ з Америки.

1. Ганна була ***в бібліотеці***. Зараз вона ***в класі***.
2. Я була ***вдома***. Зараз я ***в університеті***.
3. Ми були ***в Польщі***. Зараз ми ***у Львові***.
4. Цей студент був ***у їдальні***. Зараз він ***в аудиторії***.
5. Ця студентка жила ***в Італії***. Зараз вона вчиться ***в Україні***.
6. Моя сестра живе ***в Парижі***. Наступного року вона буде жити ***в Києві***.
7. Мій брат зараз ***на роботі***. Через годину він буде ***вдома***.
8. Зараз мій друг ***в Кореї***. Через рік він буде ***на батьківщині***.

72 Напишіть вправу за зразком.

아래에 제시된 예시와 같이 주어진 문장을 완성하시오.

Зразок

Сьогодні він ***приїхав*** додому рано.
Зазвичай він ***приїжджав*** додому рано.

1. Вчора ввечері ця студентка ***прийшла*** з бібліотеки дуже пізно.
2. Сьогодні цей студент ***прийшов*** з університету о 3 годині.
3. У липні Іван ***приїхав*** до нас у гості.
4. Мій брат часто ***приїжджає*** з Англії.
5. Кожного літа ці студенти ***приїжджають*** на південь.
6. Мій друг часто ***приходить*** до мене.

73 Напишіть вправу за зразком.

아래에 제시된 예시와 같이 주어진 문장을 완성하시오.

A

Зразок

Іван приїхав _ . (Лондон, Канада)

Іван приїхав ***в Лондон з Канади***.

1. Ця делегація приїхала _ (Англія, Україна).
2. Ці викладачі приїхали _ (Відень, Київ).
3. Ці студенти приїхали _ (Львів, Данія).
4. Я приїхав _ (театр, університет).
5. О 5 годині вони прийшли _ (стадіон, дім).

В

Зразок

Ніна поїхала _ . (Лондон, Канада)

Ніна поїхала ***з Лондона в Канаду***.

1. Влітку Іван поїхав _ (Київ, Лондон).
2. Минулого тижня Ганна поїхала _ (Париж, Італія).
3. Він пішов _ (урок, поліклініка).
4. Нещодавно моя сестра поїхала _ (Америка, Україна).
5. О 5 годині вони пішли _ (стадіон, дім).

74 Напишіть вправу за зразком.

아래에 제시된 예시와 같이 주어진 문장을 완성하시오.

Зразок

Наступного місяця вона поїде _ (село, мати).

Наступного місяця вона поїде ***в село до матері***.

1. Улітку він поїде _ (рідне місто, батьки).
2. Завтра мій друг приїде _ (я, гуртожиток).
3. Мій сусід поїде _ (його сестра, Англія).
4. Тарас поїде _ (брат, Київ).
5. Учора _ (ми, університет) приїжджали студенти.
6. Сестра приїде _ (я) завтра.
7. Я приїду _ (ви) завтра.
8. Він пішов _ (ти) годину тому.
9. Вони приїхали _ (я) вчора.
10. Ми приїдемо _ (ви) сьогодні ввечері.
11. Ми прийшли _ (вони), але їх не було вдома.

75 Поставте в речення дієслова *приїхати, прийти* у правильній формі.

동사 *приїхати, прийти*를 알맞은 형태로 바꾸어 빈칸에 쓰시오.

1. Сьогодні Іван _ в університет об 11 годині.
2. Невдовзі до мене _ мій друг.
3. Цей студент _ у Львів минулого року.
4. Сьогодні Петро _ в університет раніше за всіх.
5. Мій брат _ з Туреччини минулого тижня.
6. Мій батько _ сюди наступного місяця.
7. Вчора я _ в аудиторію рівно о 9 годині.
8. Ми _ сюди 5 хвилин тому.

76 Поставте в речення дієслова *принести, привести* у минулому часі в правильній формі.

동사 *принести, привести*를 알맞은 형태의 과거시제로 바꾸어 빈칸에 쓰시오.

1. Студенти прийшли на урок і _ українсько-англійські словники.
2. Сьогодні до мене прийшов Іван і _ свої нові підручники.
3. Викладач прийшов в університет і _ наші зошити.
4. Тарас приїхав з Києва і _ багато українських книжок.
5. Нещодавно мій батько приїхав з Англії і _ мені подарунки.
6. Ганна приїхала з Парижа і _ нові французькі парфуми.

77 Напишіть вправу за зразком.

아래에 제시된 예시와 같이 주어진 문장을 완성하시오.

Зразок

Борис ***часто приходив*** до мене і ***приносив*** нові книжки.
Вчора Борис ***прийшов*** до мене і ***приніс*** нові книжки.

1. Кожного дня студенти ***приносили*** на урок свої зошити, підручники і словники.
2. Батько ***привозив*** мені з Лондона подарунки.
3. Кожного дня викладач ***приносив*** в аудиторію свіжі газети.
4. Вчора цей студент ***приніс*** в університет цікаві журнали.
5. Коли вона приїхала з Парижа, вона ***привезла*** звідти цікаві альбоми.
6. Студенти ***принесли*** в бібліотеку підручники.
7. Коли він прийшов до мене, він ***приніс*** мені свіжі фрукти.

3) Префікс *в- (уві-)* та *ви-*

접두사 ***в- (уві-)*** 와 ***ви-***

Дієслова руху з префіксом *в- (уві-)* у минулому часі означають дію, спрямовану всередину предмета; а дієслова руху з префіксом *ви-* – дію, спрямовану зсередини.

1. Студент **увійшов** ***у кімнату***.	1. Студент **вийшов** ***з кімнати***.
2. Студент **вбіг** ***в аудиторію***.	2. Студент **вибіг** ***з аудиторії***.

78 Напишіть вправу за зразком.

아래에 제시된 예시와 같이 주어진 문장을 완성하시오.

Зразок

Студент був у коридорі. Зараз він у своїй кімнаті.
Студент ***увійшов*** у свою кімнату.

1. Студенти стояли в коридорі. Зараз вони в аудиторії.
2. Студентка стояла на вулиці. Зараз вона в гуртожитку.
3. Ми стояли біля університету. Зараз ми в університеті.
4. Мій друг був у кімнаті. Зараз він у бібліотеці.
5. Ми стояли біля музею. Зараз ми в музеї.
6. Лікар був на вулиці. Зараз він у своєму кабінеті.

79 Напишіть вправу за зразком.

아래에 제시된 예시와 같이 주어진 문장을 완성하시오.

Зразок

Студент був в аудиторії. Зараз він стоїть у коридорі.
Студент ***вийшов*** з аудиторії в коридор.

1. Викладач був у кабінеті. Зараз він на вулиці.
2. Вони були в магазині. Зараз вони вдома.
3. Студент сидів у класі. Зараз він у коридорі.
4. Декан був у кабінеті. Зараз він в аудиторії.
5. Студентка була гуртожитку. Зараз вона стоїть біля гуртожитку.
6. Ми були в театрі. Зараз ми на вулиці біля театру.

80 Поставте в речення дієслова *увійти* або *вийти* у правильній формі.

동사 *увійти*나 *вийти*를 알맞은 형태로 바꾸어 빈칸에 쓰시오.

1. Продзвенів дзвінок, і студенти _ в аудиторію.
2. Можна _ з аудиторії?
3. Викладач відкрив двері і _ в кабінет.
4. Студентка _ з лабораторії.
5. Він _ в кімнату і побачив свого друга.
6. Ми піднялися на другий поверх і _ в бібліотеку.
7. Раптом у кімнату _ моя сестра.
8. Сьогодні я _ з дому о 8 годині вечора.

81 Замініть речення антонімічними конструкціями.

다음 문장에 대한 반대의 상황으로 바꾸어 쓰시오.

1. Студенти ***увійшли*** в клас.
2. Ми ***вийшли*** з театру.
3. Мій друг ***увійшов*** у читальний зал.

4. Мої друзі ***вийшли*** з книгарні.

5. Ми ***вийшли*** з клубу.

6. Вони ***увійшли*** в сусідню кімнату.

7. Я ***вийшов*** з їдальні.

8. Студенти ***увійшли*** в бібліотеку.

82 Дайте відповіді на запитання.

질문에 답하시오.

1. Коли ви виходите вранці з дому?
2. Коли ви приходите з університету?
3. Коли ви виходите з університету?
4. Коли ви приходите додому?
5. До вас часто приходять друзі?
6. Коли вам приносять кореспонденцію?

83 Напишіть вправу за зразком.

아래에 제시된 예시와 같이 주어진 문장을 완성하시오.

Зразок

Він увійшов у кімнату і _ .

Він ***увійшов*** у кімнату і ***привітався***.

Коли він заходить у кімнату, він _ .
Коли він ***заходить*** у кімнату, він ***вітається***.

1. Іван увійшов в аудиторію і _ .
2. Коли ми заходимо в аудиторію, _ .
3. Ми вийшли на вулицю і _ .
4. Я прийшов додому і _ .
5. Увечері я приходжу додому і _ .
6. Сьогодні ввечері я прийду додому і _ .

7. Студент вийшов з бібліотеки і _ .

8. Коли ми виходимо з університету, _ .

9. Мій брат приїде в Україну і _ .

10.Коли ми приходимо на автобусну зупинку, _ .

84 Напишіть вправу за зразком.

아래에 제시된 예시와 같이 주어진 문장을 완성하시오.

Зразок

_ і побачив друга.

Я увійшов в їдальню і побачив друга.

1. _ і привітався.
2. _ і запитав, коли буде зубний лікар.
3. _ і почав вчитися.
4. _ , я трохи відпочиваю і починаю вчитися.
5. _ і пішов на автобусну зупинку.
6. _ і почав читати книжку.
7. _ , ми ходимо з ним у музеї і театри.
8. _ , у класі нікого не було.

4) Префікс *під- (піді-)* та *від- (віді-)*

접두사 ***під- (піді-)*** 와 ***від- (віді-)***

Дієслова руху з префіксом *під- (піді-)* означають дію, спрямовану на наближення до предмета, а дієслова руху з префіксом *від- (віді-)* – на віддалення від предмета .

1. Студент **підійшов** ***до дошки***.	1. Студент **відійшов** ***від дошки***.
2. Машина **під'їхала** ***до зупинки***.	2. Машина **від'їхала** ***від зупинки***.

85 Поставте в речення дієслово *підійти* або *під'їхати* в правильній формі.

동사 *підійти*나 *під'їхати*를 알맞은 형태로 바꾸어 빈칸에 쓰시오.

Зразок

Машина _ до будинку і зупинилася.

Машина ***під'їхала*** до будинку і зупинилася.

1. Студентка _ до дошки і почала писати.
2. Ми _ до кіоску і купили свіжі газети.
3. Автобус _ до зупинки і зупинився.
4. Я _ до вікна і подивився на вулицю.
5. Вони _ до вокзалу на машині.
6. Ми _ на таксі до театру.

86 **Замініть речення антонімічними конструкціями.**

다음 문장에 대한 반대의 상황으로 바꾸어 쓰시오.

1. Я ***підійшла*** до вікна.
2. Поїзд ***від'їхав*** від станції.
3. Автобус ***під'їхав*** до зупинки.
4. Таксі ***під'їхало*** до вокзалу.
5. Студент ***відійшов*** від дошки.
6. Машина ***від'їхала*** від лікарні.
7. Поїзд вже ***від'їжджає*** від платформи.
8. Кожного дня машина ***під'їжджає*** до пошти о 8 годині.
9. Трамвай ***під'їжджає*** до зупинки кожні 3 хвилини.
10. Автобус ***від'їжджає*** від зупинки після висадки-посадки пасажирів.

5) Префікс *до-*

접두사 ***до-***

Дієслова руху з префіксом *до-* означають завершення дії.

1. Студент **дійшов *до станції*** пішки.
2. Машина **доїхала *до зупинки***.

87 Поставте слова в дужках у правильній формі.

괄호안의 동사를 알맞은 형태로 바꾸어 빈칸에 쓰시오.

Зразок

Я доїхав автобусом _ (університет).

Я доїхав автобусом ***до університету***.

1. Він доїхав _ (театр) на метро.
2. Ми доїхали _ (музей) тролейбусом.
3. Я доїхав _ (стадіон) на таксі.
4. Вони доїхали _ (це місто) поїздом. 5 Ви доїхали _ (басейн) трамваєм?
6. Ми доїхали _ (лікарня) на метро і автобусом.
7. Ми дійшли _ (станція) пішки.
8. Туристи дійшли _ (берег річки) і зупинилися.

02 ВПРАВИ НА ПОВТОРЕННЯ ДІЄСЛІВ РУХУ
반복되는 동작에 관한 예제

1 Поставте слова в дужках у правильній формі.
괄호 안의 단어를 알맞은 형태로 바꾸어 빈칸에 쓰시오.

1. Професор увійшов _ (аудиторія) і почалася лекція.
2. Ми вийшли _ (кінотеатр) і пішли _ (автобусна зупинка).
3. Він прийшов _ (поліклініка) і запитав, коли приймає цей лікар.
4. Вона прийшла _ (урок) пізно.
5. Коли я підійшов _ (будинок), я побачив, що хтось вже є вдома.
6. Він підійшов _ (вікно) і подивився на вулицю.
7. Він відійшов _ (вікно) і почав читати книжку.
8. Учора ми вийшли _ (університет) о 5 годині.

2 Замініть речення антонімічними конструкціями.
다음 문장에 대한 반대의 상황으로 바꾸어 쓰시오.

1. Мій батько увійшов у кімнату.
2. Наші студенти поїхали в Київ на стажування.
3. Хлопчик підійшов до вікна.
4. Я вийшов з бібліотеки.
5. Іван пішов до свого друга.
6. Гості приїхали до нас увечері.
7. Чоловік увійшов у кімнату.
8. Студент відійшов від дошки.
9. Ми вийшли з кафе.
10. Вона пішла з роботи о 6 годині.

3 Замініть речення антонімічними конструкціями.

다음 문장에 대한 반대의 상황으로 바꾸어 쓰시오.

1. Моя сестра поїхала в Київ.
2. Викладач вийшов з аудиторії.
3. Студенти увійшли в зал.
4. Він прийшов на роботу о 3 годині.
5. Наша сім'я поїхала в село.
6. Ми вийшли з метро.
7. Поїзд під'їхав до станції.
8. Машина від'їхала від будинку.

4 Поставте дієслово *іти* у правильній формі.

동사 *іти*를 알맞은 형태로 바꾸어 빈칸에 쓰시오.

Учора ми вирішили __ в кіно. Ми __ з дому і __ пішки. Коли ми __, почав падати дощ. Ми вирішили __ в магазин і трохи почекати. Дощ скоро закінчився, ми __ з магазину і __ далі. Кінотеатр розташований на іншому кінці вулиці. Ми __ вулицю і __ в кінотеатр. Ми __ до каси і купили квитки. До початку сеансу залишилося 30 хвилин. Ми вирішили __ в кафе.

5 Поставте дієслово *іти* у правильній формі.

동사 *іти*를 알맞은 형태로 바꾸어 빈칸에 쓰시오.

У неділю я вирішив __ в музей. Я __ з дому об 11 годині. Музей розташований недалеко від нашого будинку, тому я __ пішки. По дорозі я вирішив __ до свого друга і запросив його зі собою. Я __ до його будинку, __ в будинок і постукав у двері квартири. Із квартири __ його сестра і сказала, що Бориса немає вдома. «Він __ в бібліотеку», – сказала вона. Я __ з будинку і __ . Спочатку я __ прямо, потім __ направо. Нарешті я __ до музею. Я __ в музей, купив квиток і __ в перший зал. Я обійшов усі зали. Цей музей мені дуже сподобався. Я __ з музею і __ додому.

6 Поставте дієслово *іти* або *їхати* у правильній формі.

동사 *іти*나 *їхати*를 알맞은 형태로 바꾸어 빈칸에 쓰시오.

У суботу ввечері ми повинні були __ в театр. Вистава починалася о 7 годині. Ми __ з дому о 5 годині, тому що ми не знали, скільки часу нам буде потрібно, щоб __ до театру. Ми __ на трамвайну зупинку і чекали на трамвай. Ось __ трамвай. Ми сіли і __ . Через 20 хвилин ми __ до станції метро. Ми __ з трамваю і __ в метро. Коли ми __ у вагон, ми побачили там своїх друзів, які також __ у театр. Усі разом ми __ на вулицю і __ до театру. Коли ми __ до театру, ми побачили, що біля театру нікого немає. Ми зрозуміли, що ми __ завчасно. Але ми __ в театр, роздягнулися і __ в кафе пити каву.

7 Поставте відповідні дієслова руху в правильній формі.

빈칸에 들어갈 동사를 알맞은 형태로 바꾸어 쓰시오.

Учора ми з друзями __ в Оперний театр. Ми __ з гуртожитку о 5 годині. Ми __ на зупинку і чекали автобус. Через 5 хвилин автобус __ до зупинки. Автобус зупинився і з нього __ всі пасажири. Ми __ в автобус. Швидко автобус __ від зупинки. Він __ дуже швидко. Ми __ автобусом до центру міста. У центрі ми __ з автобуса. Усі __ в театр, а я __ в магазин купити цигарки. Коли я __ в театр, уже продзвенів другий дзвінок. Я роздягнувся і __ в зал.

8 **Поставте відповідні дієслова руху в правильній формі.**
빈칸에 들어갈 동사를 알맞은 형태로 바꾸어 쓰시오.

Кожної неділі ми з друзями __ в кінотеатр. Зазвичай ми __ з дому о 5 годині. Ми __ на автобусну зупинку, сідаємо в автобус і __ в кінотеатр. Від нашого будинку до кінотеатру автобус __ 20 хвилин. Ми __ з автобуса і __ в кінотеатр. Ми __ до каси і купуємо квитки. Потім ми __ в фойє. Після дзвінка ми __ в зал і сідаємо на свої місця. Коли фільм закінчується, ми __ з кінотеатру і __ в кафе. Там ми вечеряємо. Після вечері ми __ додому.

9 **Поставте відповідні дієслова руху в правильній формі.**
빈칸에 들어갈 동사를 알맞은 형태로 바꾸어 쓰시오.

Мого друга звати Володимир. Він навчається в університеті. Кожного дня він __ в університет. Він __ з дому о 8 годині. Він __ на автобусну зупинку і сідає на автобус. Через 5 зупинок він __ з автобуса і __ до метро. Потім він __ на метро до станції «Університет». Володимир __ з метро. Від метро до університету він __ пішки. Зазвичай він __ в університет за 10 хвилин дев'ята.

10 Поставте відповідні дієслова руху в правильній формі.
빈칸에 들어갈 동사를 알맞은 형태로 바꾸어 쓰시오.

У суботу я отримав два квитки на вечір у наш клуб. О 6 годині я __ з дому і __ до друга, з яким я повинен був __ на вечір. Я __ до його будинку, піднявся на другий поверх і постукав у двері квартири. Його мати відчинила мені двері і запросила __ . Коли я __, вона сказала, що Володимир ще не __ з університету. Я запитав у неї, коли він __ . Вона відповіла, що зазвичай він __ о 5 годині, а сьогодні він __ о 7 годині. Я вирішив не чекати на Володимира, залишив йому квиток і __ на вечір сам. Я __ з його будинку, і __ на автобусну зупинку. У цей час до зупинки __ автобус і з нього __ Володимир. Я __ до нього, привітався і сказав, що буду чекати його в клубі.

11 Поставте відповідні дієслова руху в правильній формі.
빈칸에 들어갈 동사를 알맞은 형태로 바꾸어 쓰시오.

Минулої неділі ми __ за місто. Ми __ з дому о 8 годині ранку. Біля будинку нас чекав приятель на своїй машині. Ми сіли в машину і __ . Спочатку ми __ по місті, а потім __ з міста і __ по шосе. Ми __ 30 кілометрів. На вулиці було дуже спекотно, і ми __ до річки. Ми __ з машини і __ до води. Тут, на березі річки, ми провели увесь день. Ми грали у волейбол, __ в ліс. О 5 годині вечора ми __ назад. О 7 годині ми __ додому.

12 Поставте відповідні дієслова руху в правильній формі.
빈칸에 들어갈 동사를 알맞은 형태로 바꾸어 쓰시오.

Один наш друг живе на околиці міста. Одного разу він запросив нас до себе в гості. Ми вирішили __ до нього в суботу ввечері, щоб провести за містом вихідні. Ми __ з дому о 6 годині, сіли в автобус і __ на вокзал. Ми __ на вокзал і __ до каси. Я подивився на розклад руху поїздів і побачив, що поїзд щойно __ . Ми купили квитки і __ на платформу. Коли __ поїзд, ми __ у вагон і сіли. Через 5 хвилин поїзд __ . Ми __ приблизно годину. Коли ми __ з вагону, було ще світло на вулиці. На станції я запитав у чергового, як __ до села. Він пояснив нам, куди __, і ми __ . Ми __ пішки ще годину. Нарешті ми __ в село.

13 Поставте відповідні дієслова руху в правильній формі.
빈칸에 들어갈 동사를 알맞은 형태로 바꾸어 쓰시오.

Декілька днів тому до Києва __ група корейських туристів. Вони __ з Сеула 3 серпня, а 4 серпня вони __ в Київ. Вчора ця група туристів __ на екскурсію в музею. Туди вони __ автобусом, а назад вони __ на метро. Коли вони __ туди, вони бачили по дорозі багато цікавого. Коли вони __ в музей, їх зустрів екскурсовод. Туристи довго __ по музеї. Вони __ в готель о 8 годині вечора. Сьогодні вранці корейські туристи __ в Маріїнський палац, а ввечері вони __ в театр.

14 Поставте відповідні дієслова руху в правильній формі.
빈칸에 들어갈 동사를 알맞은 형태로 바꾸어 쓰시오.

Кожного року наша сім'я __ на море. Минулого року ми __ на Чорне море. Туди ми __ поїздом, а назад ми __ літаком. Коли ми __ туди, було дуже спекотно. На одній станції я __ з вагону і раптом побачив море. Поїзд стояв недовго, і через 5 хвилин ми __ далі. Поїздом ми __ до Одеси. Із Одеси ми __ в маленьке містечко. Ціле літо ми жили в цьому містечку, але іноді ми __ на екскурсії в Одесу.

03 ДІЄСЛОВА З ЧАСТКОЮ *-СЯ (-СЬ)*

*-СЯ (-СЬ)*가 사용된 동사

– **Що** ви **вчите?**
– Я **вчу** нові **слова.**

– **Де** ви **вчитеся?**
– Я **вчуся в університеті.**

1 Дайте відповіді на запитання.

질문에 답하시오.

1. Де ви вчите домашнє завдання?
2. Коли ви вчите домашнє завдання?
3. Що ви вчите зараз?
4. Як ви вчите слова?
5. Що зараз вчить ваш друг?
6. Де ви вчитеся?
7. Ви давно вчитеся?
8. Ваш старший брат вчиться чи працює?
9. Де вчиться ваш молодший брат?
10. Що ви робили раніше – вчилися чи працювали?
11. Де ви вчилися?
12. Де вчиться ваша сестра?

2 Поставте дієслово *вчити* або *вчитися* у правильній формі.

동사 *вчити*나 *вчитися*를 알맞은 형태로 바꾸어 빈칸에 쓰시오.

1. – Де ви _ ? – Я _ в університеті. – А де _ ваш брат?
   – Мій брат теж _ в університеті.
2. – Де ви _ раніше?
   – Раніше я _ в школі.
3. – Де _ ваша старша сестра?
   – Моя старша сестра не _, вона вже працює.
4. – Ваша молодша сестра _ ?
   – Так, вона _ в школі.
5. – Що ви зараз робите? – Я _ нові слова.
   – Ви кожного дня _ українські слова? – Так, я _ слова кожного дня.

3 Поставте дієслово *вчити* або *вчитися* у правильній формі.

동사 *вчити*나 *вчитися*를 알맞은 형태로 바꾸어 빈칸에 쓰시오.

1. – Ви _ чи працюєте?
   – Я _ в інституті.
2. – Як ви _ ?
   – Я _ добре, тому що я багато працюю: кожного дня я _ нові слова, читаю тексти, пишу вправи, слухаю аудіофайли українською мовою.
3. – Де _ ваш друг?
   – Мій друг _ в університеті. Він _ на першому курсі.
4. – Що ви _ вчора?
   – Вчора ми _ діалог.
   – Ви довго _ цей діалог?
   – Ні, діалог був неважким, тому я _ його недовго.
5. – Що ви зараз _ ?
   – Зараз ми _ новий текст.
6. – Як _ ваш друг?
   – Він _ непогано.

– Коли він _ домашнє завдання?

– Після обіду він трохи відпочиває, а потім починає _ домашнє завдання.

1. Професор **закінчив** лекцію о 3 годині.	1. Лекція **закінчилася** о 3 годині.
2. Викладач **почав** урок.	2. Урок **почався**.
3. Незнайомий чоловік **відчинив** двері.	3. Двері **відчинилися**, і незнайомий чоловік увійшов у кімнату.
4. Я **зламав** олівець.	4. У мене **зламався** олівець.

4 Допишіть речення, використовуючи слова справа.

우측의 단어를 사용하여 문장을 완성하시오.

почати – початися

1. Коли _ урок, ми _ писати диктант.
2. Коли ви _ вивчати українську мову?
3. Вчора ми були на концерті. Концерт _ о 7 годині.
   На сцену вийшов артист і _ співати.
4. Ми _ складати іспити 10 грудня.
   Коли ми склали всі іспити, у нас _ канікули.
5. Ми гуляли на вулиці. Коли _ дощ,
   ми пішли додому і _ грати у шахи.

закінчити – закінчитися

6. Ми _ писати контрольну роботу і віддали викладачеві.
   Урок _, і ми вийшли в коридор.
   Коли перерва _, ми повернулися в клас.
7. Вчора концерт у клубі _ о 10 годині.
   Ми довго аплодували, коли артисти _ виступ.
8. У моїй ручці _ чорнило, і тому я не _ писати вправу.
9. Коли він _ писати домашнє завдання,
   він прийшов до мене.
10. Іспити _, і ми поїхали відпочивати.

5 Допишіть речення, використовуючи слова справа.

우측의 단어를 사용하여 문장을 완성하시오.

1. Ми _ роботу і пішли додому. Зима _, і настала весна.	закінчити – закінчитися
2. Ця студентка добре _ . Зараз вона _ нові українські слова.	вчити – вчитися
3. Студенти _ писати диктант. Наш урок _ о 9 годині.	почати – початися
4. Студент _ двері й увійшов в аудиторію. Двері _, і в зал увійшли студенти.	відкрити – відкритися
5. Поліцейський _ машину. Машина під'їхала до будинку і _ .	зупинити – зупинитися
6. Ця будівельна компанія _ нову школу. Ця будівля _ вже кілька років.	будувати – будуватися
7. Вчора я _ чашку. Склянка впала зі стола і _ .	розбити – розбитися

6 Допишіть речення, використовуючи слова справа.

우측의 단어를 사용하여 문장을 완성하시오.

1. Будівельники _ будувати цей будинок улітку. Навчальний рік _ у вересні.	почати – початися
2. Екзамени _, і ми поїхали відпочивати. Студент _ читати текст і пішов з бібліотеки.	закінчити – закінчитися
3. Я вже _ книжки в бібліотеку. Вчора ми були на концерті і пізно _ додому.	повернути – повернутися
4. Коли я починаю вчитися, я _ вікно. Ви знаєте, коли _ наше кафе?	відчиняти – відчинитися
5. Продавець _ кіоск і пішов додому. Дув сильний вітер і вікно _ .	зачиняти – зачинитися
6. Шофер _ автобус біля музею. Автобус _ на зупинці.	зупинити – зупинитися

7. Нещодавно декан _ розклад занять. змінити – змінитися

Наступного семестру наш розклад _ .

8. Ми любимо _ . фотографувати –фотографуватися

Мій друг _ мене на головній площі міста.

7 Допишіть речення, використовуючи слова справа.

우측의 단어를 사용하여 문장을 완성하시오.

1. Моя ручка _, і я не можу писати. зламати – зламатися

   Вчора я _ свою нову ручку.

   Хто _ мій олівець?

   У мене _ годинник.

2. Сьогодні я _ склянку. розбити – розбитися

   Ваза впала зі стола і _ .

   Хлопчик грався м'ячем і випадково _ вікно.

3. Він _ гроші в гаманець. сховати – сховатися

   Хлопчик _ за дверима.

   Куди ти _ мою сумку?

4. Кожного дня я _ домашнє завдання. готувати – готуватися

   Зараз я _ до екзамену.

   Студенти нашої групи _ до контрольної роботи.

5. Викладач увійшов в аудиторію, і ми _ розмову. закінчити – закінчитися

   Викладач увійшов, і розмови _ .

6. Коли я _ на батьківщину, я буду працювати в університеті. повернути– повернутися

   Завтра я _ вам вашу книжку.

8 Поставте дієслова в дужках у правильній формі.

괄호 안의 단어를 알맞은 형태로 바꾸어 빈칸에 쓰시오.

1. Весна цього року _ (почати – початися) пізно.
2. Зимові канікули _ (закінчувати – закінчуватися) два тижні тому.
3. Коли ти _ (закінчувати – закінчуватися) читати книжку, принеси її мені.
4. Літак _ (піднімати – підніматися) і полетів на південь.
5. Ми _ (фотографувати – фотографуватися) в метро.
6. Я не впізнав цього чоловіка, тому що він дуже _ (змінити – змінитися).
7. У залі _ (збирати – збиратися) студенти першого курсу.
8. Водій _ (зупинити – зупинитися) машину біля вокзалу.
9. У неділю падав дощ і ми _ (змінити – змінитися) свої плани.
10. Скоро _ (починати – починатися) іспити,
    тому зараз всі студенти _ (готувати – готуватися) до них.

9 Допишіть речення.

문장을 완성하시오.

1. Цілий вечір він готувався _ . Увечері він готував _ .
2. Завтра я поверну тобі _ . О 10 годині він повернувся _ .
3. Ми закінчили _ . Концерт закінчився _ .
4. Мій брат вчить _ . Мій брат вчиться _ .
5. Викладач почав _ . Урок почався _ .
6. Хлопчик сховав _ . Хлопчик сховався _ .

10 Поставте запитання до виділених слів.

강조된 단어에 대한 질문을 만드시오.

Зразок

– У Києві Іван познайомився ***з Олегом***.
– ***З ким*** познайомився Іван у Києві?

1. Ми часто зустрічаємося ***з друзями***.
2. Я давно не бачився ***з батьками***.
3. Студенти привіталися ***з викладачем***.
4. Ми домовилися ***з приятелями*** піти в суботу в кіно.
5. На вечорі ми познайомилися ***зі студентами*** Київського університету.
6. Мій друг посварився ***зі своїм братом***.
7. Ми попрощалися ***з нашими гостями***.
8. Я завжди раджуся ***з батьком і матір'ю***.

11 Дайте відповіді на запитання.

질문에 답하시오.

1. Кого ви зустріли вчора на вулиці?
   З ким ви зустрілися біля театру?
   Кого ви часто зустрічаєте на автобусній зупинці?
   З ким ви зустрічаєтеся кожної суботи?
2. Кого ви бачили вчора в театрі? З ким ви часто бачитеся?
3. Кому він радить подивитися цей фільм? З ким він завжди радиться?
4. Кого ви познайомили зі своїми батьками? З ким ви познайомилися в Києві?

12 Допишіть речення, використовуючи слова справа.

우측의 단어를 사용하여 문장을 완성하시오.

1. Вчора на вулиці я _ друга. Ми _ з ним пізно ввечері. — зустріти – зустрітися
   Він написав мені, що він _ мене на вокзалі.
   Завтра я хочу _ з вами.
2. Я _ з ним минулого року. — познайомити – познайомитися
   Я _ його зі своєю сестрою. Де ви _ з нею?
   Коли ви _ мене зі своїм братом?
3. Він говорить, що _ мене вчора в клубі. — бачити – бачитися
   Ми з ним часто _ .
   – Коли ви _ з ним останній раз?
   – Я _ його місяць тому.
4. Нещодавно я посварився з Іваном. Мій друг _ нас. — помирити – помиритися
   Я радий, що я _ з Іваном.
5. Мій батько _ мені прочитати цю книжку. — радити – радитися
   Я завжди _ з ним, коли мені важко.

13 Допишіть речення, використовуючи слова справа.

우측의 단어를 사용하여 문장을 완성하시오.

1. Я не можу згадати, де я _ цього чоловіка. — бачити – бачитися
   На мою думку, ми з вами десь _ .
   Ви часто _ зі своїми друзями?
   Ми давно з ним не _ .
   Декілька років ми з нею не _ одна одну.
2. Ми домовилися _ біля театру о 6 годині. — зустріти – зустрітися
   При вході в театр я _ своїх знайомих.
   Друг написав мені, щоб я _ його на вокзалі.
   Де і коли ми _ ?

3. – Де ви з ним _ ? — познайомити – познайомитися

– Ми _ з ним в університеті.

Нас _ мій друг.

Я давно хочу _ з ним.

Будь ласка, _ мене з цим чоловіком. _,

це наш новий студент, а це мій друг.

4. У важкі хвилини я завжди _ з другом. — (по)радити – (по)радитися

Я хочу _ з вами.

Що ви _ мені купити на подарунок другові?

– Будь ласка, _ мені, яку книжку краще купити.

– Я не знаю, _ краще з продавцем.

14 Допишіть речення, використовуючи слова справа.

우측의 단어를 사용하여 문장을 완성하시오.

1. Я _ руки. Мати _ посуд. Хлопчик _ в душі. — мити – митися

   Сестра _ маленького брата.

   Перед обідом треба _ руки.

2. Вона _ свою молодшу сестру. — одягати – одягатися

   Він _ дуже повільно.

   Мама _ маленьку дочку.

3. Уранці ми _ . — вмивати – вмиватися

   Він _ свого хворого друга.

   Коли ви _ ?

4. Він _ руки і обличчя. — витирати – витиратися

   Він _ рушником.

5. Я люблю _ в морі. Кожного вечора мати _ дітей. — купати – купатися

   Коли ми відпочиваємо на півдні,

   ми _ в морі тричі на день.

04 ВПРАВИ НА ПОВТОРЕННЯ ДІЄСЛІВ З ЧАСТКОЮ-*СЯ (-СЬ)*

*-СЯ (-СЬ)*가 사용된 동사에 대한 예제

1 Допишіть речення.

문장을 완성하시오.

1. Магазин зачиняється _ . Іван зачиняє _ .
2. Студенти першого курсу вчаться _ . Цю тему вчать _ .
3. Чоловік підняв _ . Туристи піднялися _ .
4. Я часто зустрічаю _ . Я часто зустрічаюся _ .
5. Ви давно не бачилися _ ? Ви давно не бачили _ ?
6. Концерт закінчився _ . Артист закінчив _ .
7. Мій сусід повернув _ . Мій сусід повернувся _ .
8. Мій молодший брат вчиться _ . Мій молодший брат вчить _ .
9. Я познайомив _ . Я познайомився _ .
10. Ми завжди радимося _ . Ми радимо _ .

2 Поставте в речення потрібні дієслова.

빈칸에 알맞은 단어를 쓰시오.

1. Раніше ми не знали один одного, ми _ в Києві.
2. Я не _ зі своїми батьками півроку.
3. Ми домовилися _ у театрі о 6 годині.
4. Вчора я _ додому о 9 годині.
5. Концерт _ о 2 годині.
6. Концерт _, ми з друзями пішли додому.
7. Я не знаю, що мені робити, і хочу _ з вами.
8. Я завжди _, коли відповідаю на іспиті.
9. Кожна мати _ за своїх дітей.
10. Усі _, коли він розповідає веселі історії.
11. Мій друг _ фізикою. 12. Він добре _ до іспиту з фізики.

3 Поставте в речення потрібні слова.

빈칸에 알맞은 단어를 쓰시오.

1. _ ви привіталися в коридорі?
2. _ цікавиться ваш друг?
3. _ хвилюється ваша сестра?
4. _ він посварився?
5. _ ви познайомилися на вечорі?
6. _ сподіваються ці студенти?
7. _ хвилюється лікар?
8. _ ви домовилися зустрітися?
9. _ ви смієтеся?
10. _ він зазвичай радиться?
11. _ вони зустрілися в театрі?
12. _ ви цікавитеся?

4 Допишіть речення.

문장을 완성하시오.

1. Ми домовилися _ .
2. Я не можу погодитися _ .
3. Ви повинні підготуватися _ .
4. Я сумніваюся _ .
5. Цей студент займається _ .
6. Я знаю, що він цікавиться _ .
7. Чому ви смієтеся _ ?
8. Чому ви не привіталися _ ?
9. Як ви ставитеся _ ?
10. Через що ви посварилися _ ?

5 Поставте слова в дужках у правильній формі.

괄호안에 제시된 단어들을 알맞은 형태로 채워 넣으시오.

1. Студенти привіталися _ (їх викладач).
2. Я домовився _ (мої друзі) зустрітися біля метро.
3. Батьки турбуються _ (їх діти).
4. Мати хвилюється _ (молодший син).
5. Ми добре підготувалися _ (останній екзамен).
6. Мій брат завжди радиться _ (я).
7. Я не люблю сваритися _ (люди).
8. Ми сподіваємося _ (ваша допомога).
9. Погано сміятися _ (друзі). 10. Мій друг цікавиться _ (біологія).

6 Поставте дієслова в дужках у правильній формі.

괄호안의 동사를 알맞은 형태로 바꾸어 빈칸에 쓰시오.

День мого брата

Мій брат _ (вчити – вчитися) в школі в 10 класі. Зазвичай він прокидається о 7 годині. Він _ (вмивати – вмиватися), _ (одягати – одягатися) і снідає. Школа, де _ (вчити – вчитися) мій брат, розташована недалеко. О 9 годині _ (починати – починатися) уроки. Уроки тривають до 3 години. Коли уроки _ (закінчувати – закінчуватися), мій брат іде додому. Ввечері він пише домашнє завдання. Спочатку він _ (вчити – вчитися) слова і правила, потім пише вправи. Після вечері мій брат займається своїми справами. Він _ (цікавити – цікавитися) фізикою і хімією. Коли він _ (закінчити – закінчитися) школу, він буде вступати в університет. Зараз він _ (готувати – готуватися) до іспитів.

05 ВИДИ ДІЄСЛОВА
동사의 유형

Недоконаний вид 불완료상동사	***Доконаний вид*** 완료상동사
Недоконаний вид виражає *назву дії* або *дію в процесі виконання.* Дієслова недоконаного виду вживаються у *теперішньому, минулому* і *майбутньому часах*.	Доконаний вид означає *завершеність* або *результат дії*. Дієслова доконаного виду вживаються у *минулому* і *майбутньому часах*.
Студент **читав** книжку. Студент **читає** книжку. Студент **буде читати** книжку.	Студент **прочитав** книжку. ---------------------------------- Студент **прочитає** книжку.

1 Прочитайте речення, визначте відмінності у використанні недоконаного і доконаного виду.

문장을 읽고 불완료형동사와 완료형동사의 차이를 확인하시오.

1. Учора ввечері Ганна ***читала*** журнал.	1. Вона ***прочитала*** три статті.
2. На уроці ми ***розв'язували*** задачі.	2. Ми ***розв'язали*** п'ять задач.
3. Вранці Іван ***пив*** каву.	3. Він ***випив*** дві чашки кави.
4. Ми ***повторювали*** домашнє завдання.	4. Я вже ***повторив*** домашнє завдання.
5. На вечорі Максим ***співав*** українські народні пісні.	5. Він ***заспівав*** декілька пісень.
6. Ми ***вчили*** ці вірші.	6. Ми ***вивчили*** ці вірші.
7. Мій брат ***писав*** домашнє завдання.	7. Мій брат вже ***написав*** домашнє завдання.
8. Художник ***малював*** картину.	8. Художник вже ***намалював*** картину.
9. Студент ***розповідав*** текст.	9. Студент вже ***розповів*** текст.
10. Викладач ***пояснював*** нову тему.	10. Викладач ***пояснив*** нову тему.

2 Допишіть речення, використовуючи слова справа.

우측의 단어를 사용하여 문장을 완성하시오.

1. Учора увесь вечір ми _ телевізор.	дивитися – подивитися
2. Я _ нові слова годину. Я добре _ всі слова.	вчити – вивчити
3. Ти довго _ цю книжку?	читати – прочитати
4. Ми _ ці задачі весь урок. Іван _ всі задачі правильно.	розв'язувати – розв'язати
5. Мій товариш _ українську мову два роки.	вивчати – вивчити
6. Будівельна компанія _ цю будівлю півроку.	будувати – збудувати

3 Дайте відповіді на запитання.

질문에 답하시오.

1. Що ви робили вчора, відпочивали чи писали домашнє завдання?
2. Ви довго писали домашнє завдання?
3. Ви написали одну вправу?
4. Куди ви пішли, коли написали домашнє завдання?
5. Що робив Тарас, коли ви писали домашнє завдання?
6. Він теж писав домашнє завдання?
7. Куди пішов Тарас, коли написав домашнє завдання?
8. Тарас написав усі вправи?

4 Поставте дієслово *писати* або *написати* в правильній формі.

동사 *писати* 나 *написати* 를 알맞은 형태로 바꾸어 빈칸에 쓰시오.

– Що ти робив вчора ввечері?

– Я _ текст.

– Ти довго _ текст?

– Так, я _ текст дві години.

– Ти _ один текст.

– Ні, я _ три тексти.

– Що робив твій друг, коли ти _ тексти?

– Коли я _ тексти, мій друг _ вправи. Коли ми закінчили _ , ми пішли гуляти в парк.

5 Поставте дієслово *читати* або *прочитати* в правильній формі.

동사 *читати*나 *прочитати*를 알맞은 형태로 바꾸어 빈칸에 쓰시오.

– Що ти робив сьогодні вранці?

– Спочатку я снідав, а потім _ газети.

– Які газети ти _ ?

– Я _ українські та англійські газети.

– Скільки часу ти _ газети?

– Я _ газети годину.

– Куди ти пішов, коли ти _ газети?

– Коли я _ газети, я пішов в університет.

6 Поставте дієслова у правильній формі.

동사를 알맞은 형태로 바꾸어 빈칸에 쓰시오.

1. – Що ви робили вчора ввечері? — писати – написати
   – Учора ввечері я _ домашнє завдання. — вивчати – вивчити
   – Ви добре _ домашнє завдання?
   – Так, я добре _ домашнє завдання.
2. – Що робив Іван увечері? — дивитися – подивитися
   – Увечері Іван _ новий фільм у кінотеатрі, а потім пішов додому.
3. – Що ви робили вчора? — читати – прочитати
   – Учора я _ книжку.
   – Ви _ книжку?
   – Ні, я ще не _ цю книжку.

4. – Ти _ задачі вчора? розв'язувати – розв'язати
– Так, _ .
– Ти _ всі задачі?
– Так, я _ майже всі задачі. Я не _ лише одну задачу, тому що вона дуже важка.

5. Сьогодні я _ в їдальні. Коли я _, я бачив там Івана. Коли я _, я пішов на заняття. снідати – поснідати

6. Вчора я довго _ домашнє завдання, тому що воно було дуже важким. Я _ не все домашнє завдання. робити – зробити

7 Допишіть речення, використовуючи слова справа.

우측의 단어를 사용하여 문장을 완성하시오.

1. Коли Петро _ уроки, його сусід читав книжку. Коли Петро _ уроки, він пішов вечеряти. вчити – вивчити
2. Коли ми _ домашнє завдання, Борис слухав музику. Коли ми _ домашнє завдання, ми пішли на концерт. робити – зробити
3. Коли викладач _ новий текст, ми почали його читати. Коли викладач _ новий текст, ми уважно слухали. пояснювати – пояснити
4. Коли я _ вправу, мій друг повторював дієслова. Коли я _ вправу, я почав читати текст. писати – написати
5. Коли Ганна _ урок, всі слухали її відповідь. Коли Ганна _ урок, ми почали писати диктант. відповідати – відповісти
6. Коли ми _ фільм, ми пішли додому. Коли ми _ фільм, ми дуже сміялися. дивитися – подивитися

8 Допишіть речення.

문장을 완성하시오.

Зразок

Коли викладач пояснював урок, __ .
Коли викладач пояснив урок, __ .

Коли викладач пояснював урок, ***студенти уважно його слухали***.
Коли викладач пояснив урок, ***студенти почали писати вправу***.

1. Коли студентка вчила урок, __ .
   Коли студентка вивчила урок, __ .
2. Коли ми повторювали знахідний відмінок, __ .
   Коли ми повторили знахідний відмінок, __ .
3. Коли він відпочивав, __ .
   Коли він відпочив, __ .
4. Коли студенти подивилися балет, __ .
   Коли студенти дивилися балет, __ .
5. Коли лікар оглянув хворого, __ .
   Коли лікар оглядав хворого, __ .
6. Коли Микола читав оповідання, __ .
   Коли Микола прочитав оповідання, __ .

Дієслова недоконаного виду у значенні повторюваної дії 반복되는 동작에 대한 불완료형동사	***Дієслова доконаного виду у значенні миттєвої дії*** 일회성 동작에 대한 완료형동사
Кожного дня я ***зустрічав*** Івана в бібліотеці. Я ***говорив*** йому: «Доброго дня!». Він зазвичай ***відповідав***: «Привіт!». Ми ***брали*** книжки і ***починали*** працювати. О 2 годині ми ***обідали***. О 7 годині Іван завжди ***закінчував*** працювати і ***говорив***: «До побачення. Я іду додому».	Учора я ***зустрів*** Івана в бібліотеці. Я ***сказав*** йому: «Доброго дня!». Він ***відповів***: «Привіт!». Ми ***взяли*** книжки і ***почали*** працювати. О 2 годині ми ***пообідали***. О 7 годині Іван ***закінчив*** працювати і ***сказав***: «До побачення. Я іду додому».

9 Допишіть речення, використовуючи слова справа.

우측의 단어를 사용하여 문장을 완성하시오.

1. Цей студент завжди добре _ урок. Викладач запитав студента. Студент правильно _ на запитання.	відповідати – відповісти
2. Кожного дня ми _ важкі слова. Коли ми _ важкі дієслова, ми почали писати вправу.	повторювати – повторити
3. Сьогодні вранці я _ декілька газет. Кожного дня я _ свіжі газети.	читати – прочитати
4. Я _ домашнє завдання і пішов вечеряти. Кожного вечора я _ домашнє завдання.	робити – зробити
5. Сьогодні Іван добре _ всі слова. Він завжди добре _ слова.	вчити – вивчити
6. Вона іноді _ на заняття. Але сьогодні вона не _ на заняття.	запізнюватися – запізнитися
7. Кожного тижня він _ посилки додому. Вчора він _ 2 посилки.	надсилати – надіслати
8. У суботу мій сусід _ посилку. Він часто _ посилки.	отримувати – отримати

10 Допишіть речення, використовуючи слова справа.

우측의 단어를 사용하여 문장을 완성하시오.

1. Кожного дня мій друг _ свіжий хліб. Сьогодні він _ 2 хліба.	купувати – купити
2. Уранці я _ каву. Сьогодні вранці я _ чашку кави і пішов на заняття.	пити – випити
3. Кожного дня я _ в автобусі цього чоловіка. Щойно я знову _ його.	зустрічати – зустріти

4. Зазвичай він _ роботу о 5 годині. — закінчувати – закінчити

Вчора він _ роботу о 3 годині.

5. Він завжди _ домашнє завдання ввечері. — писати – написати

Учора він _ домашнє завдання після обіду.

6. Цей студент часто _ на заняття. — запізнюватися – запізнитися

Учора він знову _ .

11 Допишіть речення, використовуючи слова справа.

우측의 단어를 사용하여 문장을 완성하시오.

1. Будівельна фірма _ школу ціле літо. — будувати – збудувати

Вона _ школу, і тепер у ній вчаться діти.

2. Лікар довго _ хворого. — оглядати – оглянути

Коли він _ його, він написав рецепт.

3. Уранці я _ чай. — пити – випити

Сьогодні вранці я _ дві чашки чаю.

4. Цю картину _ мій друг. — малювати – намалювати

Він _ її цілий рік.

5. Сьогодні цілий урок викладач _ нову тему. — пояснювати – пояснити

Він _ тему, і ми почали писати вправу.

6. Мій старший брат завжди _ мені. — допомагати – допомогти

Вчора він _ мені розв’язати задачу.

12 **Допишіть речення, використовуючи слова справа.**
우측의 단어를 사용하여 문장을 완성하시오.

1. – Що ви робив вчора ввечері? – Я _ книжку. – Ви вже _ її? – Так, я _ її.	читати – прочитати
2. – Що робить ваш приятель? – Він _ домашнє завдання. – Іване, ти вже _ домашнє завдання? – Так, я вже все _ .	писати – написати
3. Я часто _ другові книжки. Учора я _ дві книжки.	надсилати – надіслати
4. Зазвичай ми _ продукти в цьому магазині. Я _ цукор і пішов додому.	купувати – купити
5. Я часто _ повідомлення від моєї сестри. Вчора я _ ще одне повідомлення від неї.	отримувати – отримати
6. Вчора цілий вечір Микола _ задачу. Брат допоміг йому і він _ задачу.	розв'язувати – розв'язати

13 **Замініть дієслова недоконаного виду дієсловами доконаного виду.**
불완료형동사를 완료형동사로 바꿔 쓰시오.

1. Студенти заходили в аудиторію і віталися.
2. Викладач приносив словники на заняття.
3. Я зустрічав цього чоловіка в клубі.
4. Раніше Іван часто отримував повідомлення від брата.
5. Я дарував дитячі книжки молодшому братові.
6. Я купував ці речі в Україні.

14 Напишіть вправу за зразком.

아래에 제시된 예시와 같이 주어진 문장을 완성하시오.

Зразок

Студент довго ***розв'язував*** важку задачу.
Студент ***розв'язав*** задачу правильно.

1. Зазвичай я ***закінчую*** писати домашнє завдання о 9 годині.
2. Викладач завжди ***виправляє*** наші помилки.
3. Сьогодні професор ***пояснював*** нову тему.
4. Вчора на уроці ми ***повторювали*** дієслова.
5. Вчитель ***перевіряє*** зошити після уроків.
6. Студенти ***вчили*** українські народні пісні.

2. Недоконаний вид після дієслів *починати, продовжувати* і *закінчувати*

동사 *починати, продовжувати, закінчувати* 뒤에 오는 불완료형동사

15 Прочитайте речення.

문장을 읽으시오.

1. Ми почали ***вивчати*** українську мову в березні.
2. Ганна почала ***готувати*** вечерю о 6 годині.
3. Ми починаємо ***працювати*** о 9 годині ранку.
4. Я продовжую ***вивчати*** українську мову.
5. Друзі продовжують ***розмовляти***.
6. Я закінчив ***писати*** домашнє завдання пізно ввечері.
7. Викладач закінчив ***читати*** текст.
8. Зазвичай вони закінчують ***працювати*** о 7 годині вечора.

16 Поставте дієслова в дужках у правильній формі.

괄호 안의 동사를 알맞은 형태로 바꾸어 빈칸에 쓰시오.

1. Він почав _ (малювати – намалювати), коли йому було 6 років.
2. Викладач продовжував _ (пояснювати – пояснити) новий урок.
3. Будівельники закінчили _ (будувати – збудувати) школу в серпні.
4. Я почав _ (читати – прочитати) новий роман.
5. Ганна почала добре _ (говорити – сказати) по-українськи.
6. Ми закінчили _ (обідати – пообідати) о 3 годині.

17 Поставте дієслова в дужках у правильній формі в минулому часі.

괄호 안의 동사를 알맞은 형태의 과거시제로 바꾸어 빈칸에 쓰시오.

1. Кожного дня ми _ працювати о 9 годині. (починати – почати)
2. У суботу ми _ читати цей текст. (закінчувати – закінчити)
3. Вчора Іван _ вчитися о 6 годині вечора. (починати – почати)
4. Зазвичай ця студентка _ писати домашнє завдання о 9 годині вечора. (закінчувати – закінчити)
5. Кожного ранку о 7 годині я _ робити зарядку. (починати – почати)
6. Завжди після сніданку батько _ читати газети. (починати – почати)
7. Борис прийшов додому, пообідав і _ писати домашнє завдання. (починати – почати)
8. Він _ писати вправи і пішов на концерт. (закінчувати – закінчити)

3. Недоконаний і доконаний вид дієслів у майбутньому часі

불완료동사와 완료동사의 미래시제

Недоконаний вид 불완료상동사	***Доконаний вид*** 완료상동사
Завтра я **буду читати** цю книжку. = Завтра я **читатиму** цю книжку. О 6 годині ми **будемо вечеряти**. = О 6 годині ми **вечерятимемо**.	Завтра я **прочитаю** цю книжку і дам її тобі. Ми **повечеряємо** і підемо в театр.

18 Прочитайте речення, зверніть увагу на використання дієслів недоконаного і доконаного виду в майбутньому часі.

불완료동사와 완료동사의 미래시제의 쓰임에 주의하여 문장을 읽으시오.

1. Сьогодні на уроці ми ***будемо писати*** диктант. Ми ***напишемо*** диктант і будемо читати новий текст.
2. Увечері я ***писатиму*** домашнє завдання. Коли я ***напишу*** домашнє завдання, я буду дивитися телевізор.
3. Завтра на уроці ми ***будемо повторювати*** дієслова. Ми ***повторимо*** дієслова і будемо писати контрольну роботу.
4. Зараз Михайло ***буде відповідати*** урок. Я думаю, що він добре ***відповість*** урок.
5. Сьогодні ввечері Ганна ***вивчатиме*** вірші. Я знаю, що вона добре ***вивчить*** їх.
6. Завтра на уроці ми ***будемо розв'язувати*** важкі задачі. Я думаю, що я ***розв'яжу*** ці задачі.
7. Ввечері ми ***будемо дивитися*** телевізор. Ми ***подивимося*** телевізор і будемо вечеряти.

19 Дайте відповіді на запитання.

질문에 답하시오.

1. Що ви будете робити сьогодні ввечері?
2. Після обіду ви будете працювати чи відпочивати?
3. Ви сьогодні писатимете домашнє завдання?
4. Що ви робитимете, вчитимете нові слова чи писатимете вправи?
5. Що ви будете робити, коли ви вивчите нові слова?
6. Ви писатимете вправи?
7. Що ви будете робити, коли напишете вправи?
8. Ви будете розв'язувати задачі?
9. Коли ви будете розв'язувати задачі?
10. Що ви робитимете, коли розв'яжете задачі?
11. Що ви будете робити, коли напишете домашнє завдання?
12. Ви читатимете журнали чи дивитиметеся телевізор?

20 Поставте дієслова в дужках у правильній формі в майбутньому часі.

괄호 안의 동사를 알맞은 형태로 바꾸어 빈칸에 쓰시오.

1. Сьогодні ввечері я __ вірші. Вірші важкі, але я знаю, що я __ їх. (вчити – вивчити)
2. У суботу ми __ цю статтю. Якщо стаття неважка, ми швидко __ її. (читати – прочитати)
3. Зараз я __ домашнє завдання. Коли я __ його, я піду гуляти з друзями. (робити – зробити)
4. Завтра ми __ орудний відмінок. Якщо ми __ цю тему, після завтра буде контрольна робота. (повторювати – повторити)
5. Після перерви викладач __ нову тему. Коли він __ нову тему, ми будемо писати вправи. (пояснювати – пояснити)
6. Завтра викладач __ нові слова. Коли він __ слова, ми будемо писати невеликий диктант. (запитувати – запитати)

21 Допишіть речення, використовуючи слова справа.

우측의 단어를 사용하여 문장을 완성하시오.

1. Сьогодні ми _ диктант. Коли ми _ диктант, ми покажемо викладачу свої зошити.	писати – написати
2. Мій брат _ мій портрет. Коли він _ портрет, він подарує його мені.	малювати – намалювати
3. Після обіду я _ . Я трохи _ і почну вчитися.	відпочивати – відпочити
4. Сьогодні ми _ рано, о 6 годині. Ми _ і підемо в театр.	вечеряти – повечеряти
5. Після уроків викладач _ наші зошити. Коли він _ їх, він віддасть їх нам.	перевіряти – перевірити
6. Коли ви _ цю книжку, принесіть її в університет. Ми _ її всі разом.	читати – прочитати

22 Напишіть вправу за зразком.

아래에 제시된 예시와 같이 주어진 문장을 완성하시오.

Зразок

Завтра на уроці ми ***будемо писати*** контрольну роботу, а потім ***будемо читати*** оповідання.
Завтра на уроці ми ***напишемо*** контрольну роботу, а потім ***прочитаємо*** оповідання.

1. Після уроків я ***буду обідати, відпочивати***, а потім ***буду писати*** домашнє завдання.
2. Увечері Іван ***розв'язуватиме*** задачі, ***писатиме*** вправи, потім ***слухатиме*** музику.
3. На уроці ми ***будемо повторювати*** дієслова і ***розповідати*** текст.
4. Завтра вранці Максим ***буде снідати, читати*** газети, ***слухати*** радіо, а потім він піде в університет.
5. Сьогодні ввечері я ***робитиму*** домашнє завдання, ***вчитиму*** вірші, ***читатиму*** тексти.
6. Завтра ми ***будемо снідати*** о 7 годині, а потім поїдемо на екскурсію.

4. Видові пари інших дієслів

그 외 특정 동사의 쌍

23 Поставте дієслова *давати – дати* у правильній формі в теперішньому або майбутньому часі.

빈칸에 동사 *давати – дати*를 현재시제, 혹은 미래시제로 알맞게 바꾸어 쓰시오.

1. Кожного дня ми _ викладачу свої зошити.
2. Він часто _ свій словник другові.
3. Іноді я _ приятелю свій фотоапарат.
4. – Ти _ мені завтра цю книжку? – Так, я _ тобі цю книжку.
5. Ви _ мені ці диски?
6. Коли ти підеш в магазин, ми _ тобі гроші.
7. Зазвичай мій друг _ свій словник, але сьогодні він не _ його мені, тому що у нього багато домашнього завдання.
8. Коли у мене немає підручника, мій друг _ мені свій підручник.
9. Якщо у тебе нема грошей, я _ тобі 50 гривень.
10. Ви _ мені цей журнал, коли прочитаєте її?
11. Моя подруга колекціонує листівки. Вона сказала, що _ мені одну красиву листівку.
12. Ти _ мені свою адресу?

24 Допишіть речення, використовуючи слова справа.

우측의 단어를 사용하여 문장을 완성하시오.

1. Сьогодні ввечері Іван _ мені свій підручник.	давати – дати
2. Цей студент _ іспит з української мови погано, тому що він мало вчився протягом року.	складати – скласти
3. Після програми “Discovery” по радіо _ концерт.	починатися – початися
4. Вчора наша група _ іспит 3 години.	складати – скласти
5. Ми _ старий телевізор і купили новий.	продавати – продати
6. Я _ тобі цю книжку, коли мій брат прочитає її.	давати – дати
7. Завтра Микола _ іспит з історії України. Ми впевнені, що він добре _ його.	складати – скласти
8. Іноді я _ молодшому братові свій фотоапарат.	давати – дати

25 Поставте дієслова *прокидатися – прокинутися* у правильній формі.

빈칸에 동사 *прокидатися – прокинутися*를 알맞은 형태로 바꾸어 쓰시오.

1. – Коли він зазвичай _ ? – Зазвичай він _ о 7 годині ранку. Вчора він дуже втомився, тому сьогодні він _ о 9 годині.
2. Коли ти _ завтра? – Завтра я _ рано-вранці.
3. – Коли ви _ вчора? – Вчора я _ пізно.
4. Зазвичай, коли вона _, вона робить гімнастику.
5. Завтра ми _, поснідаємо і підемо гуляти в ліс.
6. Коли вони жили в селі, вони _ о 6 годині ранку.
7. Вдома він _ дуже рано, а в гуртожитку _ пізно.
8. Учора у мене боліла голова. Тому я _ пізно.

26 **Поставте дієслова *ставити – поставити, класти – покласти* і *вішати – повішати* у правильній формі.**

빈칸에 동사 *ставити – поставити, класти – покласти* і *вішати – повішати*를 알맞은 형태로 바꾸어 쓰시오.

1. Зазвичай я _ свої пальто у шафу. Я зняв пальто і _ його в шафу.
2. – Куди ви _ новий телевізор? – Зараз ми _ його на стіл біля вікна.
3. Зазвичай я _ свої книжки на стіл. Хтось випадково _ свій зошит на мій стіл.
4. Марія принесла квіти і _ їх у вазу. Вона часто купує квіти і _ їх у вазу.
5. Зазвичай карту _ черговий учень, але сьогодні вчитель _ її.
6. Я завжди _ гроші в папку. Вчора я _ їх у кишеню і забув про це, а потім довго шукав їх.

27 **Допишіть речення, використовуючи слова справа.**

우측의 단어를 사용하여 문장을 완성하시오.

1. Кожного дня я _ спати об 11 годині вечора. Учора у мене дуже боліла голова і я _ спати о 8 годині.	лягати – лягти
2. Вона _ поруч зі мною і почала розмовляти.	сідати – сісти
3. Зазвичай на лекціях він _ за першою партою.	сідати – сісти
4. Ми _ за стіл і почали вечеряти.	сідати – сісти
5. Сьогодні я погано почуваюся, тому вирішив _ спати раніше.	лягати – лягти
6. Він _ у таксі і поїхав на вокзал.	сідати – сісти
7. Ми прийшли в їдальню, _ за стіл і почали обідати.	сідати – сісти
8. У театрі він завжди _ у третій або четвертий ряд.	сідати – сісти

28 Прочитайте речення і зверніть увагу на використання дієслів *побачити, почути* і *дізнатися.*

동사 *побачити, почути, дізнатися* 의 사용에 주의하여 문장을 읽으시오.

1. Він ***увійшов*** у кімнату і ***побачив*** квіти на столі.
2. Вона ***подивилася*** на вулицю через вікно і ***побачила***, що падає дощ.
3. Раптом ми ***почули*** сильний шум.
4. Коли я ***почув*** цю новину, я розповів все друзям.
5. Коли я ***підійшов*** до дверей, я ***почув***, що в кімнаті лунає музика.
6. Ми ***прочитали*** газету і ***дізналися***, що в Україні буде проходити кінофестиваль.

29 Допишіть речення, використовуючи слова справа.

우측의 단어를 사용하여 문장을 완성하시오.

1. Сьогодні вранці я _ нашого викладача. Коли я _ його, я привітався з ним.	бачити – побачити
2. Ти не _ в книгарні англо-український словник? Якщо ти _ його, купи мені, будь ласка.	
3. Я увійшов у зал і _ там свого друга. Я був дуже радий, тому що я давно не _ його.	
4. – Ви _ новину? – Так, коли я _ про це перший раз, я подумав, що це неправда.	чути – почути
5. – Ви _, як вона співає? – Так, _ .	
6. Вчора ввечері, коли ми були вдома, раптом ми _ шум на вулиці.	
7. – Ви _, коли у нас будуть екзамени? – Ні, я не _ .	знати – дізнатися
8. – Ви давно _ цього чоловіка? – Я _ його вже 3 роки.	
9. Вчора я отримав мейл від сестри. Коли я прочитав його, я _, що моя сестра хоче поїхати в Америку.	
10. – Ви _, де можна купити цей словник? – Я не _, але можу _ . – Якщо ви _, де можна купити словник, скажіть мені, будь ласка.	

30 Напишіть вправу за зразком.

아래에 제시된 예시와 같이 주어진 문장을 완성하시오.

Зразок

Зазвичай я ***телефоную*** другові ввечері.
Вчора ввечері я ***зателефонував*** йому, але його не було вдома.

1. Друг часто ***просить*** у мене цей підручник. Сьогодні він _ у мене цей підручник.
2. Вона завжди ***віталася*** зі мною. Чому зараз вона не _ зі мною?
3. Мій сусід часто ***губить*** різні речі. Вчора він _ книжку.
4. Кожного вечора ми ***дивимося*** телевізор. Вчора ми _ по телевізору новий фільм.
5. Зазвичай вони ***обідають*** вдома. Коли вони __, вони почали робити домашнє завдання.
6. Після уроків ми ***прощаємося*** з викладачем і йдемо додому. Годину тому ми _ з викладачем.

31 Напишіть вправу за зразком.

아래에 제시된 예시와 같이 주어진 문장을 완성하시오.

Зразок

Будильник ***задзвенів***.
Будильник ***почав дзвеніти***.

1. Раптом дитина ***закричала***.
2. Усі ***засміялися*** в залі.
3. Він ***заспівав*** українську пісню.
4. Студент зустрів друга і ***розповів*** йому новину.
5. Коли артист закінчив співати, глядачі ***зааплодували***.
6. Студенти в залі ***зашуміли***.
7. Коли ***заговорив*** декан, в залі стало тихо. 8. Вона прочитала оповідання і ***заплакала***.

06 ВПРАВИ НА ПОВТОРЕННЯ ВИДІВ ДІЄСЛОВА

동사 유형에 관한 예제

1 Допишіть речення, використовуючи слова справа.

우측의 단어를 사용하여 문장을 완성하시오.

1. Іван довго _ слова з тексту. Коли він _ їх, він почав писати вправи.	вчити – вивчити
2. – Що ти робиш? – Я _ повідомлення матері. – Ти _ всі вправи? – Так, всі.	писати – написати
3. Будівельники _ нову школу, і восени вона почала працювати. Вони _ її півроку.	будувати – збудувати
4. Я _ гроші і взяв газети.	платити – заплатити
5. Ми _ квитки і пішли в кінотеатр.	купувати – купити
6. Він _ правило і добре відповів на запитання вчителя.	згадувати – згадати
7. Зазвичай я _ книжки в університетській бібліотеці. Цю книжку я _ у свого друга.	брати – взяти
8. Кожного місяця він _ гроші своїй матері. Вчора він _ їй посилку.	надсилати – надіслати
9. Ця студентка ніколи не _ . Але сьогодні вона _ на п'ять хвилин.	запізнюватися – запізнитися
10. Зазвичай я _ дуже рано, але вчора я дуже втомився, тому сьогодні я _ пізно.	прокидатися – прокинутися

2 Поставте дієслова в дужках у правильній формі.
괄호 안의 동사를 알맞은 형태로 바꾸어 빈칸에 쓰시오.

1. Художник __ картину і надіслав її на виставку. У дитинстві він добре __, і всі говорили, що він буде талановитим художником. (малювати – намалювати)
2. Він __ мені книжку, яку я прочитав із задоволенням. Коли я був маленьким, батько __ мені книжки. (дарувати – подарувати)
3. Завтра я піду в магазин і __ собі пальто. – Де ви __ цей плащ? – Усі речі я __ в магазині, який знаходиться на нашій вулиці. (купувати – купити)
4. Зазвичай він __ книжки у нашій бібліотеці. Він __ книжки і пішов на заняття. (брати – взяти)
5. Я часто __ зі своїми друзями. Де ми __ завтра? (зустрічатися – зустрітися)
6. Він __ чашку кави і сів вчитися. (пити – випити)
7. Коли артист почав __, в залі стало тихо. Коли артист __ пісню, глядачі довго аплодували. Вчора весь вечір ми __ і танцювали в клубі. (співати – заспівати)
8. Будівельна фірма __ на нашій вулиці великий будинок, скоро вони завершать будівництво. Сусідній будинок __ півроку тому. (будувати – збудувати)

3 Допишіть речення, використовуючи слова в дужках.
괄호안의단어들을활용하여문질을외성하시오.

Зразок

Було вже темно, тому __ (світити – засвітити).
Було вже темно, тому ***я засвітив світло в кімнаті***.

1. Я ***віддав*** книжку другові, тому що __ (читати – прочитати).
2. Задача ***була*** легкою, тому __ (розв'язувати – розв'язати).
3. ***Прийшла*** зима, я __ (купувати – купити).
4. Увесь рік батько ***почувався*** погано, тому що __ (хвилюватися – перехвилюватися).
5. Я ***подарував*** братові альбом для фото, тому що __ (захоплюватися – захопитися).
6. Я добре ***зрозумів*** новий матеріал, тому __ (робити – зробити).
7. Віктор ***не був*** в університеті, тому що __ (хворіти – захворіти).
8. На вулиці ***було*** дуже тепло, тому __ (відкривати – відкрити).

4 Поставте дієслова в майбутньому часі.
동사를 미래시제로 바꿔 쓰시오.

Зразок

Вчора я ***прочитав*** книжку і ***віддав*** її в бібліотеку.
Завтра я ***прочитаю*** книжку і ***віддам*** її в бібліотеку.

1. Вчора я ***написав*** мейл і ***надіслав*** його сестрі.
2. Ми ***розповіли*** викладачеві про свою батьківщину і ***показали*** фото.
3. Мій друг ***намалював*** картину і ***подарував*** її мені.
4. Ми ***склали*** останній іспит і ***організували*** вечірку.
5. Я ***купив*** картину і ***повісив*** її на стіні.
6. У суботу я ***приготував*** обід і ***запросив*** своїх друзів.
7. Я ***зробив*** фото на екскурсії і ***надіслав*** їх батькам.
8. Вчора мій приятель ***зателефонував*** мені і ***сказав***, коли будуть збори.

5 Поставте виділені дієслова в майбутньому часі.
표시된 동사를 미래시제로 바꿔 쓰시오.

1. Мій брат ***закінчив*** школу і ***вступив*** до університету.
2. Студенти ***дізналися***, коли будуть екзамени, і ***повідомили*** іншим.
3. Після уроку вчитель ***зібрав*** наші зошити і ***перевірив*** домашнє завдання.
4. Я ***написав*** вам повідомлення і ***надіслав*** вчора ввечері.
5. Студенти ***розв'язали*** всі задачі і ***показали*** викладачеві.
6. Я ***взяв*** словник і ***пошукав*** нові слова.
7. Ми ***пішли*** в бібліотеку і ***взяли*** книжки.
8. Коли він ***надіслав*** мені листівку, я ***відповів*** йому.

6 Допишіть речення, використовуючи слова в дужках.
괄호안의단어들을활용하여문질을외성하시오.

Зразок

Якщо я куплю квитки, _ (зателефонувати).
Якщо я куплю квитки, ***я зателефоную вам***.

1. Якщо ви добре відповісте на іспиті, _ (отримати).
2. Якщо батько зателефонує мені, _ (зустріти).
3. Якщо наш клуб організує вечір пісні, _ (взяти участь).
4. Якщо ви скоро повернетеся, _ (почекати).
5. Якщо завтра буде холодно, _ (одягнути).
6. Якщо люди будуть довго без води, _ (померти).
7. Якщо ви не будете уважно слухати пояснення викладача, _ (зрозуміти).
8. Якщо ви не вивчите це правило, _ (змогти).
9. Якщо я не запишу ці слова, _ (забути).
10. Якщо їй сподобається ця пісня, _ (заспівати).

7 Поставте дієслова в майбутньому часі.
동사를 미래시제로 바꿔 쓰시오.

1. Коли фільм закінчився, глядачі вийшли з кінотеатру.
2. Концерт почався о 7 годині.
3. У нашому районі відкрилася нова бібліотека.
4. Коли закінчилися канікули, студенти повернулися в Київ.
5. Ми добре підготувалися до іспитів і добре склали їх.
6. Коли дощ закінчився, я відчинив вікно.
7. О 7 годині я зустрівся з другом біля метро, і ми пішли в кіно.
8. Ввечері ми домовилися, коли ми підемо в басейн завтра.
9. Коли всі студенти зібралися в залі, почалися збори.
10. У другому семестрі наш розклад змінився.

8 Поставте дієслова в майбутньому часі.

동사를 미래시제로 바꿔 쓰시오.

1. Ми склали іспити, купили квитки і поїхали на море. На морі ми відпочивали, багато плавали, каталися на катері.
2. Усі пішли в кіно, а я залишився вдома. Я взяв книжки і почав читати. Спочатку я читав, а потім дивився телевізор.
3. Ніна прийшла додому, зняла пальто і повісила його в шафу. Потім вона поїла і почала вчитися. Вона вчилася увесь вечір: писала вправи, читала текст, вчила нові слова.
4. Мій друг приїхав з Києва і привіз звідти українські сувеніри. Він подарував їх мені.
5. Вранці я прокинувся, одягнувся, помився і поснідав. Після сніданку я пішов до друга. Ми взяли м'яч і пішли грати футбол.
6. Після уроків я прийшов додому і ліг спати. Потім я встав, умився і почав вчитися. Я вчився 3 години.
7. Сьогодні наш друг приїхав з України. Ми зустріли його в аеропорту і допомогли йому доїхати додому.

9 Поставте дієслова в дужках у правильній формі.

괄호 안의 동사를 알맞은 형태로 바꾸어 빈칸에 쓰시오.

Кожного дня наші заняття __ (закінчуватися – закінчитися) о 3 годині. Вчора після уроків мій друг Михайло пішов в їдальню. Він швидко __ (обідати – пообідати), а потім годину __ (відпочивати – відпочити). О 5 годині він почав __ (робити – зробити) домашнє завдання з української мови. Спочатку він __ (писати – написати) вправи, потім 30 хвилин __ (вчити – вивчити) нові слова і __ (повторювати – повторити) дієслова, а потім почав __ (читати – прочитати) новий текст. Коли Михайло __ (закінчувати – закінчити) робити домашнє завдання, він пішов у клуб. Там він спочатку __ (танцювати – потанцювати), а потім __ (дивитися – подивитися) фільм. Увечері ми разом __ (повертатися – повернутися) в гуртожиток. О 12 годині він __ (лягати – лягти) спати. Сьогодні вранці, коли ми __ (писати – написати) контрольну роботу, Михайло __ (писати – написати) її найкраще за всіх.

10 Поставте дієслова в дужках у правильній формі.

괄호 안의 동사를 알맞은 형태로 바꾸어 빈칸에 쓰시오.

Коли я був маленьким, моя бабуся часто __ (розповідати – розповісти) мені різні казки. Одного разу вона __ (розповідати – розповісти) мені таку казку. Жили у сусідньому селі два брати. Якось восени старший брат __ (збирати – зібрати) багатий врожай. Він __ (думати – подумати), що в молодшого брата велика сім'я і __ (вирішувати – вирішити) йому допомогти.

Коли __ (наставати – настати) ніч, він __ (брати – взяти) мішок рису і __ (іти – піти) в село, де жив його брат. Ніч була темною, мішок був важким, іти було важко, але старший брат ішов і __ (думати – подумати): «Завтра вранці брат __ (відкривати – відкрити) двері і __ (бачити – побачити) мішок рису. Це буде найбільша радість для нього».

Він __ (підходити – підійти) до будинку, де жив молодший брат, і __ (ставити – поставити) мішок біля дверей. Коли він __ (приходити – прийти) додому, він __ (бачити – побачити), що у нього, як і раніше, десять мішків рису. Він знову __ (брати – взяти) мішок рису і пішов у сусіднє село.

У цей час вийшов місяць і старший брат __ (бачити – побачити) на дорозі свого молодшого брата. Він ішов у село, де жив старший брат, і ніс йому мішок рису. Брати все __ (розуміти – зрозуміти) і нічого не __ (говорити – сказати) один одному. Мішки були важкими, але на душі у них було легко.

11 Поставте дієслова в дужках у правильній формі.

괄호 안의 동사를 알맞은 형태로 바꾸어 빈칸에 쓰시오.

В одного старого чоловіка був син. Якось цей чоловік важко __ (хворіти – захворіти). Він __ (кликати – покликати) жінку і __ (говорити – сказати) їй:

– Коли я __ (вмирати – вмерти), віддай мої речі чужій людині. Наш син лінивий, він не любить працювати і не знає, що означає праця. Я не хочу, щоб він __ (отримувати – отримати) мої гроші і речі.

Мати __ (вирішувати – вирішити) допомогти синові. Вона __ (давати – дати) йому гроші і (говорити – сказати):

– Скажи батькові, що ти заробив ці гроші.

Цілий день син __ (гуляти – погуляти), а ввечері __ (приходити – прийти) до батька і __ (давати – дати) йому гроші. Батько __ (брати – взяти) гроші і __ (кидати – кинути) їх у піч.

– Ці гроші заробив не ти, – __ (говорити – сказати) батько.

Син __ (сміятися – посміятися) і __ (бігти – побігти) на вулицю до друзів. А мати __ (розуміти – зрозуміти), що неможливо обманути батька.

Наступного дня вона знову __ (говорити – сказати) синові:

– Ти повинен сам заробити гроші.

Син пішов і цілий тиждень __ (працювати – попрацювати). Коли він __ (приходити – прийти) додому і __ (давати – дати) гроші батькові, батько знову __ (кидати – кинути) гроші у піч. Син __ (кричати – крикнути):

– Що ти __ (робити – зробити)! Я __ (працювати – попрацювати) цілий тиждень, а ти __ (кидати – кинути) мої гроші у піч.

І син __ (діставати – дістати) гроші з вогню.

Тоді батько сказав:

– Тепер я вірю, що ці гроші ти сам заробив.

12 Поставте дієслова в дужках у правильній формі.

괄호 안의 동사를 알맞은 형태로 바꾸어 빈칸에 쓰시오.

Поїзд зупинився на маленькій станції. На цій станції поїзди завжди __ (стояти – постояти) дві хвилини. Пасажир __ (дивитися – подивитися) у вікно і __ (бачити – побачити) жінку, яка __ (продавати – продати) булочки. Пасажир __ (кликати – покликати) хлопчика, який __ (гуляти – погуляти) по платформі і __ (питати – запитати) його, скільки коштує булочка.

– 10 копійок, – __ (відповідати – відповісти) хлопчик.

Пасажир __ (давати – дати) хлопчикові 20 копійок і __ (говорити – сказати):

– Візьми ці гроші і купи дві булочки, одну мені, а другу – собі.

Через декілька секунд хлопчик __ (повертатися – повернутися). Він з апетитом __ (їсти – з'їсти) булочку. Хлопчик __ (давати – дати) пасажирові 10 копійок і __ (говорити – сказати):

– Вибачте, але там була лише одна булочка.

13 Поставте дієслова в дужках у правильній формі.

괄호 안의 동사를 알맞은 형태로 바꾸어 빈칸에 쓰시오.

Якось один математик важко __ (хворіти – захворіти). Його друзі __ (збиратися – зібратися) у нього вдома. Вони __ (питати – запитати) його, як він себе __ (почувати – почути), але хворий нічого не __ (відповідати – відповісти) на їх питання.

– Він уже не дихає, – __ (говорити – сказати) один.

– Почекайте, – __ (говорити – сказати) інший. – Зараз ми __ (дізнаватися – дізнатися), живий він чи ні. Скажи, скільки буде дванадцять в квадраті, – __ (питати – запитати) він хворого.

– Сто сорок чотири, – тихо __ (відповідати – відповісти) хворий.

14 Поставте дієслова в дужках у правильній формі.
괄호 안의 동사를 알맞은 형태로 바꾸어 빈칸에 쓰시오.

Якось французький письменник Дюма подорожував по Німеччині. Він не знав ні одного слова по-німецьки. Одного разу він __ (зупинятися – зупинитися) у незнайомому місті. Він дуже хотів їсти і __ (заходити – увійти) в ресторан. Він хотів __ (замовити – замовляти) гриби, але не знав, як __ (говорити – сказати) це по-німецьки.
Дюма __ (брати – взяти) папір, __ (малювати – намалювати) великий гриб і __ (показувати – показати) господарю. Господар __ (дивитися – подивитися) на малюнок і __ (іти – піти). Скоро господар __ (повертатися – повернутися) і __ (приносити – принести) парасолю.

15 Поставте дієслова в дужках у правильній формі.
괄호 안의 동사를 알맞은 형태로 바꾸어 빈칸에 쓰시오.

Один молодий чоловік дуже пізно __ (прокидатися – прокинутися) кожного ранку і тому завжди __ (запізнюватися – запізнитися) на роботу. Він __ (вирішувати – вирішити) піти до лікаря. Лікар __ (давати – дати) йому ліки, які повинні були __ (допомагати – допомогти) йому __ (прокидатися – прокинутися) вчасно. Молодий чоловік __ (приймати – прийняти) ліки і __ (лягати – лягти) спати.
Вранці, коли він __ (прокидатися – прокинутися), він __ (бачити – побачити), що ще рано. Він __ (одягатися – одягнутися) і пішов на роботу. Коли він __ (приходити – прийти) на роботу, він __ (говорити – сказати) друзям, що вчора він __ (приймати – прийняти) незвичайні ліки і тому сьогодні не __ (запізнюватися – запізнитися) на роботу.
– Вітаємо, – __ (відповідати – відповісти) друзі, – але де ти був вчора?

07 СКЛАДНІ РЕЧЕННЯ
복문

1 Дайте відповіді на запитання.
질문에 답하시오.

Зразок

– Ви не знаєте, ***куди*** він поїде влітку?
– Влітку він поїде в Київ.

1. Ви не знаєте, ***куди*** Іван і Микола хочуть піти ввечері?
2. Ви не знаєте, ***куди*** вони підуть у неділю?
3. Ви не знаєте, ***коли*** у нас буде екскурсія?
4. Ви не знаєте, ***що*** Ганна сказала Тарасові про цю книгу?
5. Ви не скажете, ***що*** показують у цьому кінотеатрі?
6. Ви не знаєте, ***кого*** студенти запросили на цей вечір?
7. Ви не знаєте, ***яку*** лекцію буде читати завтра цей професор?
8. Ви не скажете, ***коли*** у нас будуть іспити?

2 Поставте у речення сполучники *що, хто, де, куди, коли, скільки, чому, як або звідки.*
빈칸에 접속사 *що, хто, де, куди, коли, скільки, чому, як, звідки*를 적절히 넣으시오.

Зразок

Я знаю, _ приїхав цей студент.

Я знаю, ***звідки*** приїхав цей студент.

1. Я знаю, _ живе Максим.
2. Ми ще не знаємо, _ ми поїдемо влітку.
3. Він не знає, _ ми розмовляємо по-українськи.
4. Я не розумію, _ ви говорите.

5. Ви чули, _ співає ця дівчина?

6. Ви не знаєте, _ Іван не був сьогодні на лекції?

7. Ми не знаємо, _ йому років.

8. Ви не знаєте, _ він жив раніше?

9. Я знаю, _ звати цього чоловіка.

10. Ви знаєте, _ він поїхав?

3 Поставте у речення відповідні сполучники.

빈칸에 알맞은 접속사를 쓰시오.

1. Ми ще не знаємо, _ у нас будуть екзамени.

2. Я не пам'ятаю, _ коштує мій фотоапарат.

3. Вона знає, _ мене звати.

4. Я не знаю, _ вам років.

5. Я думаю, _ ви студент.

6. Я не розумію, _ ви говорите.

7. Він думав, _ ми вже бачили цей фільм.

8. Я знаю, _ ви ідете.

9. Я не знаю, _ говорив цей чоловік.

10. Я не знаю, _ лежить цей словник.

1. Складні речення зі сполучниками *тому що* і *тому*

*тому що*와 *тому*를 이용해 문장을 만드시오

Павло добре склав іспит, **тому що** багато працював.
Павло багато працював, **тому** добре склав іспит.

4 A Складіть речення за зразком, використовуючи сполучник *тому що*.

예시와 같이 접속사 *тому що*를 이용해 문장을 만드시오.

Зразок

Я не піду в кіно. Я вже дивився цей фільм.
Я не піду в кіно, ***тому що*** я вже дивився цей, фільм.

1. Андрій не був на уроці. Він був хворий.
2. Він не вчив уроки. У нього боліла голова.
3. Весь день ми сиділи вдома. На вулиці йшов дощ.
4. Ганна завжди добре відповідає. Вона багато вчиться.
5. Він спізнився сьогодні на урок. Він пізно встав.
6. Я не можу йти в театр. Я зайнята.
7. Я хочу їсти. Я сьогодні ще не обідав.
8. Ян добре говорить англійською мовою. Він два роки жив у Лондоні.

B Складіть речення за зразком, використовуючи сполучник *тому*, з реченнями частини (а).

예시와 같이 접속사 *тому*를 이용해 (a)의 문장과 연결하여 문장을 만드시오.

Зразок

Ганна не піде в кіно. Вона вже дивилася цей фільм.
Ганна вже дивилася цей фільм, ***тому*** вона не піде в кіно.

5 Перефразуйте речення, використовуючи сполучник *тому що.*

접속사 *тому що*를 사용하여 문장을 다시 완성하시오.

1. Ганна багато працює, тому вона добре читає по-українському.
2. Він не читав вдома текст, тому він погано відповідав на уроці.
3. Сьогодні він пізно встав, тому не встиг поснідати.
4. Вчора я був зайнятий, тому я не прийшов до вас.
5. Вчора була погана погода, тому ми весь день сиділи вдома.
6. У мене болить нога, тому я не можу грати в футбол.
7. У мене не було грошей, тому я не купив квитки в театр.

6 Дайте відповіді на запитання.

질문에 답하시오.

Зразок

Чому він не був учора на стадіоні?
Він не був на стадіоні, ***тому що*** у нього боліла нога.

1. Чому ви не були сьогодні на лекції?
2. Чому вона не купила цей підручник?
3. Чому вони пізно повернулися додому?
4. Чому ти не зателефонував мені вчора?
5. Чому вони погано склали іспит?
6. Чому ви не були на концерті?

7 Дайте відповіді на запитання.

질문에 답하시오.

1. Чому він не пише зараз?
2. Чому вона так погано читає?
3. Чому ви не були вчора на уроці?
4. Чому ви мені вчора не зателефонували?
5. Чому вона не хоче йти в кіно?
6. Чому він не хоче йти гуляти?
7. Чому він сьогодні такий сумний?
8. Чому вона сьогодні така весела?

8 Допишіть речення.

문장을 완성하시오.

1. Учора він не був у басейні, тому що _ .
2. Учора він не був у класі, тому _ .
3. Він погано говорить українською мовою, тому що _ .
4. Він погано відповідає урок, тому _ .
5. Ми вивчаємо українську мову тільки місяць, тому _ .
6. Він добре говорить французькою мовою, тому що _ .
7. Вона любить балет, тому _ .
8. Вчора він не ходив у театр, тому що _ .

2. Складні речення зі сполучником *якщо*

접속사 *якщо*가 포함된 복문

Якщо завтра буде гарна погода, ми підемо на стадіон.
Я напишу йому повідомлення, **якщо** знайду його номер телефону.

9 Напишіть вправу за зразком.

아래에 제시된 예시와 같이 주어진 문장을 완성하시오.

Зразок

У неділю буде гарна погода. Ми поїдемо в село.
Якщо у неділю буде гарна погода, ми поїдемо в село.

1. Ви прийдете до мене. Я покажу вам свою бібліотеку.
2. Ти даси мені книжку сьогодні. Я поверну її через два дні.
3. Ви хочете вивчити українську мову. Я допоможу вам.
4. Увечері ти будеш вдома. Я зателефоную тобі.
5. Сьогодні ми підемо в кіно. Ми раніше закінчимо працювати.
6. Завтра буде холодно. Ми не підемо в басейн.

10 Дайте відповіді на запитання.

질문에 답하시오.

1. Що ви будете робити, якщо завтра буде гарна погода?
2. Що ви будете робити, якщо завтра буде падати дощ?
3. Що ти будеш робити, якщо у тебе буде вільний час?
4. Що будуть робити ваші друзі, якщо ви купите їм квитки в кіно?
5. Що ви будете робити, якщо ваш друг дасть вам цікаву книжку?
6. Що ви будете робити сьогодні, якщо завтра у вас буде контрольна робота?

11 Допишіть речення.
문장을 완성하시오.

1. Якщо ввечері буде падати дощ, _ .
2. Якщо завтра буде екскурсія, _ .
3. Якщо він прийде до вас, _ .
4. Якщо мій друг поїде в Київ, _ .
5. Якщо я куплю цю книжку, _ .
6. Якщо в нашому клубі буде вечір, _ .

12 Допишіть речення.
문장을 완성하시오.

1. Я допоможу тобі, якщо _ .
2. Він дасть тобі підручник, якщо _ .
3. Вона прийде до нас завтра, якщо _ .
4. Ми підемо гуляти ввечері, якщо _ .
5. Я зустріну тебе на вокзалі, якщо _ .
6. Я куплю вам квитки в кіно, якщо _ .

13 Допишіть речення.
문장을 완성하시오.

1. Якщо він дасть мені цю книжку, _ .
2. Якщо вона напише мені мейл, _ .
3. Якщо ви зателефонуєте мені, _ .
4. Якщо ви прийдете до мене, _ .
5. Я буду дуже рада, якщо _ .
6. Я дам вам цю газету, якщо _ .
7. Я розповім вам цю історію, якщо _ .
8. Ми допоможемо вам, якщо _ .

14 Дайте відповіді на запитання.

질문에 답하시오.

1. Що потрібно робити, якщо ви хворі?
2. Куди треба піти, якщо ви погано почуваєтеся?
3. Куди треба піти, якщо у вас немає потрібної книжки?
4. Куди потрібно піти, якщо ви хочете купити костюм?
5. Куди потрібно піти, якщо ви хочете купити підручник з української мови?
6. Куди можна піти ввечері, якщо у вас є вільний час?
7. Куди можна поїхати, якщо у вас канікули?
8. Куди потрібно піти, якщо ви хочете подивитися фільм?

15 Допишіть речення.

문장을 완성하시오.

1. Якщо студент старанно вчиться, _ .
2. Якщо студент не склав іспит, _ .
3. Якщо чоловік хворий, _ .
4. Якщо ви хочете піти в театр, _ .
5. Якщо вам потрібно книжку, _ .
6. Якщо ви не знаєте слова, _ .
7. Якщо ви отримали повідомлення, _ .
8. Якщо ви загубили ручку, _ .
9. Якщо ви зустріли знайомого чоловіка, _ .
10. Якщо ви запізнилися на заняття, _ .

16 **Поєднайте два речення в одне, використовуючи сполучники *коли, якщо, тому що* і *тому*.**

접속사 *коли, якщо, тому що, тому*를 사용하여 두 문장을 한 문장으로 연결하시오.

1. Завтра буде гарна погода. Ми підемо в парк.
2. У нас буде вільний час. Ми підемо в кіно.
3. Заняття закінчаться. Ми підемо в їдальню.
4. Викладач пояснить урок. Ми зробимо домашнє завдання швидко.
5. Він не приїде у Київ скоро. Він погано знає це місто.
6. Іван буде жити у Києві. Він добре розмовляє по-українськи.
7. Ми будемо вдома цілий вечір. Буде погана погода.
8. Він не зможе зробити цю вправу. Він не був на уроці.

3. Складні речення зі сполучником *щоб*

접속사 *щоб*가 포함된 복문

Ми хочемо, **щоб** ви добре розмовляли по-українськи.

Дія дієслова хотіти з інфінітивом спрямована на одну особу.	*Дія дієслова хотіти з дієсловом у минулому часі, що сполучається сполучником щоб, спрямоване на різних осіб.*
1. **Я** хочу прочитати **цю книжку**.	1. **Я** хочу, щоб **ви** прочитали **цю книжку**.
2. **Ми** хочемо допомогти **Ганні**.	2. **Ми** хочемо, щоб **ви** допомогли **Ганні.**
3. **Я** хочу зателефонувати **Іванові.**	3. **Я** хочу, щоб **ви** зателефонували **Іванові**.
4. **Викладач** хоче подивитися **цей фільм.**	4. **Викладач** хоче, щоб **ми** подивилися **цей фільм.**
5. **Ви** хочете купити **українські сувеніри?**	5. **Ви** хочете, щоб **я** купив **вам українські сувеніри?**
6. **Він** хоче дати **мені ручку**.	6. **Він** хоче, щоб **я** дав **йому ручку.**

17 Дайте відповіді на запитання.

질문에 답하시오.

1. Ви хочете прочитати цю книжку? Ви хочете, щоб я прочитав цю книжку?
2. Ви хочете зателефонувати Максимові? Ви хочете, щоб ми зателефонували Максимові?
3. Ви хочете купити квитки в кіно? Ви хочете, щоб я купив вам квитки в кіно?
4. Ви хочете допомогти їй? Ви хочете, щоб я допоміг їй?
5. Ви хочете відповісти на це питання? Ви хочете, щоб інший студент відповів на це питання?
6. Ви хочете піти з нами на концерт? Ви хочете, щоб ми пішли з вами на концерт?

18 Допишіть речення, використовуючи слова справа.

우측의 단어를 사용하여 문장을 완성하시오.

1. Батько, хоче, щоб я _ на заводі.	працювати
2. Викладач хоче, щоб ми добре _ по-українськи.	розмовляти
3. Батьки хочуть, щоб ми _ влітку в селі.	жити
4. Вона хоче, щоб я _ їй підручник.	дати
5. Я хочу, щоб ви _ до нас.	прийти
6. Ви хочете, щоб він _ вам?	зателефонувати
7. Ви хочете, щоб я _ вам?	допомогти
8. Ви хочете, щоб я _ вам новий журнал?	принести
9. Ви хочете, щоб ми _ вам квитки в кіно?	купити

19 Допишіть речення.

문장을 완성하시오.

1. Ми хочемо, щоб ви _ .
2. Він хоче, щоб я _ .
3. Вона хоче, щоб він _ .
4. Вони хочуть, щоб ми _ .
5. Ви хочете, щоб я _ .
6. Ви хочете, щоб вони _ .

Іван приходив до мене, **щоб** я допоміг йому перекласти статтю.

20 Допишіть речення.

문장을 완성하시오.

1. Він прийшов до нас, щоб ми __ .
2. Я прийшов до викладача, щоб він __ .
3. Ми прийшли до друга, щоб він __ .
4. Моя сестра приїхала до мене, щоб я __ .
5. Студент прийшов до лікаря, щоб він __ .
6. Моя подруга приїхала до мене, щоб я __ .

Ганна сказала, **що** їй потрібно прочитати статтю в журналі.
Ганна сказала, **щоб** я приніс їй журнал.

21 Поставте в речення сполучники *що* або *щоб*.

빈칸에 접속사 *що* 나 *щоб*를 넣으시오.

1. Викладач сказав нам, __ ми прочитали цю книжку. Він сказав, __ ця книжка дуже цікава.
2. Лікар сказав хворому, __ у нього небезпечна хвороба. Лікар сказав, __ хворий приймав ліки.
3. Батько написав мені, __ влітку я приїхав додому. Він написав, __ вони з мамою дуже хочуть мене побачити. Я написав батькам, __ влітку я обов'язково приїду до них.
4. Я сказав приятелеві, __ я купив квитки в кіно. Приятель сказав мені, __ я купив йому два квитки.
5. Викладач сказав, __ сьогодні ми будемо писати контрольну роботу. Він сказав, ми писали уважно.
6. Мій друг сказав мені, __ я подивився балет «Лебедине озеро». Він сказав, дивився балет в Оперному театрі.

22 Допишіть речення.

문장을 완성하시오.

1. Я не хочу, щоб ви _ .
2. Він приїхав до тебе, щоб ти _ .
3. Він сказав мені, щоб ми _ .
4. Вона сказала нам, щоб ти _ .
5. Я прошу його, щоб він _ .
6. Він хотів, щоб ми _ .
7. Він прийшов до нас, щоб ми _ .

4. Складні речення зі сполучником *хоч = незважаючи на те, що*

접속사 *хоч = незважаючи на те, що*가 포함된 복문

1. На вулиці було холодно, **але** ми пішли гуляти.	1. **Хоч** на вулиці було холодно, ми пішли гуляти.
2. Він вивчає українську мову лише три місяці, **але** вже непогано розмовляє по-українськи.	2. **Хоч** він вивчає українську мову лише три місяці, він уже непогано розмовляє по-українськи
3. Контрольна робота була важкою, **але** ми добре написали її.	3. **Хоч** контрольна робота була важкою, ми добре написали її.
4. Я вже бачив цей фільм, **але** із задоволенням подивлюся його ще раз.	4. **Хоч** я вже бачив цей фільм, я із задоволенням подивлюся його ще раз.

23 Замініть сполучник *але* сполучником *хоч = незважаючи на те, що*.

접속사 *але* 를 접속사 *хоч = незважаючи на те, що* 로 고쳐 쓰시오.

Зразок

Вчора у мене боліла голова, ***але*** я написав усі вправи.
Незважаючи на те, що вчора у мене боліла голова, я написав усі вправи.

1. Він нещодавно почав вивчати українську мову, але вже непогано розмовляє по-українськи.
2. У тексті було багато нових слів, але ми зрозуміли його.
3. Я нещодавно читав цю книжку, але погано пам'ятаю її.
4. Батько вже немолодий, але продовжує працювати.
5. Дорога була важкою, але туристи продовжували свій шлях.
6. Цей лікар працює нещодавно, але вже робить складні операції.

24 Поєднайте два речення в одне, використовуючи сполучники *але* або *незважаючи на те, що.*

접속사 *але*나 *незважаючи на те, що*를 사용하여 두 문장을 한 문장으로 연결하시오.

Зразок

Я вже дивився цей фільм.
Я хочу подивитися його ще раз.

Я вже дивився цей фільм, ***але*** хочу подивитися його ще раз.
Незважаючи на те, що я вже дивився цей фільм, я хочу подивитися його ще раз.

1. У неї гарний голос. Вона ніколи не співає.
2. Вчора в нашому клубі був гарний концерт. Я не пішов у клуб.
3. Моя сестра ще маленька. Вона непогано грає на піаніно.
4. Всі слова в тексті були відомі. Ми погано зрозуміли цей текст.
5. Падав дощ. Ми продовжували грати у футбол.
6. На вулиці холодно. Студенти ходять без пальто.
7. Він довго вчив вірш. Він не запам'ятав його.

25 Допишіть речення.

문장을 완성하시오.

1. Незважаючи на те, що він нещодавно приїхав у Київ, _ .
2. Незважаючи на те, що вони декілька років вивчали українську мову, _ .
3. Незважаючи на те, що ніхто не говорив про це, _ .
4. Незважаючи на те, що моєму молодшому братові було два роки, _ .
5. Незважаючи на те, що вони дуже втомилися, _ .
6. Незважаючи на те, що цьому чоловікові 60 років, _ .
7. Незважаючи на те, що текст був дуже важкий, _ .
8. Незважаючи на те, що студент знав усі слова в тексті, _ .
9. Незважаючи на те, що ви декілька разів повторили номер свого телефону, _ .
10. Незважаючи на те, що він довго вчив нові слова, _ .

5. Складні речення зі сполучником *те, що; той, хто*

접속사 *те, що; той, хто*가 포함된 복문

Я приніс вам **те, що** обіцяв.
Я довго думав **про те, що** ви говорили.
Я не знаю **того, про кого** ви говорите.

26 Поставте в речення займенник *те* у правильній формі.

빈칸에 대명사 *те*를 적절한 형태로 넣으시오.

1. Ви принесли _, що обіцяли?
2. Ви купили _, що хотіли купити?
3. Я розповів вам _, що я знав про цього чоловіка.
4. Мені сподобалося _, що ми бачили на виставці.
5. Іноді вона говорить не _, що думає.
6. Іноді я роблю не _, що треба.
7. Я сказав не _, що хотів.
8. Бібліотекар дала мені не _, що я просив.

27 Поставте в речення займенник *той* або *те* в правильній формі.

빈칸에 대명사 *той* 나 те를 적절한 형태로 넣으시오.

1. Тут немає _, хто вам потрібен.
2. У нас нема _, що вам потрібно.
3. Я не знаю _, про кого ви говорите.
4. Ми не бачили _, хто до вас приходив.
5. Ви не знаєте_, хто виступав на вечорі?
6. Ви не пам'ятаєте _, хто говорив вам про це?

28 Поставте в речення займенник *той* або *те* в правильній формі.

빈칸에 대명사 *той* 나 те를 적절한 형태로 넣으시오.

1. Вам треба піти до _, хто може вам допомогти.
2. Зателефонуйте _, хто не знає, що завтра будуть збори.
3. Розкажіть про вечір _, хто не був на вечорі в клубі.
4. Перекладіть ці слова _, хто не був на уроці.
5. Викладач ще раз пояснив правило _, хто не зрозумів його.
6. Приємно розмовляти з _, хто уважно слухає.
7. Важко сперечатися з _, хто не вміє слухати інших.
8. Я займаюся _, що мене цікавить.
9. Викладач задоволений _, як ми написали цю роботу.
10. Я довго думав про _, що ви сказали.
11. Розкажи мені про _, що ви бачили на екскурсії.
12. Напиши мені про _, як ви живете. 13. Розкажи нам про _, що було на вечорі.

29 Поставте в речення займенник *той* або *те* в правильній формі.

빈칸에 대명사 *той* 나 *те*를 적절한 형태로 넣으시오.

1. Мені подобається _, що ви купили.
2. Я не знаю _, про кого ви говорите.
3. Він знайшов _, що шукав.
4. Я думаю _, що ви розповіли мені.
5. Я завжди буду пам'ятати _, що ви зробили для мене.
6. Ми зрозуміли _, що ви сказали.

30 Допишіть речення.

문장을 완성하시오.

1. Вам подобається те, що _?
2. Я не знаю того, про кого _ .
3. Вона говорила не те, що _ .
4. Розкажіть нам про те, як _ .
5. Ви задоволені тим, як _ ?
6. Я забув про те, що _ .
7. Порадьтеся з тим, хто _ .

6. Складні речення зі сполучником *який, яка, яке, які*[1)]

접속사 *який, яка, яке, які*가 포함된 복문

Я зустрів друга. Він нещодавно приїхав з Києва.
Я зустрів друга, **який (що)** нещодавно приїхав з Києва.

31 Поєднайте два речення в одне складне.

다음 두 문장을 한 문장으로 연결하시오.

1. Ви бачили новий фільм? Він ішов у нас у клубі.
2. Ви знаєте мою сестру? Вона працює у нас у бібліотеці.
3. Я знаю викладача. Він закінчив Київський університет.
4. Де лист? Він лежав у цій книзі.
5. У Київ приїхали китайські студенти. Вони вивчають українську мову.
6. Я відпочивав у селі. Воно розташоване на березі моря.

Я знаю **цього** студента. **Цей студент** вчився в Києві.
(**Він** вчився в Києві).
Я знаю студента, **який (що)** вчиться в Києві.

1) У називному відмінку сполучники *який, яка, яке, які* можна замінити сполучником *що*. 주격에서는 접속사 *який, яка, яке, які*를 접속사 що로 바꿔 사용할 수 있다.

32 Напишіть вправу за зразком, використовуючи сполучники *який, яка, яке, які, що.*

예시와 같이 전치사 *який, яка, яке, які, що* 등을 사용하여 문장을 쓰시오.

Зразок

Мій брат вчиться в *цій* школі. *Ця школа* розташована на нашій вулиці.
Мій брат вчиться в школі, *яка (що)* розташована на нашій вулиці.

1. Ми були в кінотеатрі. ***Цей кінотеатр*** розташований на сусідній вулиці.
2. Ви були вчора на концерті? ***Цей концерт*** був у клубі.
3. Ганна була на творчому вечорі. ***Вечір*** був у суботу.
4. Ви бачили ***цей*** лист? ***Він*** лежав у книзі.
5. Студент читає лист. Він отримав ***цей лист*** сьогодні вранці.
6. Ви знаєте ***цього*** студента? ***Він*** недавно прибув з Туреччини.
7. Ви знаєте ***цю*** студентку? ***Ця*** студентка вчиться на другому курсі.
8. Я не знаю ***цю*** людину. ***Вона*** стоїть на зупинці.

33 Поставте в речення сполучник *який, яка, яке, які, що* в правильній формі.

빈칸에 *який, яка, яке, які* 등의 접속사를 적절한 형태로 넣으시오.

1. Зараз ми читаємо оповідання, _ ми читали вдома.
2. Завтра ми будемо розповідати текст, _ сьогодні ми писали в класі.
3. Я не знаю слово, _ ви сказали щойно.
4. Студенти були на екскурсії в школі, _ розташована недалеко від університету.
5. Ми купуємо газети і журнали в кіоску, _ розташований на нашій вулиці.
6. Я купив книжку, _ коштує 100 гривень.
7. Ми знаємо всі слова, _ були в останньому тексті.
8. Вдома ми повинні вивчити дієслова, _ ми писали на уроці.

Вчора я отримав лист. **У цьому** листі батько пише про родину (сім'ю).
Вчора я одержав лист, **у якому** батько пише про родину (сім'ю)

34 Напишіть вправу за зразком, використовуючи сполучники *який, яка, яке, які* в потрібній формі.

예시와 같이 전치사 *який, яка, яке, які* 등을 사용하여 문장을 쓰시오.

Зразок

Учора я купив підручник. Я розповідав вам ***про цей підручник***.
Учора я купив підручник, ***про який*** я вам розповідав.

1. Сьогодні я бачив дівчину. Я розповідав тобі ***про цю дівчину***.
2. Мені подобається ця вулиця. ***На цій вулиці*** живе мій друг.
3. Нещодавно я прочитав книжку. Ти писав мені ***про цю книжку***.
4. Вранці я зустрів друга. Я говорив вам ***про цього друга***.
5. Я читаю газету. ***У цій газеті*** Тарас надрукував свої вірші.
6. Ми були в будинку. ***У цьому будинку*** жив відомий письменник.
7. Я працюю в школі. ***У цій школі*** вчився мій брат.

35 Замініть сполучник *де* сполучником *який, яка, яке, які* у місцевому відмінку.

접속사 *де*를 *який, яка, яке, які*의 전치격 형태로 고쳐 쓰시오.

Зразок

Ти знаєш будинок, ***де*** я живу?
Ти знаєш будинок, ***у якому*** я живу?

1. Ви знаєте кіоск, де ми купуємо газети?
2. Ви були в аудиторії, де ми слухаємо лекції?
3. Я купив квитки у театр, де ми вже були.
4. Студенти ідуть у бібліотеку, де вони беруть книги.
5. Я знаю місто, де він жив раніше.
6. Я загубив словник, де я писав нові слова.
7. Я був на заводі, де працював мій батько
8. Вчора ми були на площі, де розташований театр.

36 Допишіть речення, використовуючи слова справа.

우측의 단어를 사용하여 문장을 완성하시오.

1. Студент купив газети в кіоску	а) кіоск є на нашій вулиці. в) у цьому кіоску часто бувають газети на англійській мові.
2. Вчора ми читали текст	а) текст ми повинні розповідати на уроці; в) у тексті було багато нових слів.
3. Ми з братом були у театрі.	а) цей театр розташований у центрі; в) у цьому театрі працює мій брат.
4. Студент загубив портфель	а) у портфелі були книги та зошити; в) цей портфель він купив нещодавно.
5. Після уроку ми підемо в бібліотеку.	а) там ми будемо слухати лекцію; в) ця бібліотека знаходиться поряд.
6. Де валіза?	а) у валізі лежать мої речі; в) вона стояла тут.

37 Поставте в речення сполучник *який, яка, яке, які* в правильній формі.

빈칸에 *який, яка, яке, які* 등의 접속사를 적절한 형태로 넣으시오.

Зразок

Мені подобається книжка, _ ви розповідаєте.
Мені подобається книжка, про **яку** ви розповідаєте.

1. Я бачив будинок, _ він мені говорив.
2. Я був у будинку, _ живе наш професор.
3. Я живу на вулиці, _ розташована наша школа.
4. Школа, _ вчиться мій брат, дуже велика.
5. Я купив підручник, _ ти мені писав.
6. Учора я дивився фільм, _ знімався відомий актор.

38 **Допишіть речення.**

문장을 완성하시오.

1. Я знаю дівчину, про яку _ .
2. Я читав книжку, про яку _ .
3. Він живе у місті, в якому _ .
4. Мені подобається юнак, про якого _ .
5. Я бачив будівлю, в якій _ .
6. Вчора він був у театрі, в якому _ .
7. Він був у будинках, в яких _ .

39 **Допишіть речення.**

문장을 완성하시오.

1. Я знаю студентів, про яких _ .
2. Я читав книжки, про які _ .
3. Він був у містах, про які _ .
4. Ми знаємо письменників, про яких _ .
5. Я бачив вулиці, на яких _ .
6. Він був у музеях, в яких _ .

40 **Напишіть вправу за зразком, використовуючи сполучники *який, яка, яке, які* в потрібній формі.**

який, яка, яке, які 등의 접속사를 사용하여 예시와 같이 쓰시오.

Зразок

У цьому будинку живе дівчина. ***Цю дівчину*** я знаю давно.
У цьому будинку живе дівчина, ***яку*** я знаю давно.

1. На столі лежить книжка. ***Цю книжку*** подарував мені мій друг.
2. Я дивився фільм. ***Цей фільм*** ви радили мені подивитися.

3. Ми говоримо про статтю. ***Цю статтю*** ми читали вчора в газеті.

4. Я знаю оповідання. ***Це оповідання*** я читав минулого року.

5. Я бачив студента. ***Цього студента*** ви чекали вчора біля метро.

6. Я знаю чоловіка. ***Цього чоловіка*** ми зустріли в театрі.

7. Ви знаєте пісню? ***Цю пісню*** співав артист на вечорі.

8. Ви знаєте студента? ***Цього студента*** питає викладач.

41 Напишіть вправу за зразком, використовуючи сполучники *який, яка, яке, які* в потрібній формі.

який, яка, яке, які 등의 접속사를 사용하여 예시와 같이 쓰시오.

Зразок

Я прочитав ***книжки***. Я взяв ***ці книжки*** у бібліотеці.
Я прочитав книжки, ***які*** я взяв у бібліотеці.

Вчора у мене були ***друзі***. Ви знаєте ***їх***.
Вчора у мене були друзі, ***яких*** ви знаєте.

1. На столі лежать газети. Він купив ***ці газети*** в кіоску.

2. Мені подобаються пісні. ***Ці пісні*** співали на вечорі студенти.

3. У залі сидять викладачі. Ми запросили ***їх*** на вечір.

4. Тут живуть мої друзі. Ти добре знаєш ***моїх друзів***.

5. У Київ повинні приїхати мої батьки. Я давно не бачив ***їх***.

6. У сусідній кімнаті живуть студенти. Я не знаю ***цих студентів***.

42 Поставте в речення сполучник *який, яка, яке, які* в правильній формі.

빈칸에 *який, яка, яке, які* 등의 접속사를 적절한 형태로 넣으시오.

1. Я читав книжку, _ ви порадили мені прочитати.
2. Я читав книжку, _ лежить на столі.
3. Я читав книжку, _ ви розповідаєте.
4. Я знаю студентку, _ добре грає у волейбол.
5. Я знаю студентку, _ ви чекаєте.
6. Я знаю студентку, _ ви розповідали.
7. Я бачив студента, _ живе у цій кімнаті.
8. Я бачив студента, _ ви добре знаєте.
9. Я бачив студента, _ ви розповідали.
10. Він знає всіх студентів, _ вчаться на нашому факультеті.
11. Він знає всіх студентів, _ ви запросили на вечір.
12. Він знає всіх студентів, ___ ви розповідаєте.

43 Допишіть речення.

문장을 완성하시오.

1. Я знаю дівчину,	яка _ .
	яку _ .
	про яку _ .
2. Я бачив будинок,	який _ .
	в якому _ .
	про який _ .
	в який _ .
3. Я знаю чоловіка,	який _ .
	якого _ .
	про якого _ .
4. Я знаю людей,	які _ .
	яких _ .
	про яких _ .

44 Поєднайте два речення в одне, використовуючи сполучники *який, яка, яке, які* в правильній формі.

який, яка, яке, які 등의 접속사를 적절한 형태로 사용하여 두 문장을 한 문장으로 연결하시오.

1. Я не знаю студента. ***Цьому студентові*** ви дали свій словник.
2. Вчора я ходив до лікаря. Я розповів ***йому*** про свою хворобу.
3. Тут живе мій друг. Я допомагаю ***йому*** вивчати українську мову.
4. Цю історію розповів мені знайомий. Вчора ми телефонували ***йому***.
5. Як звати цю дівчину? Ви купили ***їй*** квиток у театр.
6. Сьогодні мій сусід отримав посилку від сестри. Він часто отримує посилки ***від неї***.

45 Поєднайте два речення в одне, використовуючи сполучники *який, яка, яке, які* в правильній формі.

який, яка, яке, які 등의 접속사를 적절한 형태로 사용하여 두 문장을 한 문장으로 연결하시오.

1. Я часто згадую свого друга. ***З цим другом*** я вчився в університеті.
2. Я отримав мейл від друга. ***З цим другом*** я знайомий багато років.
3. Ви знаєте цю дівчину? ***З цією дівчиною*** ви були на вечорі.
4. Мої батьки знайомі з викладачем. ***З цим викладачем*** я працюю.
5. У якій групі вчиться цей студент? Ви розмовляли ***з ним*** в університеті?
6. Де працює лікар? Ви розмовляли ***з ним*** по телефону?

47 Поєднайте два речення в одне, використовуючи сполучники *який, яка, яке, які* в правильній формі.

який, яка, яке, які 등의 접속사를 적절한 형태로 사용하여 두 문장을 한 문장으로 연결하시오.

1. Як звати вашого друга? Ви були ***у нього*** вчора?
2. Як звати лікаря? Ви були ***у нього*** сьогодні вранці.
3. У цій кімнаті живе студентка. Я беру ***у неї*** книжки.
4. Де живе студент? Ви брали ***у нього*** фотоапарат?
5. Викладач запитав про студента. ***Цього студента*** не було на уроці.
6. Я знаю одну студентку. ***У неї*** багато українських книг.
7. Я купив книжку. ***Цієї книжки*** немає в нашій бібліотеці.
8. Викладач ще раз пояснив текст студентам. ***Цих студентів*** не було вчора на заняттях.

47 Поєднайте два речення в одне, використовуючи сполучники *який, яка, яке, які* в правильній формі.

який, яка, яке, які 등의 접속사를 적절한 형태로 사용하여 두 문장을 한 문장으로 연결하시오.

1. У нашій групі вчиться студентка.	a) Вона приїхала з Кореї;
	в) Її звати Кім Сохйон;
	c) Вона добре розмовляє по-українськи;
	d) У неї багато друзів в Україні.
2. У мене є приятель.	a) Його звати Володимир;
	в) Він вчиться на факультеті іноземних мов;
	c) Я познайомився з ним у Києві;
	d) Я допомагаю йому вивчати англійську мову.
3. Сьогодні на уроці ми читали оповідання.	a) Оповідання нам дуже сподобалося;
	в) Ми довго обговорювали це оповідання;
	c) Його написав відомий український письменник.
	a) Він працює в театрі;
4. Як звати вашого друга?	в) Ви часто телефонуєте йому;
	c) Я бачив його у вас вдома;
	d) Ви були з ним у нас на вечорі.

48 Допишіть речення.

문장을 완성하시오.

1. У нашій групі вчиться студентка,
   - яка _ .
   - у якої _ .
   - яку _ .
   - з якою _ .
   - про яку _ .

2. Мій друг живе в будинку,
   - який _ .
   - в якому _ .
   - біля якого _ .
   - в який _ .
   - перед яким _ .

3. На уроці ми говорили про статтю,
   - до якого _ .
   - яка _ .
   - в якій _ .
   - про яку _ .
   - яку _ .

49 Дайте відповіді на запитання, використовуючи сполучник *який, яка, яке, які.*

який, яка, яке, які 등 접속사를 사용하여 질문에 답하시오.

Зразок

Хто такий школяр?
Школяр – це хлопчик, який вчиться в школі.

1. Хто така школярка?
2. Хто такий студент?
3. Хто така студентка?
4. Хто такий читач?
5. Хто такий слухач?
6. Хто такий глядач?
7. Хто такий письменник?
8. Хто такий продавець?
9. Хто такий покупець?

1. Що таке аудиторія?
2. Що таке їдальня?
3. Що таке студентський гуртожиток?
4. Що таке словник?

08 ПРЯМА І НЕПРЯМА МОВА
직접문과 간접문

1. Пряма мова у розповідному реченні
서술문에서의 직접문

Іван сказав другові: «Я зателефоную тобі ввечері».
Іван сказав другові, **що** він зателефонує йому ввечері.

1 Замініть пряму мову непрямою.
아래의 문장을 간접화법으로 바꿔 쓰시오.

1. Викладач сказав нам: «У понеділок ви будете писати диктант».
2. Я сказав Максимові: «У мене є два квитки в театр».
3. Ганна написала своїм батькам: «Я скоро приїду додому».
4. Мій брат зателефонував мені і сказав: «Ввечері я буду у тебе».
5. Тарас написав батькові: «Я добре склав іспит».
6. Моя сестра написала мені: «Скоро у нас будуть канікули».
7. Надія сказала мені: «Я читала цю книжку».
8. Викладач сказав студентам: «Ви повинні прочитати це оповідання».

2 Замініть пряму мову непрямою.
아래의 문장을 간접화법으로 바꿔 쓰시오.

1. Іван сказав нам: «Завтра у нас у клубі буде концерт».
2. Ми сказали йому: «Ми хочемо піти на цей концерт».
3. Він відповів нам: «У касі вже немає квитків».
4. Ми сказали йому: «Ти повинен допомогти нам купити квитки».
5. Мій друг сказав мені: «У мене є зайвий квиток».
6. Я сказав йому: «Я не бачив цей фільм».
7. Він сказав мені: «Мені потрібно два квитки».
8. Викладач сказав студентам: «Завтра ви почнете читати нове оповідання».
9. Студенти сказали: «У нас немає цього оповідання».
10. Викладач сказав їм: «Ви можете взяти це оповідання в бібліотеці».

2. Пряма мова у спеціальному питанні

특정 질문에서의 직접문

Тарас запитав мене: «**Куди** ти ідеш?»
Тарас запитав мене, **куди** я іду.

3 Замініть пряму мову непрямою.

아래의 문장을 간접화법으로 바꿔 쓰시오

1. Ганна запитала мене: «Де розташована книгарня?»
2. Я запитав продавця: «Скільки коштує ця книжка?»
3. Я запитав його: «Котра зараз година?»
4. Тарас запитав мене: «Як звати цього студента?»
5. Я запитав його: «Де ви живете?»
6. Марія запитала нас: «Куди ви їдете?»
7. Іван запитав мене: «Кому ти обіцяв дати книжку?»
8. Мій друг запитав у мене: «Чому ти не був учора на концерті?»
9. Мати запитала сина: «Коли ти повернешся додому?»
10. Ми запитали нового студента: «Звідки ти приїхав?»

3. Пряма мова у простому питанні

평서문에서의 단순 질문

Я запитав друга: «Ти **бачив** цей фільм?»
Я запитав друга, **чи** він **бачив** цей фільм.

4 Замініть пряму мову непрямою.

아래의 문장을 간접화법으로 바꿔 쓰시오.

1. Ніна запитала нас: «Ви читали цю книжку?»
2. Я запитав його: «Ти був сьогодні на стадіоні?»
3. Ми запитали їх: «Ви були на виставці?»
4. Ганна запитала мене: «Ти отримуєш посилки з дому?»
5. Я запитав його: «Твоя сестра піде з нами в театр?»
6. Ми запитали викладача: «Завтра буде лекція з історії?»
7. Він запитав нас: «Ви розумієте те, що я говорю?»
8. Я запитав брата: «Ти будеш читати цю книжку?»

5 Замініть пряму мову непрямою.

다음 직접문을 간접문으로 바꿔 쓰시오.

1. Наш приятель запитав нас: «Ви давно приїхали сюди?»
2. Лікар запитав мене: «Ви добре себе почуваєте?»
3. Викладач запитав студентів: «Ви добре зрозуміли цю тему?»
4. Студенти запитали викладача: «Ми правильно розв'язали задачі?»
5. Ганна запитала свою подругу: «Цікаво було на вечорі?»
6. Я запитав свого друга: «Ти довго чекав на мене?»
7. Я запитав Івана: «Ти давно вивчаєш корейську мову?»

6 Замініть непряму мову прямою.

다음 간접문을 직접문으로 바꿔 쓰시오.

Зразок

Викладач запитав нас, ***чи*** все ***нам*** зрозуміло.
Викладач запитав нас: «***Вам*** усе зрозуміло?»

1. Я запитав батька, чи всі книжки він прочитав.
2. Друг запитав мене, чи я розв'язав усі задачі.
3. Ми увійшли в зал і запитали, чи тут буде лекція.
4. Студенти запитали викладача, чи тут вони будуть складати іспити.
5. Я запитала Ганну, чи в цьому будинку вона живе.
6. Я запитав Івана, чи цього року він був у Києві.

4. Пряма мова у реченні з наказовим способом

명령문에 대한 간접문

Викладач сказав нам: «**Прочитайте** цей текст».
Викладач сказав нам**, щоб** ми **прочитали** цей текст.

7 Замініть пряму мову непрямою.

아래의 문장을 간접화법으로 바꿔 쓰시오.

1. Викладач сказав нам: «Відкрийте зошити і пишіть слова».
2. Ми попросили викладача: «Повторіть, будь ласка[1], останнє речення».
3. Він сказав студентам: «Прочитайте оповідання вдома».
4. Студенти сказали асистентові: «Запитай у декана, коли будуть екзамени».
5. Батьки написали Іванові: «Пиши нам частіше».
6. Іван написав батькам: «Пришліть мені гроші».
7. Друзі попросили Тараса: «Розкажи нам, як ти жив в Америці».
8. Я попросив друга: «Купи мені, будь ласка, газету».

8 Замініть пряму мову непрямою.

아래의 문장을 간접화법으로 바꿔 쓰시오.

1. Викладач сказав студентам: «Вивчіть цей вірш напам'ять».
2. Брат сказав мені: «Прочитай цю книжку».
3. Мати сказала синові: «Не пали в кімнаті».
4. Я сказав йому: «Принеси мені мій словник».
5. Він сказав мені: «Поверни мені книжку, яку ти позичав».
6. Вона сказала йому: «Допоможи мені розв'язати задачу».
7. Я сказав сестрі: «Віднеси книжки в бібліотеку».
8. Ганна сказала Іванові: «Купи квитки в кіно».
9. Вчителька сказала мені: «Візьми словник і знайди значення цього слова».
10. Мати сказала дочці: «Купи, будь ласка, хліба в магазині».

---

1) Коли замінюємо пряму мову непрямою, слова так, ні, будь ласка, прошу і т. д. упускаємо. 직접문을 간접문으로 바꾸는경우 так, н*і*, будь ласка, прошу 등은 생략한다.

09 ВПРАВИ НА ПОВТОРЕННЯ ПРЯМОЇ І НЕПРЯМОЇ МОВИ

연습문제 : 직접문에서 간접문으로 바꾸기

1 Замініть пряму мову непрямою.

아래의 문장을 간접문으로 바꿔 쓰시오.

1. Мій друг запитав мене: «Чому ти не був на творчому вечорі?»
2. Він запитав нас: «Ви підете завтра в театр?»
3. Надія сказала Олегові: «Зателефонуй мені сьогодні ввечері».
4. Я сказав їй: «Почекай мене тут!»
5. Вона запитала брата: «Ти можеш допомогти мені?»
6. Він запитав мене: «Ти пам'ятаєш цього чоловіка?»
7. Мій друг запитав мене: «Куди ти поклав сумку?»
8. Я запитав Івана: «Ти приходив до мене вчора?»
9. Він попросив мене: «Допоможи мені, будь ласка!»
10. Максим запитав мене: «Ти прочитаєш цю книжку до суботи?»

2 Замініть пряму мову непрямою.

아래의 문장을 간접문으로 바꿔 쓰시오.

1. Він запитав нас: «Куди ви їдете?» Ми відповіли йому: «Ми ідемо в кіно».
2. Він запитав мене: «Ти читав цю книжку?» Я відповів: «Ні, не читав».
3. Мати запитала сина: «Ти був учора в кіно?» Син відповів: «Так, був». Мати запитала: «З ким ти був у кіно?» Він відповів: «Я був з товаришем».
4. Друг попросив мене: «Поясни мені це правило». Я сказав йому: «Попроси Джона, тому що я сам не розумію це правило дуже добре».
5. Я попросив подругу: «Розкажи мені, як доїхати до театру». Вона сказала: «Запитай Ганну, тому що вона була в цьому театрі».

5 Замініть пряму мову непрямою.

아래의 문장을 간접화법으로 바꿔 쓰시오.

1. Я запитав Івана: «Ти був учора на зборах?»
   Іван відповів: «Я не був на зборах».
   Я запитав його: «Чому ти не був?»
   Він відповів: «Я не був на зборах, тому що я був хворим».
   Потім він запитав нас: «Цікавими були збори?»
   Ми відповіли: «Так, збори були цікавими».
2. Ганна запитала мене: «Ти читав цю книжку?»
   Я відповів: «Я читав її минулого року».
   Вона запитала мене: «Тобі сподобалася ця книжка?»
   Я відповів: «Сподобалася».
   Ганна запитала: «У тебе є ця книжка?»
   Я відповів: «Є».
   Тоді вона сказала мені: «Дай мені, будь ласка, цю книжку».
3. Вчора я був у лікаря. Лікар запитав мене: «Що у вас болить?»
   Я відповів: «У мене болить голова».
   Лікар запитав: «Яка температура у вас була вранці?»
   Я відповів: «Я не знаю».
   Лікар запитав: «Ви багато працюєте?»
   Я відповів: «Я працюю небагато».
   Лікар сказав: «Приймайте ці ліки і гуляйте кожного дня по дві години».

4 Замініть пряму мову непрямою.

아래의 문장을 간접화법으로 바꿔 쓰시오.

1. Друг запитав мене: «Що ти робив учора ввечері?»
   Я відповів: «Вчора ввечері ми з друзями ходили в кіно».
2. Викладач повідомив нам: «Післязавтра у нас буде контрольна робота».
   Ми запитали: «Контрольна робота буде важкою».
3. «Яку книжку ти читаєш?» – поцікавився друг. «Я читаю роман Франка», – відповів я.
4. «Чому ти так поспішаєш?» – здивувався мій друг. «Поспішаю, тому що запізнююся в театр», – пояснив я йому.
5. «Як дістатися до станції метро?» – запитав мене на вулиці незнайомий чоловік. Я сказав йому: «Ідіть прямо, потім поверніть уліво».
6. «Ти скоро підеш обідати?» – запитала мене Марія. « Я піду обідати через годину», – відповів я.
7. «Подивися новий фільм», – порадив мені мій друг.
8. «З ким ти ходив вчора на стадіон?» – запитав мене брат.
9. «Принеси мені ліки з аптеки», – попросив хворий студент свого друга.
10. «Я повинен закінчити цю роботу сьогодні», – вирішив Іван.

03

Відповіді
답안

1. Початковий курс граматики

기초과정 문법

1 Іменник. Однина. Питання *Хто це? Що це?*

명사. 단수. 의문사 Хто це? Що це?

1.

Так, це стіл. Так, це книжка. Так, це ручка. Так, це шафа. Так, це студент. Так, це викладач. Так, це лікар. Так, це лампа. Так, це олівець. Так, це будинок. Так, це вікно. Так, це студентка.

2.

Ні, це не книжка, це газета. Ні, це не журнал, це книжка. Ні, це не стілець, це дошка. Ні, це не двері, це вікно. Ні, це не викладач, це лікар. Ні, це не дошка, це стіл. Ні, це не школа, це будинок. Ні, це не студент, це викладач.

3.

1. Ні, це не студент, це студентка.
2. Ні, це не зошит, це книжка.
3. Ні, це не газета, це журнал.
4. Ні, це не стіл, це стілець.
5. Ні, це не вікно, це дошка.
6. Ні, це не ваза, це лампа.
7. Ні, це не шафа, це стіл.
8. Ні, це не викладач, це студент.

4.

A	B
Що це?	Що це?
Що це?	Що це?
Хто це?	Хто це?
Що це?	Хто це?
Хто це?	Що це?
Що це?	Що це?
Що це?	Хто це?
Що це?	Що це?
Хто це?	Хто це?

2 Дієслово. Теперішній час

동사. 현재형

5.

1. читаєш
2. читаємо
3. читають
4. читає
5. читаєте
6. читаю
7. читаємо
8. читає
9. читаєте

6.

1. Ми
2. Я
3. Ви
4. Ти
5. Він (Вона)
6. Вони
7. Він (Вона)
8. Я

7.

1. повторюємо
2. повторюю
3. повторює
4. повторює
5. повторюєте
6. повторюють

9.

1. Так, він слухає радіо. Ні, він не слухає радіо.
2. Так, вона читає лист. Ні, вона не читає лист.
3. Так, вони повторюють текст. Ні, вони не повторюють текст.
4. Так, вона читає журнал. Ні, вона не читає журнал.
5. Так, студент (він)знає діалог. Ні, студент (він) не знає діалог.
6. Так, студентка (вона)розуміє текст. Ні, студентка (вона) не розуміє текст.

10.

1. Так, я розумію (ми розуміємо) текст. Ні, я не розумію (ми не розуміємо) текст.
2. Так, я слухаю (ми слухаємо) радіо. Ні, я не слухаю (ми не слухаємо) радіо.
3. Так, я читаю (ми читаємо) журнал. Ні, я не читаю (ми не читаємо) журнал.
4. Так, я знаю правило. Ні, я не знаю правило.
5. Так, я повторюю урок. Ні, я не повторюю урок.
6. Так, я повторюю (ми повторюємо) діалог. Ні, я не повторюю (ми не повторюємо) діалог.

11.

b) 1.

Так, це Ганна.

Так, вона студентка.

Так, вона читає журнал.

2.

Це Ніна.

Вона студентка.

Так, вона слухає радіо.

12.

1. Так, Ганна (вона) розмовляє українською мовою. Ні, Ганна (вона) не розмовляє українською мовою.
2. Так, Ян (він) розмовляє українською мовою. Ні, Ян (він) не розмовляє українською мовою.
3. Так, вони розмовляють українською мовою. Ні, вони не розмовляють українською мовою.
4. Так, я розмовляю (ми розмовляємо)по-українському. Ні, я не розмовляю (ми не розмовляємо) по-українському.
5. Так, Борис (він) розмовляє англійською мовою. Ні, Борис (він) не розмовляє англійською мовою.
6. Так, я розмовляю англійською мовою. Ні, я не розмовляю англійською мовою.
7. Так, Ніна й Борис (вони) розмовляють англійською мовою. Ні, Ніна й Борис (вони) не розмовляють англійською мовою.

13.

1. Ганна читає текст.
2. Ганна й Павло добре читають текст.
3. Вони зараз повторюють текст.
4. Вони добре знають діалог.
5. Студент і студентка добре знають діалог.
6. Вони розмовляють українською мовою.
7. Ви добре розмовляєте українською мовою.
8. Вона зараз добре розмовляє українською мовою.
9. Вона розуміє українську мову.

14.

1. Хто слухає радіо?
2. Хто читає журнал?
3. Хто читає лист?
4. Хто розмовляє по-українському?
5. Хто добре знає урок?
6. Хто повторює текст?
7. Хто вчить діалог?

3 Прислівник. Питання *Як?*

부사. 의문사 *Як?*

16.

1. Я знаю діалог погано.
2. Ганна відповідає урок правильно.
3. Марія говорить голосно.
4. Ми розуміємо текст добре.
5. Я говорю по-українському погано.
6. Я слухаю урок уважно.
7. Викладач читає швидко.

17.

1. Борис читає по-українському добре.
2. Він читає англійською мовою погано.
3. Студенти відповідають урок правильно.
4. Ганна читає текст швидко.
5. Ніна знає алфавіт погано.
6. Вона пише завдання повільно.
7. Вона читає діалог голосно.
8. Студенти слухають урок уважно.
9. Вони розмовляють українською мовою повільно.
10. Радіо говорить тихо.

18.

1. Студент відповідає голосно, а я відповідаю ***тихо***.
2. Сестра розмовляє швидко, а брат розмовляє ***повільно***.
3. Ніна читає тихо, а Павло читає ***голосно***.
4. Марія розмовляє по-українському погано, а Ганна – ***добре***.
5. Студентка слухає урок уважно, а студент – ***неуважно***.
6. Я знаю урок добре, а ти – ***погано***.
7. Ви пишете завдання правильно, а вони – ***неправильно***.
8. Він розмовляє по-українському повільно, а вона – ***швидко***.

19.

1. Як студентка читає?
2. Як студент читає?
3. Як викладач говорить?
4. Як Марія говорить?
5. Як він розмовляє англійською мовою?
6. Як Ян розмовляє українською мовою?
7. Як Ганна розмовляє по-українському?

20.

1. Студент (він) читає голосно (швидко).
2. Він знає текст погано (добре).
3. Студентка (вона) відповідає урок правильно (неправильно).
4. Вона розмовляє українською мовою добре (погано).
5. Оксана (вона) знає текст погано (добре).
6. Студенти (вони) слухають текст уважно (неуважно).
7. Я знаю (ми знаємо) урок добре (погано).

21.

1. Так, я знаю, як вона розмовляє українською мовою. Вона добре розмовляє українською мовою.
2. Ні, я не знаю, як він розмовляє українською мовою.
3. Так я знаю, як студенти слухають урок. Вони слухають урок уважно.
4. Ні, я не знаю, як студенти відповідають урок.
5. Так, я знаю, як вони розмовляють німецькою мовою. Вони погано розмовляють німецькою мовою.

4 Прислівник. Питання *Коли?*

부사. 의문사 *Коли?*

23.

1. Так, я обідаю (ми обідаємо) вдень.
2. Так, я вечеряю (ми вечеряємо) ввечері.
3. Так, Ганна (вона) працює вдень.
4. Так, Тарас (він) слухає радіо ввечері.
5. Так, я читаю (ми читаємо) газети вранці.

24.

1. Я обідаю вдень.
2. Я вечеряю ввечері.
3. Я слухаю радіо вранці.
4. Я відпочиваю ввечері.
5. Я читаю газети вранці.
6. Я вчуся вдень.

26.

1. Коли ти снідаєш? (Коли ви снідаєте?)
2. Коли ви обідаєте?
3. Коли Роман слухає радіо?
4. Коли Ганна працює?
5. Коли ти читаєш газети? (Коли ви читаєте газети?)
6. Коли ви вечеряєте?

5 Дієслово. Питання *Що робить?*

동사. 의문사 *Що робить?*

28.

1. Ввечері ми вечеряємо, відпочиваємо, гуляємо. (Ввечері я вечеряю, відпочиваю, гуляю).
2. Павло (він) вчиться ввечері.
3. Студенти (вони) читають текст, повторюють дієслова, відповідають урок.
4. Вони снідають, читають газети, слухають радіо вранці.
5. Зараз я читаю лист.
6. Ганна (вона) пише вправи зараз.
7. Вони вечеряють, відпочивають, читають журнали ввечері.

29.

A.

1. Уранці Андрій (він) снідає.
2. Він вчиться вдень.
3. Зараз студенти відпочивають.
4. Увечері вони слухають музику.
5. Зараз я вивчаю українську мову.
6. Вранці я читаю газети.
7. Ввечері я гуляю.

B.

1. Після обіду Андрій (він) робить домашнє завдання.
2. Після уроків я обідаю.
3. Після вечері я відпочиваю.
4. Після сніданку Андрій (він) вчиться.
5. Ніна (вона) відпочиває після уроку.

30.

1. Що Павло робить вранці?
2. Що ви робите ввечері?
3. Що Ганна робить зараз?
4. Що вони робить зараз?
5. Що ти робиш ввечері?
6. Що ви робите вдень?
7. Що ви робите зараз?

33.

- Хто вона?
- Як вона розмовляє англійською мовою.
- Що вона робить вдень?
- Коли вона відпочиває?

34.

1. розмовляє
2. снідають
3. пише
4. слухаємо
5. знає
6. повторюєш
7. вчите
8. розумієте
9. розмовляють
10. вивчаєте

35.

1. читаю, слухаю, робите
2. розмовляє, розмовляєте
3. читає, роблять, слухають
4. пише, робить, вчить
5. відповідає, відповідаєте

36.

A.

1. Я добре розмовляю українською мовою.
2. Ганна погано читає українською мовою.
3. Вона не знає урок сьогодні.
4. Вона швидко пише.

B.

1. Я снідаю вранці.
2. Павло (він) працює вдень.
3. Він відпочиває ввечері.
4. Я обідаю вдень.
5. Я слухаю радіо вранці.

C.

1. Вдень студенти вчаться.
2. Увечері вони відпочивають.
3. Зараз я читаю текст.
4. Я гуляю ввечері.
5. Я розмовляю українською мовою погано (добре).
6. Ні, Ганна погано знає урок.
7. Так, вона читає українською мовою швидко.
8. Так, я читаю газети вранці.
9. Так, я працюю вдень.

37.

1. Хто це?
2. Як вона розмовляє англійською мовою.
3. Як вона читає?
4. Хто це?
5. Що вони роблять?
6. Як вони розмовляють добре.
7. Що Павло (він) робить вранці?
8. Коли він відпочиває?
9. Що він робить зараз?
10. Коли Павло (він) читає газети?

38.

1. Так, я знаю, коли Павло працює. Він працює вдень.
2. Ні, я не знаю, що він робить увечері.
3. Так, я знаю, коли він відпочиває. Він відпочиває ввечері.
4. Ні, я не знаю, що вона робить зараз.
5. Ні, я не знаю, коли вона робить домашнє завдання
6. Так, я знаю, як вона розмовляє українською мовою. Вона розмовляє українською мовою добре.
7. Так, я знаю, коли ви обідаєте. Ви обідаєте після уроків.
8. Ні, я не знаю, що ви робите після обіду.

6 Рід іменників. Присвійні займенники *мій, твій, наш* і *ваш*

성명사. 소유대명사 *мій, твій, наш, ваш*

39.

A.
1. мій
2. моя
3. мій
4. моє
5. моя
6. мій
7. моя
8. мій

B.
1. твій
2. твоя
3. твоє
4. твоя
5. твій
6. твій
7. твоя

C.
1. наша
2. наш
3. наше
4. наша
5. наш
6. наш
7. наша
8. наш

D.
1. ваш
2. ваша
3. ваша
4. ваш
5. ваше
6. ваш
7. ваша
8. ваш

40.

Це моя кімната. Це моя лампа. Це мій олівець. Це мій брат. Це мій батько. Це моя мати. Це моя сестра. Це моє радіо. Це моя газета. Це мій дідусь. Це моя бабуся. Це мій син. Це моя дочка. Це мій стілець. Це моє вікно. Це моє пальто. Це моя шафа. Це моя карта. Це мій портфель. Це мій костюм. Це мій словник. Це мій зошит. Це мій олівець. Це мій підручник. Це мій друг. Це моя подруга. Це мій приятель. Це мій дім. Це мій гуртожиток. Це мій журнал. Це моя картина. Це моє слово. Це моя вправа. Це моя машина. Це моє завдання. Це моє питання.

41.

1. Він
2. Вона
3. Він
4. Вона
5. Він
6. Воно
7. Вона
8. Він
9. Він
10. Вона
11. Вона

7 Дієслово. Минулий час

동사. 과거형

42.

1. Так, студент (він) читав текст.
2. Так, студентка (вона) читала журнал.
3. Так, я читав (читала) газети сьогодні.
4. Так, вони писали диктант сьогодні.
5. Так, він писав лист учора.
6. Так, я слухав (слухала) радіо сьогодні.
7. Так, я гуляв (гуляла) вчора ввечері.
8. Так, я працював (працювала) учора.

43.

1. Що ви робили вдень?
2. Що ви робили ввечері?
3. Що ти робив учора ввечері? (Що ви робили учора ввечері?)
4. Що вона робила вранці?
5. Що ви робили вчора?
6. Що вона робила сьогодні вранці?
7. Що ти робив уранці?(Що ви робили вранці?)

44.

1. Що ви робили вдень?
2. Що ви робили ввечері?
3. Що ти робив учора ввечері? (Що ви робили вчора ввечері?)
4. Що вона робила вранці?
5. Що вони робили?

6. Що ти робив увечері? (Що ви робили ввечері?)
7. Що ви робили ввечері?

45.

a) знати – він знав, вона знала, вони знали; слухати – він слухав, вона слухала, вони слухали;
b) працювати – він працював, вона працювала, вони працювали;
c) робити – він робив, вона робила, вони робили;
d) писати – він писав, вона писала, вони писали; дивитися – він дивився, вона дивилася, вони дивилися.

46.

1. Учора мій друг (він) працював.
2. Увечері він відпочивав.
3. Вранці студенти гуляли.
4. Вони вчили урок вдень.
5. Я дивився (дивилася) фільм увечері.
6. Сьогодні вранці ми читали газети.
7. Сьогодні вдень ми писали диктант.

47.

A.
1. Вони відповідали на запитання.
2. Я снідав. (Я снідала).
3. Вони гуляли.
4. Ми читали книгу.
5. Вона питала студента.
6. Він обідав вдень.
7. Вона вчила урок.
8. Вони слухали радіо.
9. Вони вечеряли вдома.

B.
1. Він писав.
2. Я готував обід. (Я готувала обід).
3. Вони дивилися фільм.
4. Вони говорили тихо.
5. Ми працювали.
6. Ви розповідали текст.

48.

1. Він розмовляв по-українському.
2. Я робив (робила) домашнє завдання.
3. Вранці вони слухали радіо.
4. Я читав (читала) лист.
5. Студентка добре знала текст.

6. Наш викладач пояснював урок.
7. Викладач запитував, а студенти відповідали.
8. Удень ми працювали, а ввечері відпочивали.

49.

Що ми робили на уроці? Ми читали текст. Потім викладач запитував, а ми відповідали. Ян переказував текст швидко й правильно, він добре знав слова. Коли він відповідав, ми слухали уважно. Потім викладач пояснював урок. Ми розуміли, що говорив викладач. Ми повторювали дієслова, писали диктант, говорили по-українському. Всі студенти працювали добре.

50.

Що я робив (робила) ввечері? Я відпочивав (відпочивала), читав (читала) газети й журнали. Потім я робив (робила) домашнє завдання: вчив (вчила) слова, повторював (повторювала) діалоги, писав (писала) вправи. Мій брат теж робив домашнє завдання. Потім ми вечеряли, дивилися телевізор і слухали радіо.

51.

1. Хто вчив урок?
2. Хто добре відповідав урок?
3. Хто вчора дивився телевізор?
4. Хто читав газети?
5. Хто говорив по-українському?
6. Хто дивився фільм учора?

52.

1. Хто писав лист?
2. Хто сьогодні добре відповідав урок?
3. Хто дивився фільм учора?
4. Хто писав диктант сьогодні?
5. Хто вчив діалог?
6. Хто говорив по-українському?
7. Хто не працював сьогодні?

53.

1. Хто читає журнал?
2. Хто сидить у класі?
3. Хто писав диктант?
4. Хто купує газети вранці?
5. Хто добре розмовляє по-українському?
6. Хто вчора не працював?

54.

1. Що лежало на столі?
2. Що лежало на столі?
3. Що стояло на столі?
4. Що стояло в класі.
5. Що лежало на столі.
6. Що стояло на столі?

55.

1. Хто слухає радіо?
2. Хто пише диктант?
3. Хто пише лист?
4. Хто вчора був у кіні?
5. Хто дивився фільм?
6. Що лежало на столі?
7. Хто сидів у класі?
8. Що стояло тут?

8 Дієслово. Майбутній час

동사. 미래형

56.

1. Так, він буде читати газети.
2. Так, сьогодні ви будете розповідати текст.
3. Так, ваш викладач буде пояснювати урок.
4. Так, я буду відпочивати після обіду.
5. Так, я буду писати лист увечері.
6. Так, я буду обідати. (Так, ми будемо обідати.)
7. Так, я буду повторювати дієслова. (Так, ми будемо повторювати дієслова.)
8. Так, він буде ввечері дивитися телевізор.
9. Так, вони будуть завтра писати диктант.
10. Так, наш брат буде вивчати українську мову. 11. Так, я буду вечеряти.

57.

1. Зараз викладач буде пояснювати (пояснюватиме) урок.
2. Студенти будуть слухати (слухатимуть) урок.
3. Вдома я буду робити (робитиму) вправу.
4. Завтра ми будемо писати (писатимемо) диктант.
5. Увечері вони будуть дивитися (дивитимуться) телевізор, а я буду слухати (слухатиму) радіо.
6. Ти будеш вивчати (вивчатимеш) українську мову.
7. Ганна теж буде вивчати (вивчатиме) українську мову.

58.

1. Викладач буде пояснювати урок.
2. Студенти будуть слухати.
3. Цей студент буде розповідати текст.
4. Ми будемо дивитися телевізор увечері.

5. Ми будемо розмовляти по-українськи добре.
6. Я буду працювати вдень.
7. Після вечері я буду робити домашнє завдання. 8. Потім я буду слухати музику.

59.

1. Ганна буде відпочивати в неділю.
2. Вона буде дивитися телевізор в суботу.
3. Борис буде слухати музику у понеділок.
4. Він буде читати журнали й газети завтра ввечері.
5. Я буду писати диктант в четвер.
6. Я буду писати лист сьогодні вдень.
7. Студенти будуть вчити урок в середу вранці.
8. Вони будуть дивитися фільм у вівторок увечері.
9. Я буду відпочивати в п'ятницю після уроків.
10. Я буду читати журнали й газети завтра вранці.

60.

На уроці ми будемо перевіряти домашнє завдання. Студенти читатимуть вправи і розповідатимуть текст. Викладач буде питати, а ми будемо відповідати. Потім я писатиму на дошці дієслова, а мій друг читатиме ці дієслова. Викладач пояснюватиме урок. Ми будемо уважно слухати.

9 Іменник. Множина

명사. 복수

61.

Класи, заводи, уроки, школи, машини, книжки, журнали, газети, тексти, дієслова, помилки, ручки, зошити, студентки, дівчата, хлопці, викладачі, студенти, портфелі, фільми, магазини, костюми, фірми, парки, букви.

62.

1. Лист, брат, стіл.
2. Сестра; ніч.
3. Лікар, приятель, ключ, перекладач, плащ.
4. Дієслово, вікно, місто, слово, дерево.
5. Життя, кафе,таксі.

63.

Шафи, столи і стільці; приятелі і друзі; сестри та брати; студенти, студентки та викладачі; книги, зошити і словники; міста, сади і парки; журнали, газети й листи; уроки, лекції й екскурсії; літери, слова та речення.

64.

1. Це театри.
2. Це аудиторії.
3. Це лампи.
4. Це костюми.
5. Це студенти.
6. Це портфелі.
7. Це доми.
8. Це магазини.
9. Це ручки.
10 Це студентки.
11. Це листи.
12. Це слова.
13. Це газети.
14. Це підручники.
15. Це стільці.
16. Це міста.
17. Це словники.

65.

A.

1. Сестра пише листи.
2. Я читаю оповідання.
3. Вони дивилися фільми.
4. Студентка повторює тексти.
5. Студент пише листи.
6. Ми пишемо диктанти.
7. Я пишу слова.

B.

1. На столі лежать газети.
2. На стіні висять карти.
3. На вікні стоять лампи.
4. У класі сидять студенти.
5. На стіні висять картини.
6. У класі стоять столи і стільці.

C.

1. Студент читає уроки.
2. Викладач перевіряє завдання.
3. Студентка читає журнали.
4. Я пишу речення.
5. Він купив підручники.

66.

1. Я купив зошити й олівці.
2. Джон читав журнали.
3. Ми писали диктанти й завдання.
4. У класі стоять столи й стільці.
5. На столі лежать книги, газети й словники.
6. Викладачі говорять українською мовою.

67.

1. Студент читає оповідання. Студенти слухають, як він читає.
2. Викладачі і студенти розмовляють українською мовою.
3. Я купую газети і журнали вранці. Я читаю журнал зараз.
4. Щодня ми вчимо слова, повторюємо дієслова, пишемо вправи і читаємо тексти.
5. Тут є книжки, підручники, олівці, ручки та словники.
6. Столи та стільці є тут.

10 Присвійні займенники. Питання *Чий? Чия? Чиє? Чиї?*

소유대명사. 의문사 *Чий? Чия? Чиє? Чиї?*

68.

A.

1. Чий це словник?
2. Чий це олівець?
3. Чий це клас?
4. Чий це викладач?
5. Чий це дім?
6. Чий це друг?
7. Чий це брат?

B.

1. Чия це ручка?
2. Чия це книга?
3. Чия це аудиторія?
4. Чия це кімната?
5. Чия це сестра?
6. Чия це газета?
7. Чия це мати?

C.

1. Чиє це ім'я?
2. Чиє це прізвище?
3. Чиє це радіо?
4. Чиє це вікно?
5. Чиє це місто?
6. Чиє це село?
7. Чиє це оповідання?

69.

1. Це його підручник.
2. Це мій журнал.
3. Це ваша ручка.
4. Це твій словник.
5. Це його пальто.
6. Це наш клас.
7. Це їх (їхнє) місце.
8. Це їх (їхнє) домашнє завдання.
9. Це її ручка.

70.

1. Це моя кімната.
2. Це твій клас.
3. Це наше місце.
4. Це його зошит.
5. Це її пальто.
6. Це твій словник.
7. Це моя сестра.
8. Його мати часто пише листи.
9. Мій приятель сидить там.
10. Її друг добре розмовляє українською мовою.
11. Його журнал я читаю.
12. Моє пальто висить там.
13. Твій костюм висить у шафі.
14. Ваш портфель лежить тут.
15. Його сестра вивчає українську мову.
16. Мій друг живе у Києві.

71.

1. Чиї це газети?
2. Чиї це журнали?
3. Чиї це друзі?
4. Чиї це олівці?
5. Чиї це книги?
6. Чиї це речі?
7. Чиї це приятелі?
8. Чиї це костюми?
9. Чиї це листи?
10. Чиї це ключі?

72.

А.

1. Чия це кімната?
2. Чий це плащ?
3. Чия це книга?
4. Чиє це вікно?
5. Чиє це пальто?
6. Чий це стіл?
7. Чиє це місто?
8. Чий це костюм?
9. Чия це ручка?
10. Чий це клас?
11. Чий це олівець?
12. Чиї це друзі?
13. Чиї це підручники?

В.

1. Чий брат працює в школі?
2. Чиї книги лежать тут?
3. Чий приятель живе в Харкові?
4. Чия сестра вивчає українську мову?
5. Чия мати часто пише листи.
6. Чия подруга добре розмовляє українською мовою.

73.

1. Це мій друг Джон. Його брат вивчає українську мову.
2. Це Анна та її батько.
3. Це наш клас. Тут наші сумки і книжки.

4. Це студенти та їх викладач.
5. «Чий це журнал?» «Це її журнал».
6. «Чия це машина?» «Це його машина».
7. «Чиї це книжки?» «Це твої книжки».
8. «Чий це лист?» «Це мій лист».

11 Конструкція *У мене є…, У тебе є...*

구조 *У мене є…, У тебе є...*

74.

1. Так, у нього є радіо.
2. Так, у нього є олівець.
3. Так, у нього є підручник.
4. Так, у нього є словник.
5. Так, у нього є сестра.
6. Так, у нього є мати.
7. Так, у нього є газети.
8. Так, у них є зошити.
9. Так, у неї є ручка.
10. Так, у неї є брат.
11. Так, у неї є журнали.
12. Так, у неї є конверт.
13. Так, у неї є марка.
14. Так, у неї є батько. 1
5. Так, у них є підручники.
16. Так, у них є друзі в Києві.
17. Так, у них у кімнаті є радіо.

75.

Так, у мене є сестра.
Так, у мене є ручка.
Так, у мене є словник.
Так, у мене є зошити.
Так, у мене є брат.
Так, у мене є олівець.
Так, у мене є підручник.
Так, у мене є журнал.
Так, у мене є годинник.

Так, у мене єсестра.
Так, у мене єручка.
Так, у мене є газета.
Так, у мене є папка.
Так, у мене є брат.
Так, у мене є плащ.
Так, у мене є гроші.

76.

1. У тебе є олівець?
2. У неї є журнал?
3. У нього є ручка?
4. У тебе є книжки?
5. У них є машина?
6. У вас є брат?
7. У нього є батько?
8. У тебе є словник?
9. У тебе є папка?
10. У неї є підручники?

77.

1. Це її словник.
2. Це мій підручник.
3. Це ваше радіо.
4. Це їх машина.
5. Це наша карта.
6. Це мій журнал.
7. Це її друзі.
8. Це їх книги.
9. Це ваші гроші.
10. Це твій брат.
11. Це мій друг.
12. Це твій годинник.
13. Це його портфель.
14. Це їх олівці.

78.

1. Так, у нас сьогодні був урок.
2. Так, у нас був у суботу вечір.
3. Так, у них сьогодні була лекція.
4. Так, у них вчора було змагання.
5. Так, у мене був у середу екзамен.
6. Так, у них в неділю була екскурсія.

79.

1. Так, у нас завтра буде урок.
2. Так, у вас завтра буде лекція.
3. Так, у вас сьогодні будуть змагання.
4. Так, у нас буде екскурсія в неділю.
5. Так, у вас завтра у клубі буде вечір.
6. Так, у них будуть екзамени завтра.
7. Так, у вас завтра будуть лекції.

12 Вказівні займенники *цей, ця, це, ці*. Питання *Який ? Яка? Яке? Які?*

지시대명사 *цей, ця, це, ці*. 의문사 *Який ? Яка? Яке? Які?*

80.

1. ***Ця*** студентка добре розмовляє українською мовою.
2. Я читав ***цей*** журнал.
3. Ви добре знаєте ***цей*** текст.
4. ***Цей*** студент раніше жив у Лондоні.
5. ***Ця*** дівчина вивчає українську мову.
6. Вони купили ***ці*** книги в магазині.
7. Ми вже знаємо ***ці*** дієслова.
8. Ми писали ***ці*** вправи вдома.
9. Я писав ***цей*** лист.
10. Ми вже повторили ***ці*** слова.
11. У них є ***ці*** підручники.
12. Мій приятель бачив ***цей*** фільм.

81.

1. Так, я читав цей журнал.
2. Так, я купив цей підручник.
3. Так, я бачив цей балет.
4. Так, ця студентка знає українську мову.
5. Так, ця дівчина вивчає українську мову.
6. Так, ця викладачка говорить українською мовою.
7. Так, я знаю це слово.
8. Так, я писав вдома це завдання.
9. Так, я давно купив це пальто.
10. Так, ці студенти були в Києві.
11. Так, я читав ці газети.
12. Так, я знаю ці дієслова.

82.

1. Яка книга лежала на столі?
2. Який студент раніше жив у Львові?
3. Яка дівчина працює тут?
4. Які студенти були в театрі?
5. Який журнал Ганна читала?
6. Які вправи ви писали вдома?
7. Які дієслова ви вчили?
8. Яке оповідання Джон читав?

84.

1. – Що ***це***? – ***Це*** мій портфель. Я купив ***цей*** портфель. Скільки коштує ***цей*** портфель?
2. Я не знаю ***це*** слово.
3. Він читав ***ці*** газети вчора ввечері.
4. Ви бачили ***цей*** фільм?
5. ***Це*** театр. Цей театр розташований у центрі.
6. ***Це*** викладач. ***Цей*** викладач працює тут давно.
7. ***Цей*** стіл раніше стояв тут, а ***ці*** столи стояли там.
8. – Що ***це***? – ***Це*** книга. Скільки коштує ***ця*** книга?
9. ***Це*** аудиторія. ***Ця*** аудиторія розташована праворуч.
10. ***Це*** крейда. ***Ця*** крейда лежить на столі.
11. ***Це*** стіл. ***Цей*** стіл стоїть у класі.
12. ***Це*** картина. ***Ця*** картина висить на стіні.
13. ***Це*** студент. ***Цей*** студент вивчає українську мову.
14. ***Це*** вікно. ***Це*** вікно розміщено ліворуч.
15. ***Це*** студенти. ***Ці*** студенти зараз відпочивають.

13 Прикметник. Прикметники твердої групи (закінчення *-ий, -а, -е, -і*)

형용사. 경음인 경우의 형용사 (어미 *-ий, -а, -е, -і*)

85.

1. новий дім, нова книга, нове місто, нові журнали.
2. старий костюм, стара папка, старе місто, старі газети.
3. білий костюм, біла стіна, біле пальто, білі машини.
4. чорний олівець, чорна ручка, чорне пальто, чорні машини.

86.

1. сірий олівець, білий костюм, чорний стіл, червоний автобус, темний портфель;
2. синя ручка, червона машина, зелена сорочка, світла стіна, біла лампа, чорна папка;
3. світле пальто, біле вікно, темне плаття;
4. чорні олівці, сині ручки, зелені зошити, світлі будинки, темні плащі, білі стіни.

14 Прикметники м'якої групи (закінчення *-ій, -я, -є, -і*)

연음인 경우의 형용사 (어미 *-ій, -я, -є, -і*)

87.

Осіння погода, осінній день;
сусідній клас, сусідній будинок;
давній костюм, давня кімната.
літній екзамен, літні листи;
синє пальто, синє вікно;

88.

1. Це синій зошит.
2. Це останній урок.
3. Це осінній лист.
4. Це літня сукня.
5. Це синій костюм.
6. Це сусідня аудиторія.
7. Це літня шапка.
8. Це домашнє завдання.
9. Це останнє оповідання.
10. Це останній екзамен.
11. Це синє пальто.

89.

низький хлопець
низька дівчина
низьке вікно
низькі люди

маленький будинок
маленька книжка
маленьке місто
маленькі кімнати

київський вальс
київська вулиця
київське метро
київські вулиці

український народ
українська жінка
українське село
українські танці

90.

великий будинок – великі будинки, цікавий фільм – цікаві фільми, українська пісня – українські пісні, важке слово – важкі слова, широка вулиця – широкі вулиці, гарний друг – гарні друзі, англійська газета – англійські газети, коротке оповідання – короткі оповідання, старе місто – старі міста, останнє заняття – останні заняття, високий будинок – високі будинки, старша сестра – старші сестри, світлий костюм – світлі костюми.

91.

1. У мене є ***нові підручники.***
2.У нього є ***цікаві книги.***
3. У неї є ***старші брати.***
4.У мене є ***останні французькі газеті***.
5. У вас є ***чисті зошити?***
6. У нього є ***гарні друзі?***
7. У вас є ***українсько-англійські словники?***
8. Я читав цей ***нові журнали.***
9. Сьогодні ми писали ***складні вправи*** й читали ***короткі оповідання.***
10. Він купив ***чорні олівці.***
11. Ми дивилися ***цікаві українські фільми.*** 12. Ви розумієте ***останні речення?***

92.

1. Це ***старий*** будинок.
2. Це ***молодший*** брат.
3. Це ***важке*** завдання.
4. Це ***вузька*** вулиця.
5. Це ***легкий*** текст.
6. Це ***старша*** сестра.
7. Це ***мале (маленьке)*** місто.
8. Це ***довге*** слово.
9. Це ***погана*** відповідь.
10. Це ***коротке*** пальто.
11.Це ***широкий*** коридор.
12. Це ***добра*** ручка.

93.

1. нова річ
2. молода людина
3. світла кімната
4. гаряча (тепла) вода
5. велике місто
6. малий зошит
7. холодний чай
8. негарна (погана) людина
9. нецікава (нудна) книга
10. коротке пальто

94.

1. Це цікава книга. Це цікавий журнал. Це цікаве оповідання. Це цікавий текст.
2. Це великий будинок. Це велике завдання. Це велика кімната. Це великий олівець.
3. Це нове слово. Це нова ручка. Це новий костюм. Це нова шапка. Це нове пальто.

95.

1. Це нова студентка.
2. Це старий будинок.
3. Це чорний олівець.
4. Це велика площа.
5. Це цікавий журнал.
6. Це червона ручка.
7. Це світлий клас.
8. Це великий зал.
9. Це широка вулиця.
10. Це цікавий лист.
11. Це світла кімната.
12. Це маленька країна.
13. Це старі зошити.
14. Це нові книги.
15. Це іноземні студенти.
16. Це важкі слова.
17. Це короткі (коротке) оповідання.
18. Це добрі друзі.
19. Це нове слово.
20. Це легкі тексти.

96.

1. Українсько-англійські словники лежать на столі.
2. Великі столи стоять у класі.
3. Українські книги я купую.
4. Я пишу складні завдання.
5. Я читаю короткі тексти.
6. Я читаю французькі газети.
7. Я дивлюся нові фільми.
8. Я пишу довгі листи.
9. Я бачу високі, нові будинки.

97.

1. Нова книга лежить на столі.
2. Гарна картина висить на стіні.
3. Я купив (купила) свіжий журнал в кіоску.
4. Я читав (читала) довгий текст сьогодні на уроці.
5. Я дивився (дивилася) нове слово у словнику.
6. Я дивився (дивилася) цікавий фільм у суботу.
7. Я пишу домашнє завдання зараз.
8. Я бачив (бачила) гарний балет у неділю.
9. Новий словник лежить на столі.

98.

1. Який стіл стоїть у кімнаті?
2. Який словник лежить на столі?
3. Яка студентка добре розмовляє українською мовою?
4. Яка картина висить на стіні?
5. Які газети ви читаєте?
6. Яке завдання пише студент?
7. Який фільм ви дивилися?
8. Який підручник лежить на столі?

15 Прикметники і прислівники. Питання *Який?* і *Як?*

형용사, 부사. 의문사 *Який?* 와 *Як?*

99.

1. Як він розповідає?
2. Яка у нього є книга?
3. Які оповідання він читає?
4. Як Джон говорить?
5. Як він відповідав урок?
6. Який у нього голос?

100.

1. Ми ще погано говоримо українською мовою.
2. Він завжди відповідає погано .
3. Він поганий студент.
4. Ганна розмовляє тихо.
5. У неї тихий голос.

16 Дієслова *хотіти, любити, могти* і слово *повинен* з інфінітивом

동사 *хотіти, любити, могти, повинен* 등 원형과 함께 쓰이는 단어들

101.

1. Так, він хоче обідати.
2. Так, я хочу (ми хочемо) вечеряти.
3. Так, я хочу (ми хочемо) слухати радіо.
4. Так, він хоче грати у шахи.
5. Так, вони хочуть обідати зараз.
6. Так, я хочу (ми хочемо) подивитися новий фільм.
7. Так, я хочу (ми хочемо) танцювати.

102.

Я хочу розмовляти по-українськи.
Ти хочеш розмовляти по-українськи.
Він хоче розмовляти по-українськи.

Ми хочемо розмовляти по-українськи.
Ви хочете розмовляти по-українськи.
Вони хочуть розмовляти по-українськи.

103.

1. Ти хочеш читати цей журнал?
2. Ви хочете знати останні новини?
3. Увечері вони хочуть дивитися телевізор.
4. Вона хоче купити магнітофон.
5. Він хоче подивитися цей фільм.
6. Ця студентка хоче працювати в школі.
7. Ми хочемо знати ваше ім'я.
8. Я хочу добре розмовляти українською мовою.

104.

1. Я хотів (хотіла) грати в шахи.
2. Вони хотіли читати газети.
3. Вона хотіла подивитися новий фільм.
4. Ви хотіли писати лист?
5. Ми хотіли знати останні новини.
6. Я не хотів (хотіла) дивитися телевізор.
7. Брат не хотів працювати ввечері.
8. Вони хотіли грати в футбол.

105.

1. Так, я люблю писати листи.
2. Так, вона любить дивитися фільми.
3. Ні, я не люблю працювати ввечері.
4. Так, мій брат любить грати в футбол.
5. Ні, моя сестра не любить танцювати.
6. Так, я люблю слухати радіо.
7. Так, я люблю читати.
8. Ні, я не люблю грати в шахи.

106.

1. Ми любимо дивитися телевізор.
2. Вони не люблять працювати ввечері.
3. Він не любить писати листи.
4. Я люблю читати газети.
5. Ви любите танцювати?
6. Ти любиш грати в футбол?
7. Вона любить готувати?
8. Ви любите одержувати листи?

107.

1. Моя сестра любить танцювати.
2. Я люблю читати.
3. Мій старший брат любить слухати музику.
4. Ви любите дивитися фільми?
5. Наш викладач любить пояснювати новий урок.
6. Ми любимо відпочивати.
7. Його приятель любить кататися на велосипеді.
8. Ці студенти люблять вчитися.
9. Мій сусід любить працювати.
10. Ти любиш їсти морозиво?

108.

1. Сьогодні я не можу відповідати урок.
2. Він не може писати швидко.
3. Вони можуть розв'язати ці задачі.
4. Ми не можемо працювати сьогодні ввечері.
5. Я можу пояснити це слово.
6. Вона не може зробити це завдання.
7. Ви можете повторити запитання?
8. Ви можете показати цей журнал?
9. Вони не можуть бути завтра на уроці.

109.

1. Ви повинні розповідати цей текст.
2. Вона повинна відповідати урок.
3. Вони повинні писати диктант.
4. Студенти повинні повторити ці дієслова.
5. Я повинен (повинна) робити домашнє завдання.
6. Він повинен знати ці дієслова.
7. Ця студентка повинна багато працювати.

110.

1. Увечері я повинен (повинна) писати лист додому.
2. Ви повинні читати це оповідання.
3. Студенти повинні вчити цей текст.
4. Сьогодні він повинен розв'язати ці задачі.
5. Ми повинні читати українською мовою щодня.
6. Вона повинна знати ці дієслова.

111.

1. Сьогодні ввечері я повинен (повинна) робити домашнє завдання.
2. Щодня ми повинні вчити нові слова.
3. Студенти повинні писати вправи щодня.
4. Сьогодні моя сестра повинна працювати.
5. Ваш приятель повинен вчитися.
6. Після уроку ви повинні відпочивати.

2. Основний курс граматики

주요과정 문법

Іменник. Використання відмінків

명사. 격의 사용

1 Кличний відмінок

호격

1.

– Доброго дня, Миколо!
– Доброго дня, Іване!

– Привіт, Маріє!
– Привіт, Ніно!

– Доброго ранку, Ігоре (Ігорю) Петровичу!
– Доброго ранку, Оксано Іванівно!

– Привіт, батьку!
– Привіт, сину!

2.

– Доброго вечора, Петре!
– Доброго вечора, пане професоре!

– Привіт, Наталю!
– Привіт, мамо!

– До побачення, пане Вікторе!
– До зустрічі, пані Олю!

– Привіт, друже!
– Привіт, Ігоре (Ігорю)!

3.

1. – Доброго ранку, пане Іване!
 – Доброго ранку, Пані Вікторіє!
2. – Доброго вечора, Ірино!
 – Доброго вечора, Олено!
3. – Доброго ранку, Антуане!
 – Привіт, Маріє!
4. – Доброго вечора, Миколо!
 – Привіт, Андрію!
5. – Доброго дня, Мері!
 – Доброго дня, Родріго!
6. – Доброго ранку, Сергію!
 – Доброго ранку, Таню!

4.

1. – Доброго ранку, студенте!
 – Доброго ранку, викладачу!
2. – Доброго вечора, пане Вікторе!
 – Доброго вечора, пані Маріє!
3. – Доброго дня, Оксано!
 – Доброго дня, Олено!
4. – Доброго ранку, Чене!
 – Привіт, Антоне!
5. – До побачення, Сергію!
 – До побачення, мамо!
6. – На добраніч, Ірино!
 – На добраніч, Миколо!

2 Місцевий відмінок
전치격

1) Місцевий відмінок у значенні місця
장소 표현에 쓰이는 전치격

1.

Б. 1. Ірина живе в Києві.
2. Вона вчиться в університеті.
3. Її батьки живуть у селі.
4. Сестра Ірини працює в лікарні.

2.

1. Так, моя сім'я живе в місті. Ні, моя сім'я не живе в місті.
2. Так, мій батько працює в банку. Ні, мій батько не працює в банку.
3. Так, я вчуся в університеті. Ні, я не вчуся в університеті.
4. Так, мій брат вчиться у школі. Ні, мій брат не вчиться у школі.
5. Так, я купую книжки в магазині. Ні, я не купую книжки в магазині.
6. Так, я беру книжки в бібліотеці. Ні, я не беру книжки в бібліотеці.
7. Так, я купую газети в кіоску. Ні, я не купую газети в кіоску.

3.

1. Лампа стоїть на столі.
2. Ми сидимо в кімнаті.
3. Студент пише на дошці.
4. Ми купуємо журнали в кіоску.
5. Картина висить на стіні.
6. Книжка лежить на полиці.
7. Ми живемо у Львові.
8. Квіти стоять на вікні.
9. Лист лежить на папці.
10. Хлопець сидить на дивані.

4.

1. Наші зошити лежать в сумці.
2. Я беру книжки в бібліотеці.
3. Студенти вчаться в університеті.
4. Я живу в місті.
5. Ми відпочиваємо на морі влітку.
6. Моя сумка лежить на стільці.
7. Ваза стоїть на столі.
8. Викладач пише на дошці.

5.

1. Мій батько працює на заводі.
2. Мій брат вчиться в університеті (в школі).
3. Моя сестра вчиться в університеті (в школі).
4. Автобус стоїть на зупинці.
5. Діти гуляють в парку.
6. Зараз учні сидять в класі.
7. Вони грають у футбол на стадіоні.
8. Я купую марки на пошті (в кіоску).
9. Я купую книжки в книгарні (в книжковому магазині).
10. Я був (була) на морі влітку.

6.

1. Ні, Андрій (він) працює не на заводі, а в театрі.
2. Ні, його сестра (вона) працює не в поліклініці, а в бібліотеці.
3. Ні, їх батько (він) працює не в банку, а в школі.
4. Ні, учора я був (була) не в басейні, а на стадіоні.
5. Ні, Іван (він) був не на роботі, а в клубі.

7.

1. Діти граються в парку.
2. Вони гуляють у лісі.
3. Одяг лежить у шафі.
4. Машина стоїть на дорозі.

8.

1. Студенти живуть у гуртожитку.
2. Вони слухають лекції в аудиторії.
3. Вони були на лекції вранці.
4. Вони були на уроці вдень.
5. Вони були на екскурсії в суботу.
6. Мій друг живе в Данії.
7. Моя сім'я живе в Англії.
8. Я був (була) в Іспанії влітку.

9.

1. Мадрид знаходиться в Іспанії.
2. Неаполь знаходиться в Італії.
3. Тулон знаходиться у Франції.
4. Женева знаходиться у Швейцарії.
5. Відень знаходиться в Австрії.
6. Лісабон знаходиться в Португалії.
7. Токіо знаходиться в Японії.
8. Стамбул знаходиться в Туреччині.
9. Мадрас знаходиться в Індії.
10. Полтава знаходиться в Україні.

10.

1. Студенти сидять в аудиторії.
2. На стіні висять фотографії.
3. Книжки і зошити лежать на столі.
4. Словник лежать в шафі.
5. Студент пише в зошиті.
6. Студенти шукають нові слова у словнику.

11.

1. А ми були на виставці.
2. А ми були на концерті.
3. А я був на стадіоні.
4. А ми були в Болгарії.

12.

1. Де ви вчитеся?
2. Де ви живете?
3. Де живе ваша сім'я?
4. Де працює батько Віктора?
5. Де працює сестра Анни?
6. Де ви хочете працювати?

13.

1. Так, я знаю, де ти живеш. Ти живеш в Києві. Ні, я не знаю, де ти живеш.
2. Так, я знаю, де ти працюєш. Ти працюєш в школі. Ні, я не знаю, де працюєш.
3. Так, я знаю, де вчиться Марія. Вона вчиться в університеті. Ні, я не знаю, де вона вчиться.
4. Так, я знаю, де живуть його батьки. Його батьки живуть в селі. Ні, я не знаю, де живуть його батьки.
5. Так, я знаю, де вони працюють. Вони працюють на фабриці. Ні, я не знаю, де вони працюють.

2) Прикметники в місцевому відмінку однини
단수 형용사의 전치격

14.

1. Я живу у великому місті.
2. Я живу в новому будинку.
3. Моя кімната на четвертому поверсі.
4. Я вчуся на історичному факультеті.
5. Мій друг живе на третьому поверсі.
6. Книжковий магазин знаходиться у цьому будинку.
7. Я пишу слова у новому зошиті.
8. Мої зошити лежить в чорній папці.
9. Лекція буде в першій аудиторії.
10. Супермаркет "Арсен" знаходиться на Зеленій вулиці.

15.

1. Я живу у великому південному місті.
2. Моя сім'я живе у старому гарному будинку.
3. Моя кімната на другому поверсі.
4. Мій старший брат працює на новому хімічному заводі.
5. Я буваю у студентському клубі.
6. Я купую книжки у книжковому магазині.
7. Я дивлюся фільм у новому кінотеатрі.
8. Моя подруга вчиться на факультеті іноземних мов.
9. Наш гуртожиток знаходиться на тихій зеленій вулиці.
10. Я живу у великій світлій кімнаті.
11. У Мій брат вчиться у медичному інституті.
12. Сестра Віктора вчиться у музичній школі.

16.

1. Наша аудиторія розташована на п'ятому поверсі.
2. Бібліотека розташована на третьому поверсі.
3. Їдальня розташована на першому поверсі.
4. Лекція буде у дванадцятій аудиторії.
5. Я займався (займалася) у тринадцятій аудиторії вранці.
6. Я вчуся на другому курсі.
7. Мій друг вчиться на четвертому курсі.
8. Дванадцята є на сьомій сторінці.
9. Оповідання про Львів є на десятій сторінці.

17.

1. Так, я знаю. Лекція буде в десятій аудиторії.
2. Так, я знаю. Ця аудиторія розташована на першому поверсі.
3. Так, я знаю. Словники лежать у великій шафі.
4. Так, я знаю. Свіжі газети можна купити в новому кіоску.
5. Так, я знаю. Підручники можна купити в книжковому магазині.

18.

1. Я не знаю, у якому магазині Максим купив словник.
2. Я не знаю, в якому інституті Ганна вчиться.
3. Я не знаю, на якому заводі Андрій працює.
4. Я не знаю, в якому музеї вони були в суботу.
5. Я не знаю, в якій лікарні Ірина працює.

19.

A. 1. Раніше він жив в Австрії, а зараз він живе ***в Україні***.
   2. Раніше вона вчилася у середній школі, а тепер вона вчиться ***в університеті***.
   3. Раніше його брат працював у лікарні, а зараз він працює ***в поліклініці***.
   4. Раніше наша сім'я жила в маленькому селі, а зараз ми живемо ***у великому місті***.

B. 1. Мій батько працює на хімічному заводі, а я – ***на фабриці***.
   2. Моя сестра відпочивала влітку в рідному селі, а я – ***на морі***.
   3. Вони живуть на півдні, а ми – ***на заході***.
   4. Я пишу домашнє завдання в бібліотеці, а мій друг – ***в університеті***.
   5. Я обідаю вдома, а вони завжди – ***в їдальні***.
   6. Ввечері ми були в нашому студентському клубі, а наша подруга – ***в театрі***.
   7. Старший брат вчиться на фізичному факультеті, а молодший брат – ***на історичному факультеті***.

20.

1. В якому гуртожитку ви живете?
2. На якому факультеті ти вчишся?
3. На котрому курсі Саша вчиться?
4. В якій лабораторії Олег працює?
5. В якій школі його батько працює?

3) Присвійні займенники у місцевому відмінку однини
소유 대명사의 전치격

21.

1. Так, у моїй кімнаті є телефон.
2. Так, у нашому місті є театр.
3. Так, цей студент вчиться у нашій групі.
4. Так, я був (була) у вашому клубі.
5. Телевізор стоїть у моїй кімнаті.
6. Твій друг писав у твоєму зошиті.

22.

1. Так, я був (була) в його кабінеті.
2. Ні, ми не були в його кімнаті.
3. Так, ми були в її будинку.
4. Так, я був (була) в їхньому гуртожитку.

23.

1. У моїй сумці лежать книжки.
2. У нашому класі висять карти.
3. У її кімнаті велике вікно.
4. В їхньому клубі вчора був цікавий вечір.
5. У його зошиті лежить лист.

4) Іменники та прикметники у місцевому відмінку множини
복수 명사 및 형용사의 전치격

24.

1. Інженери працюють ***на фабриках і на заводах***.
2. Ми купуємо книжки ***в магазинах і в кіосках***.
3. Туристи були ***в музеях і в театрах***.
4. ***У листах*** мій батько запитує про моє життя.
5. Ми читали про це ***в газетах***.
6. Студенти живуть ***в гуртожитках***.
7. Влітку вони відпочивали ***в санаторіях***.
8. Ми були ***на екскурсіях в музеях***.
9. Ми шукали нові слова ***у словниках***.
10. Діти вчаться ***у школах***.

25.

1. Ці інженери працюють на різних заводах і фабриках.
2. Вони живуть у великих нових будинках.
3. Їх діти вчаться у нових школах.
4. Вони займаються у світлих аудиторіях.
5. Діти дивляться фільми в дитячих кінотеатрах.
6. Влітку вони відпочивають у літніх таборах.

26.

1. Студенти вчаться в різних інститутах і університетах.
2. Вони слухають лекції у великих аудиторіях.
3. Вони займаються спортом на стадіонах і у спортивних залах.
4. Студенти живуть у нових гуртожитках.
5. Вони відпочивають у студентських клубах ввечері.
6. Вони працюють на різних заводах і фабриках на практиці.
7. Студенти купують книжки у книжкових магазинах.
8. Вони купують газети і журнали в газетних кіосках.

27.

1. Мої друзі вчаться ***в київських інститутах***.
2. Вони живуть ***в нових гуртожитках***.
3. Влітку вони відпочивали ***в гарних санаторіях.***
4. Студенти займаються ***в хімічних лабораторіях***.
5. Туристи були ***у львівських театрах***.
6. ***У місцевих газетах*** писали про цікавий фільм.

28.

1. Скажіть, будь ласка, на котрому поверсі ти живеш?
2. Скажіть, будь ласка, в якій кімнаті живе ваш друг?
3. Скажіть, будь ласка, у якій газеті ти читав цю статтю?
4. Ви не знаєте, в якому театрі ви були вчора?
5. Я хочу знати, на якій вулиці знаходиться університет?
6. Скажіть, будь ласка, на котрій сторінці ця вправа?
7. Цікаво, в якому університеті вчиться твоя подруга?
8. Скажіть, будь ласка, в якій аудиторії у тебе була лекція вчора?

5) Місцевий відмінок у значенні часу

시간 표현에 사용되는 전치격

29.

1. Навчальний рік починається в університеті у вересні.
2. Навчальний рік закінчується у червні.
3. У нас будуть екзамени у січні.
4. У нас будуть зимові канікули у січні і лютому.
5. У нас будуть літні канікули у липні і серпні.
6. Я був (була) перший раз у Львівському історичному музеї у листопаді.
7. Я бачив (бачила) цю виставу у грудні.

30.

1. Коли ти народився?
2. Коли ти був в Одесі?
3. Коли будуть екзамени?
4. Коли будуть літні канікули?
5. Коли починається навчальний рік в університеті?

31.

1. Іван народився у тисяча дев'ятсот вісімдесят четвертому році.
2. Його батько народився у тисяча дев'ятсот п'ятдесят восьмому році.
3. Його мама народилася у тисяча дев'ятсот шістдесят першому році.
4. Іван закінчив школу у дві тисячі першому році.
5. Його батьки були в Англії у тисяча дев'ятсот дев'яносто дев'ятому році.
6. Іван почав вивчати англійську мову у тисяча дев'ятсот дев'яносто першому році.

32.

1. Я народився (народилася) у тисяча дев'ятсот дев'яносто четвертому році.
2. Я пішов (пішла) до школи у дві тисячі першому році.
3. Я закінчив (закінчила) школу у дві тисячі одинадцятому році.
4. Я вступив (вступила) в університет у дві тисячі дванадцятому році.
5. Я почав (почала) вивчати українську мову у дві тисячі дванадцятому році.

6) Місцевий відмінок в інших значеннях
그 외에 사용되는 전치격

33.

1. Він їздив на південь на поїзді і машині (поїздом і машиною).
2. Він їздив у Харків на автобусі (автобусом).
3. Учора я їздив у парк на трамваї і на метро (трамваєм і метро).
4. Я їжджу в центр на автобусі і тролейбусі (автобусом і тролейбусом)
5. Вона їздить додому на велосипеді (велосипедом).
6. Ми їздили в місто вчора на автомобілі (автомобілем)
7. Я їжджу в село до бабусі на електропоїзді та автобусі (електропоїздом та автобусом).
8. Я їжджу в університет на трамваї і тролейбусі (трамваєм і тролейбусом).

34.

У мене є друг. Його звати Вей. Він народився у у тисяча дев'ятсот вісімдесят восьмому році у Китаї у великому місті. Зараз його сім'я живе у Пекіні. Його батько працює в лікарні, а старший брат Сінь працює на автомобільному заводі. Спочатку Вей вчився у середній школі, потім він працював на заводі, де працює його брат. Минулого року він почав вчитися у Львівському національному університеті. Зараз він вчиться на другому курсі. Вей багато працює. Кожного дня він займається у бібліотеці. Він часто буває у театрах, музеях, кінотеатрах. Влітку він відпочиває в горах або на морі.

3 Знахідний відмінок

대격

1) Знахідний відмінок однини

단수 대격

1.

1. Так, я читав (читала) газету вранці.
2. Так, я слухав (слухала) радіо сьогодні.
3. Так, я люблю спорт.
4. Так, я люблю музику.
5. Так, я люблю математику.
6. Так, я добре знаю історію.

2.

(a) Я бачу театр. Я бачу бібліотеку. Я бачу кіоск. Я бачу будинок. Я бачу лікарню.

(b) Я читаю лист. Я читаю книжку. Я читаю газету. Я читаю оповідання. Я читаю підручник. Я читаю статтю.

(c) Я слухаю плеєр. Я слухаю музику. Я слухаю пісню. Я слухаю лекцію. Я слухаю радіо.

3.

1. Я бачу вулицю.
2. Я бачу кіоск.
3. Я бачу бібліотеку.
4. Я бачу театр.

1. Я читаю книжку.
2. Я читаю журнал.
3. Я читаю газету.
4. Я читаю лист.

1. Я купив лампу.
2. Я купив картину.
3. Я купив сумку.
4. Я купив словник.

4.

1. На вулиці ви бачите ***автобус, трамвай, машину, тролейбус***.
2. Увечері я читаю ***книжку, журнал, газету***.
3. Студенти слухають ***лекцію, концерт, музику*** у клубі.
4. У кіоску можна купити ***книжку, газету, журнал, олівець, ручку, зошит***.
5. У цьому магазині можна купити ***хліб, м'ясо, сир, цукор, ковбасу, молоко, рибу***.
6. Я їм м'***ясо, сир, ковбасу, рибу*** вранці.
7. Я п'ю ***молоко, чай, каву*** вранці.

5.

1. Я читаю ***книжку, газету, роман, оповідання, текст, журнал***.
2. Я пишу ***лист, вправу, домашнє завдання***.
3. Я отримав ***подарунок, повідомлення, листівку.***
4. Я люблю ***спорт, музику, балет, оперу, кіно***.
5. Ми вивчаємо ***літературу, математику, історію, фізику, хімію, біологію***.

6.

1. Я був у магазині. Там я купив фотоальбом.
2. Я був у бібліотеці. Там я взяв книжку.
3. Я був у театрі. Там я дивився виставу.
4. Я був в аудиторії. Там я слухав лекцію.
5. Я був у кінотеатрі. Там я дивився фільм.
6. Я був в університеті. Там я вивчав географію.

7.

1. Так, я знаю його ***брата***. Ні, я не знаю його ***брата***.
2. Так, я знаю його ***друга***. Ні, я не знаю його ***друга.***
3. Так, я чекаю ***друга*** тут. Ні, я не чекаю ***друга*** тут.
4. Так, він чекає ***Івана*** тут. Ні, він не чекає Івана тут.
5. Так, я бачив ***викладача*** сьогодні. Ні, я не бачив ***викладача*** сьогодні.
6. Так, я добре розумію ***професора***. Ні, я не добре розумію ***професора.***
7. Так, я добре знаю ***Віктора***. Ні, я не добре знаю ***Віктора***.
8. Так, я бачила ***Андрія*** вчора. Ні, я не бачила ***Андрія*** вчора.
9. Так, я знаю його ***сестру***. Ні, я не знаю його ***сестру.***
10. Так, я бачив ***Ірину*** сьогодні. Ні, я не бачив ***Ірину*** сьогодні.

8.

1. Студенти слухають ***лекцію, радіо, концерт, музику, пісню***.
2. Мій друг вчить ***урок, текст, пісню.***
3. Я вивчав ***літературу, історію, математику, фізику, хімію, географію, біологію*** в школі.
4. Я беру ***підручник, ручку, олівець, словник, зошит*** на заняття.
5. Він купив ***костюм, галстук, сорочку, пальто, шапку, шарф*** у магазині.
6. Я зустрічаю ***друга, товариша, викладача, Ганну, Івана*** в університеті.
7. Студенти слухають ***професора, викладача, поета, письменника, артиста.***

9.

1. машину і автобус.
2. шапку і шарф.
3. Ірину і Петра.
4. студента і студентку.
5. мами (маму) і тата.
6. музику і спорт.
7. сина і дочку.
8. брата і сестру.

10.

1. Що ти купив в кіоску?
2. Кого ти бачив вранці?
3. Що Ірина вивчає?
4. Що вона любить?
5. Кого ви чекаєте?
6. Кого ти зустрів сьогодні вранці?

11.

1. Він розповідав про університет.
2. Університет розташований на цій вулиці.
3. Мій друг вчиться в університеті.
4. Я бачу університет справа.

1. Я читаю книжку.
2. Лист лежить на книжці.
3. Книжка лежить на столі.
4. Я говорю про книжку.

1. Студент сидить в аудиторії.
2. Професор питає студента.
3. Вони говорять про студента.

1. Я давно не бачив (бачила) матір і сестру.
2. Я часто згадую матір і сестру.
3. Мати і сестра написали цей лист.

12.

1. Я пишу лист. У сумці лежить лист. Я загубив лист.
2. На столі лежить книжка. Іван розповідає про книжку. Віктор купив книжку.
3. В аудиторії сидять студенти і викладач. У театрі ми зустріли викладача. Ганна розповідала про викладача.

2) Знахідний відмінок з прийменником *про*

전치사 *про*와 함께 쓰이는 대격

13.

1. Я розповідаю про фільм зараз.
2. Іван часто думає про батьківщину.
3. Мій друг пише про Київ.
4. Ганна питає про лист.
5. Мама писала про сестру в листі.
6. Я говорю про письменника.
7. Він думає про брата.
8. Він розповідає про друга.
9. Ганна думає про маму.

14.

1. У листі брат пише про сім'ю.
2. На уроці ми говорили про театр.
3. Він любить говорити про літературу.
4. Я читав оповідання про Київ.
5. Зараз студенти думають про екзамен.
6. Вчора ми довго говорили про футбол.
7. Мама пише про місто.
8. Я люблю читати про Україну.

15.

1. Про кого Ганна питала у листі?
2. Про що ти думаєш зараз?
3. Про кого хлопець розповідав?
4. Про кого ваш викладач розповідав?
5. Про що ви читали сьогодні?
6. Про що цей письменник пише?

3) Особові займенники у знахідному відмінку
인칭대명사의 대격

16.

1. Я не знаю ***його***. Я не зустрічав ***його*** раніше.
2. Я не знаю ***її***. Я не зустрічав ***її*** раніше.
3. Я не знаю ***його.*** Я не зустрічав ***його*** раніше.
4. Я не знаю ***його***. Я не зустрічав ***його*** раніше.
5. Я не знаю ***їх***. Я не зустрічав ***їх*** раніше.

17.

1. У мене є друг. Я хочу запросити ***його*** в гості.
2. – Де Ірина? – Я бачив ***її*** в буфеті.
3. Мої батьки живуть в Китаї. Я давно не бачив ***їх***.
4. Що ви будете робити в суботу? Я хочу запросити ***вас*** на концерт.
5. – Де моя ручка? – Я бачив ***її*** на столі.
6. – Де мої ключі? – Ти поклав ***їх*** в кишеню.
7. – Де ви купили ці квіти? – Я купив ***їх*** на ринку.
8. – Коли ви отримали лист? – Я отримав ***його*** вчора.

18.

1. Я зустріла ***його і її*** вчора в гуртожитку.
2. Я чекаю ***тебе і його*** тут.
3. Я запрошую ***вас і її*** в гості.
4. Я давно не бачив ***вас і їх***.
5. Він чекає ***нас*** біля метро.
6. Вона знає ***його і мене*** в нашому університеті.

19.

1. Я часто думаю ***про неї***.
2. Ви згадуєте ***про нього***?
3. На уроці ми говоримо ***про них***.
4. Ваш друг запитував ***про вас***.
5. Ввечері ми говорили ***про нього***.
6. Лікар запитував ***про тебе***.
7. Я знаю, що мої батьки завжди думають ***про мене***.

20.

1. Зараз я говорю про нього і неї.
2. Батько писав про них в листі.
3. Він запитував про неї.
4. Викладач розповідав про нас.
5. Про мене написали в газеті.
6. Мій друг думав про тебе.
7. Я часто розповідаю про нього.
8. Він говорив про вас на уроці.

4) Знахідний відмінок прикметників і присвійних займенників однини
단수 형용사 및 소유 대명사의 대격

21.

Знахідний однини

нового студента
високого хлопця
мого викладача
його ученицю
відому артистку
рідну сестру
цікавий фільм
смачну цукерку
солодке тістечко
наш народ
твою батьківщину
моє фото
важливий предмет
моє серце

22.

а) нового студента.
б) довгий лист.
в) наш університет.
г) молодшого сина.
?) твого нового друга.
д) новий фотоапарат.
е) складний диктант.
є) важкий урок.
ж) українську мову.
з) смачний апельсин.

23.

Микола читає ***цікавий*** журнал, а Марта читає ***цікаву*** книжку.
Студенти вивчають ***українську*** мову.
Викладачі часто говорять про ***важкий*** екзамен.
Студенти думають про ***майбутню*** вечірку.
Він записує ***нове*** слово у зошиті.
Ігор зустрічає ***веселого*** друга.
Ми чекаємо на ***низьку*** ціну.
Вони знають ***вашого*** сусіда?
Майбутні дипломати часто розмовляють про ***міжнародну*** політику.
Україна використовує ***іноземний*** капітал.
Нам треба розвивати ***ефективну*** економіку.

24.

1. Я читаю цікаву книжку.
2. Він вивчає українську літературу.
3. Вона думає про рідного брата.
4. Іван розповідає про майбутню професію.
5. Ми пишемо нове оповідання.
6. Вони купили новий одяг.
7. Студенти слухають цікаву лекцію.
8. Андрій і Микола читають свіжий журнал.
9. Ми купили смачне печиво.
10. Сьогодні викладач говорив про нового студента.

25.

1. Я бачив старого професора на вулиці.
2. Я купив свіжий хліб у магазині.
3. Студент розповідав про нового друга.
4. Діти вивчали цікаве оповідання в школі.
5. Ми слухали гарну студентку на уроці.
6. Я люблю дивитися історичний фільм.
7. Ми любимо слухати мого тата.
8. Студенти розповідали про домашнє завдання на екзамені.

5) Знахідний відмінок множини

복수 대격

26.

1. Я купую ***книжки***.
2. Я купую ***журнали*** в кіоску.
3. Так, я люблю читати ***газети***.
4. Ні, я не люблю ***вірші***.
5. Ні, я не люблю писати ***листи***.
6. Я купую ***листівки, марки і конверти*** на пошті.
7. Я купую ***олівці і ручки*** в магазині.
8. Так, я люблю писати ***вправи***.

27.

Так, я знаю її родичів. Так, я знаю її братів і сестер. Ні, я не знаю її подруг.
Ні, я не знаю його товаришів. Ні, я не знаю його друзів. Так, я знаю його братів.
Так, я знаю їхніх викладачів. Так, я знаю їхніх друзів.

28.

1. Ви зустрічаєте студентів, студенток, професорів, викладачів в університеті.
2. Ви слухаєте на концерті артистів, музикантів, письменників, поетів.
3. Ви запрошуєте друзів, подруг, товаришів, сусідів в гості.
4. Ви слухаєте концерти, лекції, доповіді у клубі.
5. Ви купуєте газети, журнали, листівки, конверти в кіоску.

29.

1. Я часто згадую родичів, друзів, сестер, братів, подруг, товаришів.
2. У нашому університеті мріють вчитися майбутні викладачі, геологи, філологи, юристи, економісти, дипломати.
3. Фірма запрошує на роботу секретарів, лаборантів, хіміків.

30.

1. Я читав ***сьогоднішні газети***.
2. Я купив ***святкові листівки***.
3. Мій друг приніс ***нові диски***.
4. Він знає ***старі українські пісні***.
5. Вона купила ***потрібні підручники***.
6. Товариш приніс ***цікаві журнали***.
7. Студенти склали ***важкі екзамени***.

31.

1. Я чекаю моїх старих друзів.
2. Я часто зустрічаю цих нових студентів в клубі.
3. Вони запросили знайомих студенток в театр.
4. Я бачила наших нових друзів в кінотеатрі.
5. Ми знаємо молодих викладачів в цьому університеті.
6. Андрій давно не бачив його батьків.
7. Він часто згадує його молодших братів і сестер.

32.

1. На столі лежать сьогоднішні газети. Я купив у кіоску сьогоднішні газети.
2. У мене є великий чорний портфель. Хто забув у класі великий чорний портфель.
3. Учора в нас була цікава лекція. Ми говорили про цікаву лекцію. Студенти уважно слухали цікаву лекцію.
4. Скільки коштує ця невелика валіза? Я хочу купити цю невелику валізу.
5. У сусідній кімнаті живуть наші нові студенти. Сьогодні я бачив наших нових студентів. Що ти знаєш про наших нових студентів?

6) Знахідний відмінок в значенні напрямку руху
직접문에 사용되는 대격

33.

A. 1. Так, я іду в клас.
2. Ні, студенти (вони) не ідуть в клуб.
3. Так, батько (він) їде на завод.
4. Так, мати (вона) іде в магазин.
5. Ні, я не іду в кафе.

B. 1. Так, мама (вона) їде на фабрику.
2. Ні, сестра (вона) не іде в поліклініку.
3. Так, я іду на вулицю.
4. Так, діти (вони) їдуть в школу.
5. Так, викладачі (вони) ідуть в університет.

34.

1. Так, ми поїдемо сьогодні в кіно.
2. Так, вони підуть в клуб ввечері.
3. Ні, Ганна (вона) не піде завтра на вечір.
4. Так, наша група поїде в музей.
5. Так, я піду завтра на лекцію.
6. Ні, я не піду в бібліотеку завтра.
7. Ні, я не поїду на екскурсію завтра.
8. Так, Оксана (вона) піде в кафе завтра вранці.

35.

1. Учора я ходив в кіно.
2. Вони ходили в клуб в неділю.
3. Я ходив у кафе вранці.
4. Вони ходили в музей.
5. Вона ходила в магазин вранці.
6. Він ходив в поліклініку у суботу.
7. Наша група ходила на виставу в п'ятницю.
8. Викладач ходив в аудиторію учора.

36.

1. Студенти ходили в кінотеатр, в театр, у клуб, в музей, в цирк, на вечірку, на концерти у неділю.
2. Вони підуть у школу, на виставку, у бібліотеку, на фабрику, у поліклініку в суботу.
3. Зараз студенти ідуть в клас, в аудиторію, в кафе, в їдальню, у бібліотеку.

37.

1. Так, вони їдуть в оперний театр.
2. Ні, я не їду в центр.
3. Так, я іду в поліклініку.
4. Ні, мій друг не поїде на батьківщину влітку.
5. Так, я поїду у Львів взимку.
6. Ні, я не їздив (їздила) вчора в музей.
7. Так, наші друзі їздили на виставку в суботу.
8. Так, він їздив у цирк вчора.

38.

1. Зараз я іду у клуб.
2. Мій друг іде у лабораторію.
3. Ці студенти ідуть у бібліотеку.
4. Я їду на стадіон.
5. Ці люди їдуть на виставку.
6. Улітку ми поїдемо у село.
7. У неділю я поїду в кінотеатр.
8. Вчора ми ходили в театр.
9. У суботу я їздив на екскурсію.
10. Мої друзі ходили в музей в середу.

39.

1. Куди ви ідете зараз?
2. Куди ти підеш після обіду?
3. Куди ви підете сьогодні ввечері?
4. Куди ви ходили вчора?
5. Куди ходили студенти в суботу?
6. Куди ти їздив у червні?
7. Куди їздила ваша сім'я влітку?

40.

1. Я іду в нашу бібліотеку.
2. Студенти ідуть у новий гуртожиток.
3. Максим іде у міську поліклініку зараз.
4. Він ходив у нашу лікарню вчора.
5. Наші друзі ходили у студентський клуб позавчора.
6. Вони підуть в історичний музей післязавтра.
7. Я піду на французьку виставку в неділю.
8. Я піду на цікаву екскурсію після обіду.

41.

1. Я іду в міську бібліотеку зараз.
2. Він поїде вчитися у Київський національний університет.
3. Наші сестри поїдуть у рідне місто влітку.
4. Учора студенти їздили у картинну галерею.
5. Мій брат поїде на Близький Схід влітку.
6. Я хочу поїхати на морський берег влітку.
7. Наш друг хоче поїхати у Південну Америку восени.
8. Іван та Микола їздили на цікаву екскурсію в суботу.

42.

1. Студенти ідуть у велику аудиторію на лекцію.
2. Викладач іде у клас на заняття.
3. Лікар іде у лікарню на роботу.
4. Наші друзі хочуть піти у клуб на концерт в суботу.
5. Вони хочуть піти у театр на новий балет у неділю.
6. Я хочу поїхати на південь у санаторій влітку.
7. Я поїду у місто на екскурсію завтра.
8. Зараз я іду в бібліотеку в читальний зал.

43.

1. Так, я знаю, куди він ходив учора. Він ходив на концерт учора.
2. Так, я знаю, куди вони ходили сьогодні ввечері. Вони ходили у кіно сьогодні ввечері.
3. Так, я знаю, куди вона ходила позавчора. Вона ходила на екскурсію позавчора.
4. Так, я знаю, куди вони підуть сьогодні ввечері. Вони підуть на стадіон сьогодні ввечері.
5. Так, я знаю, куди вона поїде завтра. Вона поїде у село завтра.
6. Так, я знаю, куди вони їздили вчора. Вони їздили в гості вчора.
7. Так, я знаю, куди вона їздила влітку. Вона їздила на море влітку.
8. Так, я знаю, куди він їздив минулого року. Він їздив на південь минулого року.
9. Так, я знаю, куди вони поїдуть наступного тижня. Вони поїдуть на виставу наступного тижня.
10. Так, я знаю, куди він поїде взимку. Він поїде в гори взимку.

44.

1. Студенти були в кінотеатрі, в клубі, у театрі, в бібліотеці, в парку вчора ввечері. Студенти ходили у кінотеатр, у клуб, в театр, у бібліотеку, в парк вчора ввечері.
2. Я люблю відпочивати на морі, в санаторії, в парку, у селі, в ресторані. Я поїду відпочивати на море, у санаторій, у парк, в село, у ресторан влітку.
3. Наші друзі підуть на виставку, в університет, у школу в суботу. Вони будуть на виставці, в університеті, у школі в суботу.

45.

1. Учора ми ходили ***на виставку***. Студенти теж були ***на виставці***.
2. Інженер іде ***на завод***. Він працює ***на заводі***.
3. Завтра студенти підуть ***на вечір***. ***На вечорі*** вони будуть співати.
4. Вчора хворий ходив ***у поліклініку***. Сьогодні він знову був ***у поліклініці***.
5. Ми беремо книжки ***у бібліотеці***. Після уроків я піду ***у бібліотеку***.
6. Зазвичай студенти обідають ***в їдальні***. Вони підуть ***в їдальню*** о 3 годині.
7. Ганна ходила ***в магазин***. Вона купила сукню ***в магазині***.
8. Вчора моя сестра ходила ***на пошту***. Вона отримала посилку ***на пошті***.
9. Мій брат працює ***в університеті***. Кожного ранку він іде ***в університет***.
10. У неділю друзі поїдуть ***у клуб***. Минулого тижня вони були ***у клубі***.

46.

1. Ми були у нашому новому клубі на цікавому вечорі вчора. Ми ходили у наш новий клуб на цікавий вечір вчора.
2. Я буду в театрі на новому балеті в суботу. Я поїду в театр на новий балет в суботу.
3. Він працює на цьому великому хімічному заводі. він ходить на цей великий хімічний завод кожного дня.
4. Наша молодша сестра ходить у Львівський національний університет на економічний факультет щодня. Вона вчиться у Львівському національному університеті на економічному факультеті.
5. Я піду в цю центральну книгарню, у газетний кіоск після уроку. Я купую книжки у цій центральній книгарні, у газетному кіоску.
6. Професор читає лекції у велика аудиторія. Професор іде у велику аудиторію.
7. Я їду в історичний музей зараз. Я був в історичному музеї вчора.
8. Я обідаю у нашій новій їдальні кожного дня. Я іду в нашу нову їдальню зараз.
9. Іван їздив у маленьке місто влітку. Він жив у маленькому місті влітку.
10. Я буду на англійській фотовиставці ввечері. Я піду на англійську фотовиставку ввечері.

47.

1. Вчора я ходила на виставку.
2. Минулого року ми їздили в Італію.
3. Позавчора Іван ходив у поліклініку.
4. Вранці Ганна ходила на лекцію.
5. У червні вони їздили в Київ.
6. Вчора я ходив у клуб на концерт.
7. У вівторок ми ходили на екскурсію в музей.
8. Минулого тижня студенти ходили в бібліотеку.

48.

1. Так, я був у театрі вчора.
2. Так, я був у музеї в середу.
3. Так, Ганна була в суботу в кінотеатрі.
4. Так, я був у Львові. 5. Так, Іван був влітку в Парижі.
6. Так, наша сестра була в Італії. 7. Так, я був вчора на екскурсії.
8. Так, я був у музеї вчора.

49.

1. Ми ходили в кінотеатр в суботу.
2. Я ходив у бібліотеку сьогодні.
3. Вони ходили на екскурсію вчора ввечері.
4. Я їздив на море влітку.
5. Наші друзі їздили в Україну влітку.
6. Я ходив на балет у неділю.

50.

1. Де ви були вчора?
2. Куди Іван і Ганна ходили вчора?
3. Куди Максим їздив улітку?
4. Де він вчився раніше?
5. Де твої друзі були минулого року?
6. Куди ти їздив минулого року?

7) Знахідний відмінок з дієсловами *класти – покласти, ставити – поставити, вішати – повісити*

동사 *класти – покласти, ставити – поставити, вішати – повісити*와 함께 쓰이는 대격

51.

A. 1. Я поклав мою книжку на полицю.
2. Він поклав твою ручку в сумку.
3. Я поклав твій олівець на стіл.
4. Вона поклала твою папку на стіл.
5. Вони поклали свої зошити у портфель.
6. Він кладе свій портфель на стілець.
7. Я кладу свої речі у шафу.
8. Я кладу гроші в гаманець.

B. 1. Він поставив квіти у вазу.
2. Він поставив валізу на шафу.
3. Я ставлю вазони у кімнаті на вікно.
4. Ви ставите книжки на полицю.

C. 1. Я повісив картину на стіну.
2. Я хочу повісити цю фотографію на стіну.
3. Вона повісила пальто у шафу.
4. Я вішаю костюм у шафу.

52.

1. Я поклав книжку на стіл; папір у папку; гроші у кишеню; сумку на стілець.
2. Я поставив вазу на вікно; книгу на полицю; стілець у кут; склянку на стіл.
3. Я повісив пальто у шафу; таблицю на дошку; фото на стіну.
4. Ми кладемо зошити у портфель; книжки на стіл; речі у валізу.
5. Ми ставимо лампу на стіл; книги на полицю; квіти у вазу.
6. Ми вішаємо сукню у шафу; картини на стіну.

53.

1. Лист лежить на його новій жовтій папці. Він поклав цей лист на його нову жовту папку.
2. Я поклала газету у мій старий портфель. Газета лежить у моєму старому портфелі.
3. Лампа стоїть на її письмовому столі. Вона поставила лампу на її письмовий стіл.
4. Квіти стоять у великій красивій вазі. Я поставила квіти у велику красиву вазу.
5. Я вішаю пальто і костюми у нашу велику шафу. Наші пальто і костюми висять у нашій великій шафі.

54.

1. Де стоять квіти?
2. Куди ти поставив квіти?
3. Куди Іван поклав газету?
4. Де лежить журнал?
5. Куди Ганна повісила своє фото?
6. Де висить її фото?

55.

1. Я запрошую тебе на виставку.
2. Ми запрошуємо вас на екскурсію у сусіднє місто.
3. Вчора вони запросили їх друзів у кафе.
4. Студенти запросили викладачів на студентський вечір.
5. Він запросив знайому дівчину в театр.
6. Я хочу запросити товариша на концерт у наш клуб.

8) Знахідний відмінок у значенні часу
시간 표현에 사용되는 대격

56.

1. Я був в театрі у вівторок.
2. Ви підете на концерт у суботу.
3. Вони ходили на екскурсію у середу.
4. Я відпочиваю у суботу і неділю.
5. Контрольна робота була у понеділок у нашій групі.
6. Він захворів у четвер.
7. Він ходив у поліклініку у п'ятницю.
8. Вона їздила до бабусі у неділю.

57.

1. Так, я знаю, коли буде контрольна робота. контрольна робота буде у вівторок.
2. Так, я знаю, коли він отримав лист. Він отримав лист у понеділок.
3. Так, я знаю, коли ми підемо в кінотеатр. Ми підемо в кінотеатр у суботу.
4. Так, я знаю, коли вони поїдуть на екскурсію. Вони поїдуть на екскурсію у неділю.
5. Так, я знаю, коли він був на виставці. Він був на виставці у п'ятницю.
6. Так, я знаю, коли вона піде в бібліотеку. Вона піде в бібліотеку в середу.
7. Так, я знаю, коли вони були в Оперному театрі. Вони були в Оперному театрі у неділю.
8. Так, я знаю, коли вона була в поліклініці. Вона була в поліклініці у четвер.

58.

1. Як довго він займався в бібліотеці?
2. Скільки часу ти чекав на нас?
3. Як довго він вчив нові слова?
4. Скільки часу викладач пояснював новий текст?
5. Як довго ви відпочивали на морі?
6. Скільки часу він хворів?
7. Скільки часу падав дощ?
8. Як довго вона вивчала українську мову?

1. Скільки часу ви розмовляли?
2. Як довго вона хворіла?
3. Скільки часу вони жили в Києві?
4. Як довго ти чекав на мене?

59.

1. Ми чекали вас весь день.
2. Вони працювали там увесь тиждень.
3. Ми гуляли в лісі увесь день.
4. Я отримав лист минулого тижня.
5. Мої друзі ходять у клуб цілий тиждень.
6. Ми слухали лекції цілу годину.
7. Я буду вивчати ці слова весь місяць. 8. Вона лежала в лікарні цілий тиждень.

4 Давальний відмінок

여격

1) Давальний відмінок однини

단수 여격

1.

А. 1. Так, я дам Степанові свій словник.
2. Так, Марія дала викладачу свій зошит.
3. Так, я показав професорові свою роботу.
4. Так, я купила товаришеві квиток у театр.
5. Так, я пишу лист братові.
6. Так, я часто пишу батькові.
7. Так, Іван телефонував другові вчора.

В. 8. Так, я надіслав сестрі посилку.
9. Так, Віра розповіла подрузі про свою роботу.
10. Так, викладач пояснив студентці її помилки.
11. Так, я сказав Ганні про екскурсію.
12. Так, я часто телефоную матері.

2.

1. Я написав лист братові вчора.
2. Другові розповіли про вечір.
3. Я купила газету товаришеві.
4. Студенти відповідають на екзамені професорові.
5. Студенти показали зошити викладачу.
6. Я розповів про свою хворобу лікарю.
7. Викладач пояснив нові слова студентці.
8. Іван надіслав нові фото сестрі.
9. Він купив подарунок матері.
10. Тато подарував книжку дочці.

3.

1. Я дала свій підручник подрузі.
2. Я часто пишу листи матері.
3. Він надсилає посилки бабусі.
4. Ваш викладач пояснює новий урок студентові.
5. Я купив цю книгу другові.

6. Вона подарувала свою нову ручку дочці.
7. Я показала цю вправу викладачу.
8. Наш сусід телефонує батькові кожного дня.
9. Наш друг купив квитки в театр товаришеві.
10. Я подарував ці квіти дівчині.

4.

1. Я обіцяла купити квитки в Оперний театр сестрі.
2. Я обіцяв часто писати листи матері.
3. Я обіцяв пояснити цю важку задачу другові.
4. Наш друг допомагає вивчати англійську мову братові.
5. Я допомагаю вивчати українську мову подрузі.
6. Сестра допомагає готувати обід мамі.
7. Мати дозволила піти в кіно синові.
8. Лікар не дозволяє курити пацієнтові.
9. Викладач дозволив зайти в аудиторію студентові.
10. Лікар радить поїхати в санаторій хворому.
11. Я раджу вступати на медичний факультет подрузі.
12. Я раджу подивитися цей фільм доньці.
13. Радіо заважає вчитися студентці.

5.

1. Вона дала книжку сестрі.
2. Він написав лист товаришеві.
3. Він купив квіти мамі.
4. Вона показала свої фото викладачу.
5. Він подарував ручку батькові.
6. Вона розповіла цю новину другові.
7. Викладач пояснив урок студентці.
8. Студент допоміг зрозуміти новий текст товаришу.

6.

1. братові (брату)
2. матері
3. викладачу (викладачеві)
4. подрузі
5. покупцеві (покупцю)
6. сусідові (сусіду)
7. другові (другу)
8. товаришеві (товаришу)
9. батькові (батьку)
10. лікареві (лікарю)

7.

1. студент; студентові; студента; про студента
2. подрузі; про подругу; подругу; подруга
3. письменника; письменникові; письменник; про письменника

8.

1. сестрі; про сестру; сестри; сестра
2. друг; про друга; друга; другові

9.

1. Кому батьки подарували фотоапарат?
2. Кому мама купила пальто?
3. Кому ти купив квиток на футбольний матч?
4. Кому викладач пояснив новий текст?
5. Кому ти надіслав посилку вчора?
6. Кому ти хочеш розповісти про це?
7. Кому ви будете відповідати на екзамені?
8. Кому студенти подарували красиві квіти?

2) Давальний відмінок множини
복수 여격

10.

1. студентам
2. друзям
3. сестрам
4. товаришам
5. братам
6. синам
7. батькам
8. дочкам

11.

1. студентам
2. друзям
3. товаришам
4. батькам
5. братам
6. дітям
7. подругам
8. сестрам

12.

1. подарував.
2. повідомив.
3. заважаєте.
4. пояснює (пояснював).

5. показували.
6. дав.
7. допомагає.
8. надіслав.

13.

1. подарунок подрузі
2. учням помилки
3. студентові посилку
4. повідомлення товаришам
5. мамі лампу
6. школярам їх нові картини

14.

1. друзям про факультет
2. студентам про іспити
3. товаришам про лекцію
4. лікареві про хворобу
5. братові про наш університет
6. викладачеві про екскурсію

3) Особові займенники у Давальному відмінку
인칭대명사의 여격

15.

1. Так, він знає. Так, я сказав йому про це.
2. Так, вона прийде. Так, я телефонував їй.
3. Так, вони підуть. Так, я купив їм квитки.
4. Так, я дам. Ти можеш зателефонувати мені завтра.
5. Так, вона говорила мені, що сьогодні ввечері вона прийде до нас у гості.

16.

1. йому
2. йому
3. їй
4. їй
5. їм
6. нам
7. вам
8. тобі
9. мені
10. їй

17.

1. нам
2. йому
3. мені
4. їм
5. вам
6. їй
7. мені
8 тобі

18.

1. Так, я дав йому свій словник.
2. Так, я телефонував йому вчора.
3. Так, викладач розповів їм про іспити.
4. Так, студенти показали їм бібліотеку.
5. Так, я дала їм квитки на концерт.
6. Так, вчитель пояснив їм нові слова.
7. Так, я купив їй подарунок.
8. Так, Ганна надіслала їй повідомлення.
9. Так, я допомагаю їй вивчати англійську мову.
10. Так, мати дозволила йому піти на вечірку.

19.

1. нам (мені)
2. йому (їй)
3. мені (нам)
4. мені
5. нам (мені, йому, їй)
6. мені
7. нам (мені)
8. йому (їй)

20.

1. Він (вона)
2. Йому (їй)
3. Йому (їй, їм)
4. Він (вона)
5. Ти (він, вони)
6. Вони
7. Він (вона)
8. Йому (їй, їм)
9. Він (вона)
10. Йому (їй, їм)
11. Йому (їй, їм)
12. Він (вона)

4) Прикметники та присвійні займенники у Давальному відмінку однини і множини
형용사 및 소유대명사의 단수 및 복수 여격

21.

1. новому професорові (професору)
2. хворому студентові (студенту)
3. відомому художнику (художникові)
4. давньому приятелю (приятелеві)
5. іноземному студентові (студенту)
6. молодшому брату (братові)
7. старшому брату (братові)
8. новій студентці
9. хворій студентці
10. знайомій дівчині
11. старшій сестрі
12. молодшій сестрі
13. новим студентам
14. іноземним туристам
15. старшим братам

22.

1. Я допомагаю вивчати українську мову іноземній студентці.
2. Я дав своєму другові запрошення на концерт.
3. Я складав іспит цьому викладачеві.
4. Викладач пояснює урок новим студентам.
5. Я часто телефоную рідній сестрі.
6 Я купила подарунок її подрузі.
7. Іван розповів про мітинг нашим товаришам.
8. Я телефоную давнім друзям кожної суботи.

23.

1. цьому студентові і цій студентці
2. нашому викладачу і моїм друзям
3. його товаришеві
4. його сім’ї, його батькові, його братові і його сестрі
5. моїм батькам
6. його сусідам і його другові

24.

1. її молодшій дочці
2. моїй молодшій сестрі
3. одному новому студентові
4. моєму другу Іванові
5. цьому хворому студентові
6. моїм друзям 8. моїм товаришам

25.

1. Якому приятелеві ти телефонував сьогодні ввечері?
2. Якій дівчині лікар зробив операцію?
3. Якому братові ти хочеш написати повідомлення?
4. Якій сестрі Микола надсилає дитячі книжки?
5. Яким гостям студенти показали університет?
6. Яким синам мати показала подарунок для батька?
7. Яким друзям ти завжди передаєш вітання?
8. Яким студентам викладач допомагає дізнатися більше про місто?

26.

1. нашого викладача; нашому викладачу
2. мого старого друга; моєму старому другові
3. знайомого студента; знайомому студентові
4. нашому бібліотекареві; нашого бібліотекаря
5. незнайомого чоловіка; незнайомому чоловікові
6. моїх давніх друзів і товаришів; моїм давнім друзям і товаришам; про моїх давніх друзів і товаришів
7. батька, матір, братів і сестер; батькові, матері, братам і сестрам; про батька, матір, братів і сестер

5) Давальний відмінок з дієсловом *подобатися – сподобатися*

동사 *подобатися – сподобатися*와 함께쓰이는 여격

27.

1. Так, мені подобається цей фільм.
2. Так, мені подобається ця книжка.
3. Так, мені подобається цей будинок.
4. Так, мені подобається ця станція метро.
5. Так, мені подобаються такі фільми.
6. Так, мені подобаються такі книжки.
7. Так, мені подобаються такі будинки.
8. Так, мені подобаються такі станції метро.

28.

1. Мені подобаються ***ці підручники***.
2. Нам подобаються ***нові станції*** метро.
3. Їм подобаються ***ці лекції***.
4. Тобі подобаються ***ці фільми***
5. Вам подобаються ***ці виставки.***
6. Йому подобаються ***ці професії.***

29.

1. Нам сподобався цей вечір.
2. Нам сподобалася ця екскурсія.
3. Мені сподобалася ця книга.
4. Нам сподобалася ця доповідь.
5. Мені сподобалася ця ручка.
6. Нам сподобалася ця виставка.

30.

1. Мені і моїм друзям
2. Моїм батькам
3. Усім студентам
4. Моєму другові
5. Вашій сестрі
6. Вам

31.

1. Так, мені подобаються українські пісні.
2. Так, йому подобається балет.
3. Так, йому подобається корейська музика.
4. Так, йому подобаються такі фільми.
5. Так, мені подобається моя робота.
6. Так, їй подобаються такі романи.
7. Так, мені подобається цей театр.

8. Так, мені подобається така погода.
9. Мені подобається класична музика.
10. Мені подобається балет «Лебедине озеро».
11. Мені подобаються історичні фільми.
12. Мені подобаються пригодницькі книжки.
13. Мені подобається зелений колір.
14. Мені подобається львівська кав'ярня.

6) Давальний відмінок у значенні віку
나이표현에 쓰이는 여격

32.

1. Мені двадцять років.
2. Йому сімнадцять років.
3. Старшому братові тридцять три роки.
4. Молодшому братові дванадцять років.
5. Моїй мамі сорок чотири роки.
6. Моєму батькові п'ятдесят один рік.
7. Ларисі дев'ятнадцять років.
8. Її молодшій сестрі шість років.
9. Цій студентці двадцять три роки.
10. Нашому викладачеві тридцять дев'ять років.

33.

1. Зараз мені 25 років. Два роки тому мені було 23 роки. Через два роки мені буде 27 років.
2. Ганні 22 роки. Через п'ять років їй буде 27 років. П'ять років тому їй було 17 років.
3. Моєму татові 45 років. Коли я народився, йому було 24 роки.
4. Андрієві 21 рік. Коли він закінчить університет, йому буде 26 років.

34.

1. Скільки років Михайлові?
2. Скільки років його братові?
3. Скільки років Ганні?
4. Скільки років її сестрі?
5. Скільки років цьому студентові?
6. Скільки років цьому чоловікові?
7. Скільки років тобі?
8. Скільки років твоїй сестрі?
9. Скільки років твоїй матері?
10. Скільки років твоєму татові?

35.

1. Мені 23 роки.
2. Моєму другові 19 років.
3. Моїй сестрі 25 років.
4. Моєму батькові 59 років.
5. Моєму діду 88 років.
6. Моєму старшому братові 30 років.
7. Іванові 15 років.
8. Ользі 13 років.
9. Цьому хлопчику 6 років.
10. Цій дівчині 4 роки.

36.

1. Мені було 18 років, коли я закінчив школу.
2. Мені було 7 років, коли я пішла в школу.
3. Мені було 18 років, коли я вступив в університет.
4. Мені було 18 років, коли я почав вивчати українську мову.
5. Мені буде 23 роки, коли я закінчу університет.
6. Мені буде 24 роки, коли мій друг закінчить університет.

37.

1. моєму другові
2. цьому студентові
3. моїй старшій сестрі
4. нашому професорові
5. моїй мамі
6. моєму татові

38.

1. Мені двадцять один рік.
2. Їй чотирнадцять років.
3. Їй тридцять дев'ять років.
4. Мені сімдесят чотири роки.
5. Йому тридцять один рік.
6. Скільки років було тобі тоді?
7. Скільки вам років?
8. Йому двадцять чотири роки.

7) Давальний відмінок у неозначених реченнях
부정 대명사 여격

39.

1. Йому ***цікаво*** читати це оповідання.
2. Мені ***приємно*** говорити про це.
3. Їй ***важко*** розмовляти по-українськи.
4. Їм ***цікаво*** було слухати доповідь.
5. Вам ***важко*** виконувати цю вправу.
6. Нам ***легко*** було вивчати українські слова.
7. Тобі ***легко*** буде вирішити цю проблему.
8. Вам ***неприємно*** дивитися цей фільм?

40.

1. нецікаво (нудно)
2. легко
3. важко
4. неприємно
5. цікаво
6. непотрібно
7. непотрібно
8. неможна

41.

1. вам
2. їй
3. їм
4. йому
5. всім студентам
6. нашим викладачам
7. спортсменам
8. хворому
9. їй
10. мені
11. мені
12. мені
13. мені
14. мені
15. мені
16. нам
17. нам
18. нам

42.

1. Їй не можна кататися на лижах.
2. Мені не можна багато ходити пішки.
3. Йому не можна пити чорну каву.
4. Йому не можна курити (палити).
5. Цьому хворому не можна ходити.
6. Вашому другові не можна займатися спортом.

43.

1. Нам потрібно вивчити ці слова.
2. Їм потрібно старанно вчитися.
3. Хворому треба піти в поліклініку.
4. Студентам треба бути на зборах.
5. Моєму братові треба скласти іспит.
6. Ганні потрібно повторити урок.
7. Моєму товаришу треба виступати на вечорі.
8. Усім студентам треба купити словник.
9. Мені треба зателефонувати другові.
10. Учням потрібно прочитати цю статтю.

44.

1. Вам треба було (буде) прочитати одну статтю.
2. Їй треба було (буде) багато працювати.
3. Нам треба було (буде) писати контрольну роботу.
4. Йому не можна було (буде) займатися спортом.
5. Мені треба було (буде) зателефонувати.
6. Мені треба було (буде) купити зимове пальто.

45.

1. Вам можна іти відпочивати – ви вже закінчили роботу.
2. Їй можна не купувати словник – у неї є такий.
3. Вам можна не читати це оповідання – ви вже прочитали його.
4. Лікар сказав, що їй можна займатися спортом – вона добре почувається.
5. Вам можна не повторювати це правило – ви його знаєте.
6. Їм можна іти додому – заняття вже закінчилися.

5 Орудний відмінок

조격

1) Орудний відмінок іменників однини

단수명사의 조격

1.

1. Так, я був у театрі ***з братом***.
2. Так, він (Іван) розмовляв по телефону ***з батьком***.
3. Так, сьогодні вранці я снідав ***з Тарасом***.
4. Так, я був на екскурсії ***з викладачем***.
5. Так, я бачила його в кінотеатрі ***з товаришем***.
6. Так, вчора вона (Марія) була в клубі ***з подругою***.
7. Так, вона (Ганна) поїде в село ***з сестрою*** влітку.
8. Так, він (професор) розмовляв ***зі студенткою***.
9. Так, вони (школярі) була в музеї ***з вчителькою***.
10. Так, вона (дочка) ходила в магазин ***з матір'ю***.
11. Так, він (онук) говорив по телефону ***з бабусею***.
12. Так, я обідав ***з Марією*** вчора.

2.

1. з другом
2. з Максимом
3. з товаришем
4. з викладачем
5. з батьком
6. з братом
7. з лікарем
8. з студенткою
9. з подругою
10. з матір'ю
11. з дочкою
12. з професором

3.

1. з викладачем
2. з письменником
3. з другом
4. з матір'ю
5. з сестрою
6. з Борисом

4.

1. з лікарем і медсестрою
2. з сестрою і братом
3. батьком і матір'ю
4. викладачем
5. Ніною і Михайлом
6. студентом і студенткою
7. сином і дочкою
8. Тарасом і Надією

5.

1. Іван говорив по телефону з братом.
2. Марія познайомилася у Львові з студенткою з Мексики.
3. Я зустрівся в театрі з викладачем математики вчора.
4. Я була на екскурсії з професором в суботу.
5. Студент розмовляв з лікарем у поліклініці.
6. Я ходив в кіно з другом і подругою вчора.
7. Я їхала сьогодні в автобусі з Олегом і Петром.
8. Я завжди раджуся з мамою і татом.

6.

1. Так, я знаю, з ким він був учора в театрі. Він був учора в театрі з сестрою.
2. Так, я знаю, з ким вона поїде в Київ улітку. Вона поїде в Київ улітку з подругою.
3. Так, я знаю, з ким вони розмовляють у коридорі. Вони розмовляють у коридорі з викладачем.
4. Так, я знаю з ким він привітався зараз. Він привітався з професором зараз.
5. Так, я знаю, з ким він познайомився у Львові. Він познайомився у Львові з Ігорем.
6. Так, я знаю, з ким я зустрівся випадково на вулиці. Ти зустрівся випадково на вулиці з вчителем.
7. Так, я знаю, з ким вона займалася граматикою весь тиждень. Вона займалася граматикою весь тиждень з другом.
8. Так, я знаю, з ким вона говорила по телефону ввечері. Вона говорила по телефону з мамою ввечері.

7.

1. З ким ви привіталися?
2. З ким ти зустрівся на вулиці?
3. З ким ти познайомився у Києві?
4. З ким Ганна завжди радиться?
5. З ким ти часто ходиш в театр?
6. З ким він говорив по телефону вчора?

8.

1. брата; до брата; з братом; брат; про брата
2. сестрі; з сестрою; від сестри; (на) сестру; про сестру
3. з лікарем; у лікаря; до лікаря; лікареві; лікаря

2) Орудний відмінок прикметників і присвійних займенників однини
단수 형용사 및 소유대명사의 조격

9.

1. Так, я давно познайомився з цим чоловіком.
2. Так, він (Іван) познайомився з цією дівчиною.
3. Так, я говорила з цим студентом про роботу.
4. Так, я радився з цим лікарем.
5. Так, я знайомий з твоїм братом.
6. Так, я знайомий з твоєю сестрою.
7. Так, я давно не бачився зі своїм батьком.
8. Так, я повинен зустрітися зі своїм другом у клубі.

10.

1. з цим чоловіком
2. з цим програмістом
3. цим студентом
4. з моїм братом
5. з моїм товаришем
6. з нашим викладачем
7. з цією дівчиною
8. з цією студенткою
9. з його сестрою
10. з моєю матір'ю

11.

1. з новим студентом
2. з хворим студентом
3. з досвідченим лікарем
4. з молодим художником
5. з відомим поетом
6. зі знайомим студентом
7. старшим братом
8. з українським студентом

12.

1. з новою студенткою
2. з хворою дівчиною
3. з відомою артисткою
4. з корейською письменницею
5. з іноземною студенткою
6. з молодшою сестрою

13.

1. з нашим новим викладачем
2. з моїм добрим другом
3. з одною (однією) іноземною студенткою
4. з відомим українським поетом
5. з одною (однією) відомою артисткою
6. з твоїм молодшим братом
7. з його старшою сестрою
8. з його молодшим братом

14.

1. З ким він привітався?
2. З ким ти був на концерті?

3. З ким він говорив по телефону?

4. З ким цей студент був на вечірці?

5. З ким він давно не бачився?

6. З ким він познайомився у Києві?

7. З ким ти ходив гуляти у неділю вранці?

8. З ким ти зазвичай ходиш в кіно?

15.

1. мого старого друга; моєму старому другові; мого старого друга
2. з моїм добрим товаришем; моєму доброму товаришу; мій добрий товариш
3. нашого нового професора; до нашого нового професора; з нашим новим професором
4. цього іноземного студента; з цим іноземним студентом; цьому іноземному студентові
5. у моєї старшої сестри; моїй старшій сестрі; моя старша сестра; з моєю старшою сестрою
6. одну знайому дівчину; з одною знайомою дівчиною; одній знайомій дівчині; від однієї знайомої дівчини

3) Особові займенники в орудному відмінку
인칭대명사의 조격

16.

1. Так, я знайомий з ним і з нею.
2. Так, я давно знайома з ними.
3. Так, він піде з ними в кіно.
4. Так, можна поговорити з нами.
5. Так, я хочу піти з тобою на стадіон.
6. Іван був зі мною на виставці?

17.

1. з ним; з ним; з ним
2. з нею; з нею
3. з ними; з ними
4. з нами; з нами
5. з вами; з вами
6. з тобою; з тобою
7. зі мною

18.

1. з нею
2. зі мною
3. з нами
4. з нею
5. з ним
6. з ними
7. зі мною
8. з тобою
9. з вами
10. з нею
11. з ним
12. з вами

4) Орудний відмінок іменників множини
복수명사의 조격

19.

1. з товаришами
2. з письменниками
3. з батьками
4. з менеджерами
5. з викладачами
6. друзями
7. з братами
8. з студентами

5) Орудний відмінок прикметників, присвійних займенників множини
복수 형용사 및 소유대명사의 조격

20.

1. з нашими студентами
2. з нашими добрими друзями
3. з українськими студентами
4. з його давніми друзями
5. з її старшими сестрами
6. з її маленькими дітьми
7. з моїми молодшими братами
8. з його одногрупниками

21.

1. З ким він був вчора в театрі?
2. З ким ви познайомилися у Києві?
3. З ким ти говорив по телефону сьогодні вранці?
4. З ким ти поїдеш в село влітку?
5. З ким учора у клубі була зустріч?
6. З ким хворий радився у поліклініці?

22.

1. З ким вона привіталася?
2. З ким він попрощався? 3. З ким ви познайомилися у клубі?
4. З ким ти був в Америці влітку?
5. З ким ти давно не бачився?
6. З ким ви поїдете в гори влітку?
7. З ким ти не знайома?
8. З ким ти зустрілася на вулиці?

23.

1. з нашим другом
2. з його братами
3. з нашими гостями
4. з моїми батьками
5. з іноземними студентами
6. зі своїми викладачами
7. зі своїми земляками
8. з нашими подругами

24.

1. мене і моїх товаришів; до мене і моїх товаришів; зі мною і моїми товаришами
2. від моїх батьків; з моїми батьками; моїх батьків
3. ці відомі артисти; цих відомих артистів; з цими відомими артистами
4. мого старшого брата; моєму старшому братові; від мого старшого брата; з моїм старшим братом
5. нашу нову студентку; з нашою новою студенткою; нашій новій студентці; нашої нової студентки

6) Орудний відмінок у значенні іменного присудка
서술어로서의 조격

25.

1. Мій брат був інженером. Мій брат буде інженером.
2. Мій товариш був студентом. Мій товариш буде студентом.
3. Його сестра була директором школи. Його сестра буде директором школи.
4. Її друг був письменником. Її друг буде письменником.
5. Вона була хорошим зубним лікарем. Вона буде хорошим зубним лікарем.
6. Ця жінка була відомою артисткою. Ця жінка буде відомою артисткою.

26.

1. Вона – викладач.
2. Мій старший брат – лікар.
3. Вона – хороша вчителька.
4. Вони – геологи.
5. Мій брат – агроном.
6. Моя сестра – артистка.
7. Я – інженер. 8. Мій друг – перекладач.

27.

1. інженером
2. аспіранткою
3. відомою артисткою
4. дитячим лікарем
5. директором школи
6. пенсіонером

28.

1. відомим українським поетом
2. відомими українськими письменниками
3. відомим французьким фізиком
4. відомим англійським вченим
5. першим російським вченим
6. першим у світі космонавтом

29.

1. Мій батько працює інженером.
2. Мій старший брат працює лаборантом.
3. Мій друг працює фермером.
4. Цей чоловік працює директором заводу.
5. Моя мати працює лікарем.
6. Моя старша сестра працює вчителькою.

7) Орудний відмінок після дієслів *займатися, цікавитися, захоплюватися*

동사 *займатися, цікавитися, захоплюватися*뒤에 쓰이는 조격

30.

1. Чим ви займаєтеся кожного дня?
2. Чим він займається з цікавістю?
3. Чим ви займалися 5 років?
4. Чим він займався вчора весь вечір?
5. Чим вони займалися в університеті?
6. Чим займаєтеся цей вчений?

31.

1. Чим ти цікавишся?
2. Чим вони цікавляться?
3. Чим цікавиться цей студент?
4. Чим вона цікавиться?
5. Чим він цікавився раніше?
6. Чим він цікавиться тепер?

32.

1. Я цікавлюся літературою.
2. Моя сестра цікавиться медициною.
3. Мій старший брат цікавиться математикою.
4. Мій друг цікавиться театром.
5. Мій молодший брат цікавиться музикою.
6. Його товариш цікавиться шахами.

33.

1. дитячим лікарем
2. директором металургійного концерну
3. спортом
4. історією
5. студентом, менеджером
6. фотографією

34.

1. Мій брат ***працює (працював)*** викладачем фізики.
2. Я дуже ***цікавлюся*** хімією.
3. Вона ***займається (займалася)*** українською мовою два роки.
4. Моя мама ***працює (працювала)*** продавцем в магазині.
5. Максим давно ***цікавиться*** математикою. 6. Вона ***займається*** історією кіно.

8) Орудний відмінок у значенні місця

장소 표현에 쓰이는 조격

35.

1. Де висить фото батька?
2. Де літак летить?
3. Де розташована хімічна лабораторія?
4. Де лежить цей зошит?
5. Де ти знайшов ручку?
6. Де працюють шахтарі?
7. Де станція метро?
8. Де розташоване село?
9. Де стоять ваші валізи?
10. Де автобус зупинився?
11. Де росте високе дерево?
12. Де на площі стоїть пам'ятник?

36.

1. за мною
2. перед новим вокзалом
3. перед нами
4. За нашим будинком
5. перед студентським гуртожитком
6. За будинком

37.

1. Лампа висить над письмовим столом.
2. Я знайшов свій зошит під книжковою шафою.
3. Мій олівець лежав за вашим зошитом.
4. Ручка впала і лежить під цим стільцем.
5. Перед нашим домом ростуть дерева.
6. Перед Київським університетом стоїть пам'ятник Шевченкові.
7. Птахи летять над лісом.
8. Азія починається за Уралом.

9) Орудний відмінок в інших значеннях
그 외에 쓰이는 조격

38.

1. Я пишу ручкою в зошиті.
2. Я пишу маркером на дошці.
3. Викладач виправляє помилки червоним олівцем в зошитах.
4. Ви їсте ложкою і виделкою.
5. Ви ріжете хліб ножем.
6. Ви фотографуєте фотоапаратом.
7. Ви чистите зуби зубною щіткою.
8. Температура повітря вимірюється термометром.
9. Атмосферний тиск вимірюється барометром.
10. Вологість повітря вимірюється гігрометром.

39.

1. Як ти читав цей текст?
2. Як ви дивилися цей фільм?
3. Як ви чекаєте на канікули?
4. Як студенти слухають викладача?
5. Як Ніна завжди розповідає про свого старшого брата?
6. Як ви слухали його розповідь?
7. Як ти читав цей роман?

40.

1. з радістю
2. із захопленням
3. з цікавістю
4. з нетерпінням
5. з зусиллям
6. з цікавістю
7. з гордістю

41.

1. з маслом і сиром
2. з картоплею або рисом
3. цукром і лимоном
4. з молоком
5. з м'ясом або рибою
6. з хлібом

42.

1. Коли він поснідав?
2. Коли вона зателефонувала подрузі?
3. Коли ти отримав листівку від друга?
4. Коли він закінчив інститут?
5. Коли ви встигли повечеряти?
6. Коли вона дуже хвилювалася?

43.

1. з другом
2. чорним олівцем
3. термометром
4. з цікавістю
5. над містом
6. за будинком
7. з помилками
8. над столом
9. спортом
10. літературою
11. інженером
12. під великим столом

44.

1. З ким ти привітався?
2. Ким працює його мати?
3. З ким ти сидів на зборах?
4. Як професор зустрів гостей?
5. З ким Ніна була в театрі?
6. Чим твоя сестра цікавиться?
7. Коли жила ваша сім'я у Варшаві?
8. Де стоїть машина?

6 Родовий відмінок
생격

1) Родовий відмінок іменників однини
단수명사의 생격

2) Родовий відмінок після заперечних слів *немає (нема), не було, не буде*
부정사 *немає (нема), не було, не буде*뒤에 쓰이는 생격

1.

A. 1. У мене є журнал.
2. У мене є квиток в театр.
3. У мене є маркер.
4. У мене є словник.
5. У мене є підручник.
6. У мене є брат.
7. У мене є батько.
8. У мене є телевізор.
9. У цьому місті є університет.
10. На цій вулиці є кінотеатр.

B. 1. У мене є книжки.
2. У мене є карти.
3. У мене є сумки.
4. У мене є ручки.
5. У мене є лекції сьогодні.
6. У мене є сестри.
7. У цій аудиторії є дошки.
8. На цій вулиці є школи.

2.

1. У мене нема словника.
2. У мене нема олівця
3. У мене нема сьогодні уроку.
4. У Івана немає квитка на концерт.
5. У нього немає підручника.
6. У мене нема телевізора у кімнаті.
7. У мене нема бабусі.
8. У Петра немає друга.
9. У неї нема брата.
10. У нього нема сестри.

3.

1. Ні, у мене нема ручки.
2. Ні, у мене нема папки.
3. Ні, у нього немає зошита.
4. Ні, у Михайла нема машини.
5. Ні, у цій кімнаті немає картини.
6. Ні, у цьому класі немає дошки.
7. Ні, у мене нема сьогодні лекції з історії.
8. Ні, у них сьогодні немає екскурсії в музей.
9. Ні, у нього немає старшої сестри.

10. Ні, у них немає дочки.
11. Ні, у неї нема матері.
12. Ні, у мене нема зараз уроку.

4.

1. Ні, у мене не було уроку історії вчора.
2. Ні, вчора у клубі не було концерту.
3. Ні, сьогодні вранці не було уроку фонетики.
4. Ні, вчора у них не було екзамену.
5. Ні, вчора в клубі не було вечірки.
6. Ні, у суботу у мене не було екскурсії.
7. Ні, вчора не було поганої погоди.
8. Ні, сьогодні вранці не було хмарно.

5.

1. Ні, завтра у мене не буде уроку української мови.
2. Ні, завтра у них не буде лекції з літератури.
3. Ні, завтра у вас не буде іспиту з історії України.
4. Ні, у середу у вас не буде зборів.
5. Ні, у суботу у клубі не буде концерту.
6. Ні, у неділю у нас не буде екскурсії в музей.

6.

1. Він не написав домашнє завдання, тому що у нього нема підручника.
2. Я не купив цю річ, тому що у мене нема грошей.
3. Він не був вчора в театрі, тому що у нього немає квитка.
4. Вона не прочитала цю статтю, тому що у неї нема журналу.
5. Я не знайшла ці слова у словнику, тому що у мене немає словника.
6. Я не ношу зошити, підручники, ручки, олівці в сумці, тому що у мене немає сумки.
7. Вона не була на вечірці в клубі, тому що у неї нема часу.
8. Ці студенти зараз в їдальні, а не на уроці, тому що у них немає уроку.

3) Родовий відмінок прикметників і присвійних займенників однини
단수 형용사 및 소유대명사의 생격

7.

1. Ні, у мене нема цього журналу.
2. Ні, у мене нема цього словника.
3. Ні, у мене нема цього тексту.
4. Ні, у мене нема в зошиті цієї вправи.
5. Ні, у мене нема у словнику цього слова.
6. Ні, у нашій книжці немає цього оповідання.

8.

1. Ні, у мене нема цієї книги.
2. Ні, у мене нема цієї газети.
3. Ні, у мене нема в кімнаті цієї картини.
4. Ні, у нашій бібліотеці немає цієї книжки.
5. Ні, у неї немає цього диска.
6. Ні, у мене нема цього фото.

9.

1. Ні, у нашого друга немає словника.
2. Ні, у вашого викладача немає цієї книжки.
3. Ні, у вашої вчительки немає цієї газети.
4. Ні, у мого товариша нема квитка у театр.
5. Ні, у цього студента немає друга.
6. Ні, у цієї дівчини немає подруги.
7. Ні, у мого брата нема дочки.
8. Ні, у моєї сестри нема сина.
9. Ні, у моєї подруги нема брата.
10. Ні, у мого приятеля нема сестри.

10.

У цього студента і цієї студентки є новий підручник.
У нашого викладача є українсько-англійський словник.
У мого сусіда є вчорашні газети.
У Івана та Ганни є квитки в театр.
У мого друга є машина.
У мого брата і моєї сестри є діти.

11.

1. У цього чоловіка є сьогоднішня газета.
2. У мого друга є зайвий квиток на концерт.
3. У цієї студентки є такий підручник.
4. У нашого викладача є червона ручка.
5. У цієї дівчини є новий зошит.
6. У мого батька є гроші.
7. У мого товариша є сигарети.
8. У нашого приятеля є запальничка.

12.

А. 1. Так, у мене немає останнього номера журналу.
   2. Так, у мене нема чистого аркуша паперу.
   3. Так, у нього немає спортивного костюма.
   4. Так, у мене немає зайвого квитка.
   5. Так, у мене у кімнаті нема книжкової шафи.
   6. Так, у мене нема молодшого брата.

В. 1. Так, у мене нема нового зошита.
   2. Так, у нього немає сьогоднішньої газети.
   3. Так, у мене немає корейсько-англійського словника.
   4. Так, у мене немає молодшої сестри.
   5. Так, у неї нема хорошої подруги.
   6. Так, у них немає нового підручника.

13.

1. У мене немає синього олівця.
2. У неї немає англо-українського словника.
3. У нього немає нової сумки.
4. У нього немає великої валізи.
5. У мене немає спортивного костюма.
6. У мене немає сьогодні вільного часу.
7. У мене немає сьогодні домашнього завдання.
8. У мене в кімнаті немає настільної лампи.
9. У них у кімнаті немає такої картини.
10. У нашій кімнаті немає книжкової шафи.

14.

1. Ні, у мене немає нового підручника.
2. Ні, у нашого викладача немає великого словника.
3. Ні, у нашої вчительки немає цієї книжки.
4. Ні, у Івана немає сьогоднішньої газети.
5. Ні, у мене немає зараз вільного часу.
6. Ні, у цього студента немає зайвого квитка у театр.
7. Ні, у нашого друга немає старшого брата.
8. Ні, у цієї студентки немає молодшої сестри.

15.

A. 1. Ні, його зараз немає удома.
   2. Ні, його немає в університеті.
   3. Ні, її зараз немає у класі.
   4. Ні, її нема в бібліотеці.
   5. Ні, їх зараз немає у гуртожитку.
   6. Ні, їх нема в аудиторії.

B. 1. Ні, його зараз нема у гуртожитку.
   2. Ні, її зараз нема в університеті.
   3. Ні, його немає в аудиторії.
   4. Ні, його немає у бібліотеці.
   5. Ні, його нема на лекції.
   6. Ні, її зараз нема вдома.

16.

1. Ні, його немає у сумці.
2. Ні, його нема у шафі.
3. Ні, його немає у мене в кишені.
4. Ні, його нема у папці.
5. Ні, її зараз нема у Києві.
6. Ні, її зараз нема на лекції.
7. Ні, його немає у кабінеті.
8. Ні, її не було вдома вчора ввечері.
9. Ні, його не було вдома вчора ввечері.
10. Ні, його немає в офісі.

17.

1. … тому що його немає в кабінеті.
2. … її немає ...
3. … але їх немає тут.
4. … тому що його не було в магазині.
5. … і сьогодні його не було на занятті.
6. … тому мене не було на концерті.

18.

1. Ліди і Петра немає на уроці.
2. Івана і Ганни сьогодні не було на лекції з історії.
3. Мого друга вчора не було в театрі.
4. Одного викладача не було на зборах.
5. Хворого студента не було на занятті граматики.
6. Нової студентки не було на іспиті.

4) Родовий відмінок іменників множини

복수명사의 생격

5) Родовий відмінок зі словами *багато, мало, скільки, стільки, небагато, чимало, кілька, декілька* і числівниками *п'ять, шість, сім* і т. д.

단어 *багато, мало, скільки, стільки, небагато, чимало, кілька, декілька*와 숫자 *п'ять, шість, сім* 등과 함께 쓰이는 생격

19.

1. У нашій групі 6 студентів.
2. У нього 7 друзів у Києві.
3. На зборах було 19 викладачів.
4. У мого друга 5 братів.
5. У поліклініці 10 лікарів.
6. У цьому класі 8 столів.
7. У нашому класі 16 стільців.
8. На цьому поверсі 12 аудиторій.
9. Я купив 9 журналів в кіоску.
10. Я прочитала 8 книг цього місяця.
11. У цьому тексті 20 речень.
12. У цьому реченні 11 слів.

20.

1. Так, я знаю, скільки сторінок у цій книзі. У цій книзі 250 сторінок.
2. Так, я знаю, скільки вправ ви повинні написати вдома. Ви повинні написати 10 вправ вдома.
3. Так, я знаю, скільки студентів на вашому факультеті. На вашому факультеті 100 студентів.
4. Так, я знаю, скільки лікарів працює в цій поліклініці. У цій поліклініці працює 25 лікарів. Так, я знаю, скільки столів і стільців у вашій аудиторії. у вашій аудиторії 230 столів і стільці.
6. Так, я знаю, скільки аудиторій на цьому поверсі. На цьому поверсі 17 аудиторій.
7. Так, я знаю, скільки поверхів у цьому будинку. У цьому будинку 10 поверхів.
8. Так, я знаю, скільки дівчат вчиться у цій групі. У цій групі вчиться 5 дівчат.
9. Так, я знаю, скільки музеїв у цьому місті. У цьому місті 6 музеїв.
10. Так, я знаю, скільки екзаменів нам треба скласти в кінці семестру. У кінці семестру нам треба скласти 5 екзаменів.

21.

1. Ні, у цьому залі шість вікон.
2. Ні, у вашому класі п'ять столів.
3. Ні, у мене у групі сім осіб.
4. Ні, у мене у групі вісім дівчат.
5. Ні, я купила десять зошитів.
6. Ні, я зробив у диктанті шість помилок.
7. Ні, я буду складати шість іспитів.
8. Ні, у мене сьогодні п'ять лекцій.

22.

1. У нашому місті 7 університетів.
2. У нашому університеті 18 факультетів.
3. На нашому факультеті 5 груп.
4. У нашій групі 25 студентів.
5. У нашій групі 10 дівчат.
6. У мене 5 лекцій кожного дня.
7. У мене буде 7 екзаменів.
8. 15 викладачів працює на факультеті.

23.

1. Я вчуся 6 годин кожного дня. 2. Я пишу домашнє завдання 5 годин. 3. Я читав цю книжку 5 днів. 4. Я відпочивав у селі 10 днів. 5. Я була в Києві 6 місяців. 6. Наш товариш хворів 5 тижнів. 7. Я вивчаю українську мову 10 місяців. 8. Я буду відпочивати влітку 8 тижнів. 9. Наша сім’я живе у цьому місці 20 років. 10. Я навчаюся в університеті 5 років.

24.

1. Пляшка води коштує 5 гривень.
2. Сік коштує 10 гривень.
3. Пачка цигарок коштує 20 гривень.
4. Пакет молока коштує 15 гривень 45 копійок.
5. Пляшка пива коштує 17 гривень.
6. Булочка з варенням коштує 6 гривень.
7. Плитка шоколаду коштує 8 гривень 50 копійок.
8. Кілограм цукру коштує 20 гривень 65 копійок.
9. Коробка цукерок коштує 25 гривень.
10. Білий хліб коштує 12 гривень.

25.

1. Так, я знаю, скільки коштує ця книжка. Ця книжка коштує 105 гривень.
2. Так, я знаю, скільки коштує цей зошит. Цей зошит коштує 20 гривень.
3. Так, я знаю, скільки коштує цей словник. Цей словник коштує 89 гривень.
4. Так, я знаю, скільки коштує цей костюм. Цей костюм коштує 350 гривень.
5. Так, я знаю, скільки коштує це пальто. Це пальто коштує 1000 гривень.
6. Так, я знаю, скільки коштують ці книги. Ці книги коштують 400 гривень.
7. Так, я знаю, скільки коштують ці журнали. Ці журнали коштують 26 гривень.
8. Так, я знаю, скільки коштують ці олівці. Ці олівці коштують 15 гривень.

26.

1. Скільки студентів у вас у групі?
2. Скільки часу ви вивчаєте українську мову?
3. Скільки вправ ви повинні написати вдома?
4. Скільки книжок Ганна взяла в бібліотеці?
5. Скільки разів ти читав цю книжку?
6. Скільки повідомлень друзям ти написав вчора?
7. Скільки часу ви чекали нас?
8. Скільки осіб було на екскурсії?

27.

1. вчиться
2. було
3. працює
4. поїде
5. працює
6. сидить
7. лежить
8. стоїть
9. висить
10. вчиться

28.

1. садів і парків
2. машин, автобусів, трамваїв
3. лікарів, медсестер
4. студентів і студенток
5. листів, листівок
6. підручників, книжок і журналів
7. зошитів, ручок
8. аудиторій, кабінетів, залів

29.

1. … братів, сестер, друзів, товаришів і знайомих
2. … книг, ручок, олівців та інших речей
3. … парків, театрів, магазинів, шкіл
4. … залів, офісів, кабінетів, аудиторій, лабораторій
5. … трамваїв, тролейбусів, автобусів, машин
6. … газет, журналів, листів, листівок

30.

1. … м'яса, риби і хліба
2. … молока
3. … сиру і ковбаси
4. … землі
5. … заліза і вугілля
6. … золота і нафти

31.

1. міст
2. води
3. фільмів
4. картин
5. кілометрів
6. снігу
7. задач
8. грошей
9. речень
10. хліба, цукру, м'яса, масла, фруктів

7) Родовий відмінок прикметників і присвійних займенників множини
복수 형용사 및 소유대명사의 생격

32.

1. Так, у нашому місті багато книжкових магазинів.
2. Так, на цій вулиці багато високих будівель.
3. Так, на цьому поверсі багато великих аудиторій.
4. Так, у нашій бібліотеці багато українських книг.
5. Так, я бачив багато українських фільмів.
6. Так, у нас багато знайомих студентів в університеті.
7. Так, у нашого друга багато іноземних знайомих.
8. Так, у цьому регіоні багато металургійних заводів.

33.

1. Скільки українських книжок у нашій бібліотеці? У вашій бібліотеці 1500 українських книжок.
2. Скільки іноземних мов він знає? Він знає 6 іноземних мов.
3. Скільки молодих викладачів працює у нашому університеті? У вашому університеті працює 130 молодих викладачів.
4. Скільки середніх шкіл, дитячих садків у вашому місті? У нашому місті 5 середніх шкіл і 5дитячих садків.
5. Скільки високих будинків на цій вулиці? На цій вулиці 10 високих будинків.
6. Скільки українських пісень ви знаєте? Я знаю 16 українських пісень.

34.

1. У мене немає нових зошитів.
2. В кіоску не було сьогодні українських газет.
3. У цьому тексті не було незнайомих слів.
4. У цьому підручнику немає важких вправ.
5. У залі немає вільних місць.
6. На виставці не буде нових картин.
7. На цій площі немає великих дерев.
8. У цьому місті немає високих будинків.

35.

1. немає товаришів
2. немає друзів
3. немає старших братів
4. немає екзаменів
5. немає уроків
6. немає цих журналів
7. немає англо-українських словників
8. немає батьків
9. немає вільного часу
10. немає високих будинків

36.

1. Ні, у мене немає ручки.
2. Ні, у нього немає зошита.
3. Ні, у мене вчора не було уроку історії.
4. Ні, у цій аудиторії не було лекції з літератури.
5. Ні, у цьому будинку нема спортивного залу.
6. Ні, у бібліотеці немає українських книжок.
7. Ні, у мене немає хороших друзів в цьому місті.
8. Ні, у мене не було вчора важких вправ.
9. Ні, у мене немає сьогодні уроку граматики.
10. Ні, у нього не було вільного часу учора ввечері.
11. Ні, у неї не буде завтра гостей.
12. Ні, у них не було вчора лекцій.
13. Ні, у них вчора не було екскурсії.
14. Ні, у мене немає знайомих студентів в цьому університеті.
15. Ні, у них немає друзів у Львові.

16. Ні, у нього немає молодших братів і сестер.
17. Ні, у неї немає батьків.
18. Ні, у них немає знайомих викладачів у вашому університеті.
19. Ні, у вашій бібліотеці немає англійських книжок.
20. Ні, у мене немає цих вправ.

8) Родовий відмінок у значенні назви власника предмета
물건 주인의 이름 표현에 쓰이는 생격

37.

1. Це кімната сестри.
2. Це словник викладача.
3. Це зошит студентки.
4. Це книжка Ганни.
5. Біля будинку стоїть машина Максима.
6. Я читаю повідомлення батька.
7. Брат Марії працює в театрі.
8. Сестра Бориса вчиться в університеті.
9. Батьки Івана живуть у Парижі.
10. Друг Лізи вчиться в Україні.

38.

1. Це кімната мого знайомого студента.
2. Це пальто одної нашої студентки.
3. Це машина нашого нового лікаря.
4. Це книжки наші викладачів.
5. Це кабінет нашого професора.
6. Це словник мого друга Івана.
7. Це фото мого батька і моєї матері.
8. Це роман одного відомого письменника.

39.

1. Ні, це не моя кімната, це кімната моїх молодших братів.
2. Ні, це не мої підручники, це підручники моїх сусідів.
3. Ні, це не мої речі, це речі моїх друзів.
4. Ні, це не мої зошити, це зошити наших викладачів.
5. Ні, це не мій одяг, це одяг цих студентів.
6. Ні, це не моє взуття, це взуття наших гостей.

40.

1. На столі лежить підручник нашого студента Тараса.
2. На столі лежать зошити наших студентів і нашої вчительки.
3. Брат мого найкращого друга хоче поїхати в Україну.
4. Батьки наших студентів Ахмеда і Хасана живуть у Туреччині.
5. Машина нашого професора стоїть на вулиці.
6. Книжку одної нашої студентки знайшли в коридорі.
7. Ми слухали вчора по радіо пісні молодих українських співаків.
8. Я читав статтю відомого американського письменника вчора.
9. У нас на столі стоять фото моїх батьків, братів і сестер.
10. На стільці сумка моєї молодшої сестри.

41.

1. Це повідомлення мого найкращого друга.
2. Це кімната моєї старшої сестри.
3. Це зошити наших нових студентів.
4. Батьки мого найкращого друга Ніколя живуть в Австралії.
5. Брат Миколи вчиться в цій школі.
6. Друзі наших студентів були в клубі на вечорі.
7. Оповідання одного молодого письменника нам подобаються.
8. Я взяв газету нашого викладача.
9. Викладач перевіряє домашнє завдання нашої студентки.
10. На вечорі ви зустріли батьків Івана і Ганни.

42.

1. Чиї речі лежать на столі?
2. Чиї батьки були вчора у вас в гостях?
3. Чиї лекції вам подобаються?
4. Чиє фото висить у твоїй кімнаті?
5. Чиї роботи перевіряє викладач?
6. Чию книжку ти читав учора?

9) Родовий відмінок у значенні місця
장소 표현에 쓰이는 생격

43.

1. Париж – столиця Франції.
2. Варшава – столиця Польщі.
3. Осло – столиця Норвегії.
4. Бейрут – столиця Лівану.
5. Прага – столиця Чехії.
6. Делі – столиця Індії.
7. Токіо – столиця Японії.
8. Відень – столиця Австрії.
9. Рим – столиця Італії.
10. Лондон – столиця Великобританії. 1
1. Київ – столиця України.
12. Сеул – столиця Кореї.

44.

1. цього студента, цієї студентки, цього письменника, цієї артистки
2. цього журналу, цієї книжки, цього фільму, цієї газети
3. університету, музею, гуртожитку, бібліотеки
4. історії, граматики, фонетики, літератури
5. нашого викладача, нашого професора, наших студентів
6. цього композитора, цього молодого художника, цього відомого письменника, цього українського поета

45.

1. Так, мої друзі були на вечорі української культури.
2. Так, усі студенти купили новий підручник з української мови.
3. Так, мені подобається музика Чайковського.
4. Так, я бачив будівлю Київського університету.
5. Так, я знаю, де книжковий магазин.
6. Так, я пам'ятаю назву останнього фільму.
7. Так, я була на лекції з історії України.
8. Так, мій друг вивчає українську мову.

46.

1. міста
2. моря
3. університету
4. лікарні
5. київського театру
6. цього композитора
7. республіки
8. його колишніх студентів

47.

1. На уроці ми читали оповідання українських письменників.
2. Студенти нашого університету організували цей вечір.
3. Я був на виставці молодих корейських художників.
4. Я була на концерті симфонічного оркестру.
5. Студенти старших курсів їздили в Київ минулого року.
6. Учора ми говорили про статтю нашого професора історії.
7. Я читаю вірші українських поетів.
8. Я слухаю музику німецьких композиторів.

10) Родовий відмінок у ступенях порівняння
비교 표현에 쓰이는 생격

48.

1. матері
2. батька
3. Тараса
4. нашої сім'ї
5. вашого будинку
6. зими
7. моєї роботи
8. першої і другої вправи
9. інших студентів
10. всіх інших спортсменів

49.

1. Ганна старша, від її брата.
2. Наша група більша, від вашої групи.
3. Мій друг розмовляє по-українськи краще, від мене.
4. Я читаю по-українськи повільніше, від тебе.
5. Ця коротша, від першої вправи.
6. Квитки в оперний театр дорожчі, від квитків в кінотеатр.
7. Наша вулиця красивіша, від сусідньої.
8. Сьогоднішня лекція цікавіша, від вчорашньої.

11) Родовий відмінок у значенні часу

시간 표현에 쓰이는 생격

50.

Першого січня тисяча дев'ятсот сорок п'ятого року; тридцятого липня тисяча дев'ятсот шістдесят першого року; двадцять восьмого лютого тисяча дев'ятсот дев'яносто першого року; дванадцятого травня дві тисячі п'ятого року; двадцять четвертого вересня тисяча дев'ятсот дев'яносто дев'ятого року; дев'ятнадцятого листопада дві тисячі дев'ятого року; дев'ятнадцятого червня дві тисячі одинадцятого року; дев'ятого грудня тисяча дев'ятсот сімдесят п'ятого року; п'ятнадцятого березня тисяча дев'ятсот вісімдесят сьомого року; двадцять першого квітня тисяча дев'ятсот п'ятдесят третього року; тринадцятого серпня дві тисячного року; п'ятого жовтня дві тисячі другого року.

51.

1. Першу лінію метро в Києві відкрили шостого листопада тисяча дев'ятсот шістдесят першого року.
2. Друга світова війна закінчилася дев'ятого травня тисяча дев'ятсот сорок п'ятого року.
3. Перший політ людини у космос відбувся дванадцятого квітня тисяча дев'ятсот шістдесят першого року.
4. Тарас Шевченко народився дев'ятого березня тисяча вісімсот чотирнадцятого року.
5. Україна стала незалежною двадцять четвертого серпня тисяча дев'ятсот дев'яносто першого року. 6. Помаранчева революція в Україні відбулася двадцять другого листопада дві тисячі четвертого року.

12) Родовий відмінок у значенні місця, до якого рухається об'єкт
장소 및 사물의 움직임 표현에 쓰이는 생격

52.

1. Так, я іду до лікаря.
2. Так, я іду до хворого товариша.
3. Так, дівчата підуть завтра до хворої подруги.
4. Так, я піду ввечері до свого друга.
5. Так, я поїду до батьків.
6. Так, студенти ходили до професора.

53.

1. до рідного брата
2. до батька і матері
3. до їхнього викладача
4. до хворого товариша
5. до його давнього друга
6. до її найкращої подруги

54.

1. в поліклініку до лікаря
2. в гуртожиток до його друга
3. у рідне місто до батьків
4. у кімнату до мого сусіда
5. у деканат до декана
6. у Київ до її подруги
7. в село до його сестри
8. у медичний інститут до студентів

55.

1. Я іду до давнього друга зараз.
2. Ця студентка іде до свого викладача.
3. Учора ми ходили до нашої подруги.
4. Увечері ми підемо до його сусіда.
5. Ми поїдемо до твоєї бабусі в суботу.
6. Ми поїдемо до нашого брата влітку.
7. Ганна поїде до своїх батьків влітку.
8. Я їду до нашого приятеля зараз.

56.

1. до неї
2. до нього
3. до неї
4. до них
5. до нас
6. до нього
7. до вас
8. до мене

57.

1. Де були студенти?
   Куди ідуть студенти?
   До кого ходили студенти?

2. Куди ви їздили?
   Де ви були?
   До кого ви їздили?

3. До кого аспіранти ідуть?
   Куди аспіранти ідуть?
   Де аспіранти працюють?

4. Де навчався ваш викладач?
   Куди він поїде на конгрес улітку?
   До кого він поїде?

58.

1. підійшли
2. підійшла
3. під'їхала
4. підійшли
5. під'їхало
6. підійшов
7. під'їхав
8. підійшов

59.

1. до незнайомого чоловіка
2. до нас
3. до кіоску
4. до дверей
5. до дошки
6. до телефону
7. до маленького села
8. до міського вокзалу

60.

1. до лікаря, лікарю
2. відомому художникові (художнику), до відомого художника
3. до знайомої дівчини, знайомій дівчині
4. батькам, до батьків
5. до наших друзів, нашим друзям
6. до найкращої подруги, у найкращої подруги

61.

1. Так, я слухаю лекції з історії.
2. Так, мені сподобалася лекція з літератури.
3. Так, усі студенти купили підручник з географії.
4. Так, У мене є підручник з фізики.
5. Так, у мене буде екзамен з української мови.
6. Так, це наш зошит з математики.
7. Так, я був на іспиті з граматики.
8. Так, у мене буде завтра лекція з української літератури.

62.

1. Я буду складати іспит з історії.
2. Я слухала лекцію з граматики.
3. Нам треба купити підручник з мистецтва.
4. Я загубив зошит з літератури.
5. Нам треба взяти в бібліотеці книжку з української культури.
6. Я писала контрольну роботу з історії України.
7. Завтра буде консультація з української літератури.
8. Я хочу послухати лекцію з економіки і політики України.

63.

1. зі школи
2. з театру
3. з інституту
4. з Софії, Варшави, Рима, Берліна
5. з Індії, Пакистану, Уругваю, Перу
6. з вечірки

64.

1. Він прийде зі школи через 2 години.
2. Вони повернулися дуже пізно з театру.
3. Він повернувся з поліклініки.
4. Вони приїхали з села у серпні.
5. Іван отримує посилки з Австрії.
6. Він приїхав з Туреччини.
7. Вони повернулися з клубу.
8. Ці студенти повертаються з музею.
9. Батьки Андрія повернулися з санаторію.
10. Ви приїхали нещодавно з півдня.

65.

1. з клубу (з концерту)
2. із залу (зі зборів)
3. з санаторію (з півдня)
4. з екскурсії (з музею)
5. з роботи (з лікарні)
6. з клубу (з вечірки)

66.

1. з Тунісу, Китаю, Аргентини, різних країн світу
2. з Польщі, Франції, Сполучених Штатів Америки
3. з екскурсії, вечірки, концерту
4. з лікарні, театру, відпустки

67.

1. Звідки ви повертаєтеся?
2. Звідки вони приїхали?
3. Звідки вийшов викладач?

4. Звідки приїхала ця дівчина?
5. Звідки ти повернувся вчора?
6. Звідки прийшли студенти?

68.

1. Студенти ходили у медичний інститут на лекцію вранці.
   Вони були у медичному інституті на лекції.
   Вони ідуть з медичного інституту (з лекції) зараз.
2. Наша група ходила на екскурсію у школу вчора.
   Я була на екскурсії у школі вчора.
   Я повернулася з екскурсії (зі школи) пізно.
3. Студенти їздили на південь у санаторій минулого року
   Вони були на півдні у санаторії.
   Вони приїхали з півдня (з санаторію) у серпні.
4. Ганна та Іван їздили сусіднє місто вчора.
   Вони були у сусідньому місті вчора.
   Вони приїхали дуже пізно з сусіднього міста.
5. Максим ходив в Оперний театр.
   Він був в Оперному театрі.
   Він повернеться з Оперного театру.
6. Я іду на вечірку.
   Я був на вечірці.
   Я повертаюся з вечірки.
7. Я їздив у маленьке село минулого року.
   Я приїхав з маленького села.
   Я відпочивав у маленькому селі улітку.
8. Мій друг поїде у Північну Ірландію улітку.
   Мій друг жив у Північній Ірландії раніше.
   Його батьки приїхали з Північної Ірландії.

69.

1. Я був у мого старого друга в суботу.
2. Я взяв цю книжку у нашого викладача.
3. Я взяв цей словник у мого товариша.
4. Мій товариш був у нашого викладача.
5. Вчора моя сестра була у її подруги.
6. Я була у моєї старшої сестри у неділю.

70.

1. Де ти був сьогодні? У кого ти був сьогодні?
2. Де ви жили влітку? У кого ви жили влітку?
3. Де ваш викладач зараз? У кого ваш викладач зараз?
4. Де ти взяв цю книжку? У кого ти взяв цю книжку?
5. Де були ваші студенти? У кого були ваші студенти?
6. Де працював ваш друг учора? У кого був ваш друг учора?

71.

1. Учора я був у поліклініці в лікаря.
2. У середу ми були в гуртожитку у моїх друзів.
3. Студенти були в лікарні у хворого друга.
4. Влітку наші студенти були вдома у своїх батьків.
5. Вчора ми були у професора на консультації.
6. Влітку я був у селі у старшої сестри.
7. Взимку вона була в Києві у своєї матері.
8. Коли я був у Львові, я був у Львівському університеті у своїх товаришів.

72.

1. центру міста
2. нашого університету
3. Києва
4. моря
5. історичного музею
6. річкового вокзалу
7. міського парку
8. вашого будинку

73.

1. Від Києва до Львова 600 кілометрів.
2. Від Києва до Одеси 450 кілометрів.
3. Від Києва до Сеула 7000 кілометрів.
4. Поїзд з Києва до Львова їде 6 годин.
5. Літак зі Львова до Одеси летить 45 хвилин.
6. Я іду з гуртожитку до університету 10 хвилин.
7. Я їду від нашого дому до центру міста 20 хвилин.
8. Я іду від нашого дому до зупинки автобуса 5 хвилин.

74.

1. з ранку до вечора;
2. з вересня до липня;
3. з 9 години ранку до 3 години дня;
4. з 11 години ранку до 8 години вечора;
5. з 3 години до 5 години;
6. з 4 години до 6 години.

75.

1. Цю школу збудували ***до війни***.
2. Ми дивилися телевізор ***до вечері***.
3. Батько читає газети ***до роботи***.
4. Я не бачив його ***до іспиту***.
5. Я повинен випити ліки ***до обіду***.
6. Іван увійшов в аудиторію ***до дзвінка***.

76.

1. Я прокидаюся о 7 годині ранку.
2. До сніданку я вмиваюся, роблю ранкову гімнасту.
3. Я виходжу з дому о 8 годині 30 хвилин.
4. Я їду до університету автобусом.
5. Зазвичай я снідаю вдома.
6. Я приходжу в університет о 9 годині.
7. У мене заняття в університеті кожного дня.
8. Лекції закінчуються о 3 годині.
9. Після лекцій я роблю домашнє завдання.
10. Я іду в бібліотеку після лекцій.
11. Я відпочиваю після обіду.
12. Я зазвичай вчуся у своїй кімнаті.
13. Я пишу домашнє завдання 3–4 години.
14. Я дивлюся телевізор, слухаю музику ввечері.
15. Я буваю в кіно або в парку ввечері.
16. Я лягаю спати об 11 годині.

77.

1. У студентів були зимові канікули з кінця грудня до початку березня.
2. Студенти зазвичай відпочивають під час канікул.
3. Я провела свої канікули вдома.

4. Я їздила до подруги протягом канікул.
5. Я їздила в гори тоді.
6. Я бачила своїх друзів протягом канікул.
7. Тоді була добра погода.
8. Так, я була в театрах під час канікул.
9. Я була в оперному театрі.
10. Я дивилася балет «Лускунчик» в театрі.
11. Так, я часто ходила в кінотеатр.
12. Я була в кінотеатрі 5 разів.
13. Я подивилася тоді багато фільмів.
14. Я добре відпочила під час канікул.

78.

1. Я народився в Україні, у місті Львові.
2. Це старе і велике місто.
3. У моєму рідному місті вузькі вулиці.
4. Так, у моєму місті є багатоповерхові будинки.
5. Так, у моєму місті багато магазинів, базарів, кафе, ресторанів.
6. У моєму місті є оперний і драматичний театри, кілька кінотеатрів.
7. Так, у цьому місті є багато історичних пам'яток.
8. Так, моя сім'я давно живе в цьому місті.
9. Ні, я нещодавно переїхали з рідного міста.
10. Я багато часу не бачив рідного міста.

7 ВПРАВИ НА ПОВТОРЕННЯ ВІДМІНКІВ

반복되는 격에 대한 예제

1.

1. Моя сім'я живе в Україні.
   Я отримую посилки з України.
   Я поїду в Україну влітку.
   Я часто згадую Україну.

2. Я купив цей словник товаришеві.
   Товариш телефонував мені щойно.
   Я граю у шахи з товаришем.
   Я позичив книжку у товариша.

3. Я захоплююся історією.
   Я вивчаю історію зараз.
   У мене буде іспит з історії завтра.
4. Директор заводу радився з менеджерами.
   Менеджери працювали на заводі разом з директором.
   Директор взяв документи у менеджерів.

2.

1. друзям, друзів, друзі;
2. музеїв, у музеї, у музеях;
3. туристи з Києва, з туристами з Києва, туристам з Києва

3.

1. Я беру книжки у бібліотеці.
   Я ходила у бібліотеку сьогодні.
2. Сестра написала це повідомлення.
   Я отримав це повідомлення від сестри.
3. Я ходжу на стадіон з вчителем.
   Я бачив вчителя на стадіоні.
4. Я люблю займатися спортом.
   Я читаю книжку про спорт.
5. Я чекаю подругу.
   Я телефонував подрузі.
6. Мій друг хоче стати лікарем.
   Мій друг був у лікаря сьогодні.

4.

1. Вона, неї, їй
2. Його, він, з ним, його
3. з нею, її, її, вона

5.

1. його і її
2. їх 3.
3 ними
4. їм
5. їй
6. тебе, мені
7. нам
8. вас
9. до вас
10. тобі
11. зі мною
12. мені

6.

1. Так, я знаю її.
2. Так, я знаю його.
3. Так, я знайомий з ним.
4. Так, я давно знайомий з нею.
5. Так, я був у них вчора.
6. Так, я принесла зошити йому.
7. Так, я їздила до них в суботу.
8. Так, я говорив з батьками про нього.
9. Так, я отримав лист від нього.
10. Так, я написав повідомлення їй.

7.

A. 1. Я бачив одного відомого українського художника на виставці.
   2. Я розмовляв з одним відомим українським художником про картини.
   3. Один відомий український художник показав вам свої картини.
   4. Я обіцяв показати свої картини одному відомому українському художникові.
   5. Картини одного відомого українського художника ми бачили на виставці.
   6. Газети писали про одного відомого українського художника.

B. 1. Наш новий викладач повідомив нам про збори.
   2. Я сперечався з нашим новим викладачем.
   3. Я бачив нашого нового викладача на зборах.
   4. Я допоміг перекласти оповідання нашому новому викладачеві.
   5. Мені подобаються лекції нашого нового викладача.
   6. Я розповідаю про нашого нового викладача.

8.

А. 1. про мого давнього шкільного приятеля
2. з моїм давнім шкільним приятелем
3. від мого давнього шкільного приятеля
4. мій давній шкільний приятель
5. мого давнього шкільного приятеля
6. моєму давньому шкільному приятелю

В. 1. її найкращої подруги
2. її найкращу подругу
3. її найкращої подруги
4. про її найкращу подругу
5. з її найкращою подругою
6. її найкращої подруги

8 ДІЄСЛОВА РУХУ

동작동사

1) Дієслово *іти*. Теперішній час

동사 *іти*. 현재형

1.

1. Куди ти ідеш?
2. Куди я іду?
3. Куди він іде?
4. Куди вона іде?
5. Куди ви ідете?
6. Куди ми ідемо?
7. Куди вони ідуть?

2.

1. іду
2. іде
3. ідуть
4. іде
5. ідемо
6. іде
7. ідуть
8. ідеш
9. ідете
10. ідуть

3.

1. Він іде у клуб зараз.
2. Вона іде у бібліотеку.
3. Вони ідуть у театр.
4. Я іду у лікарню.
5. Я іду в магазин.
6. Діти ідуть у школу.
7. Викладач іде в аудиторію.
8. Студенти ідуть на стадіон.
9. Інженер іде на завод.
10. Люди ідуть на пошту.

4.

1. Вони ідуть на фабрику.
2. Я іду на вулицю.
3. Він іде на ринок.
4. Вона іде в лікарню.
5. Ви ідете на вокзал.
6. Діти ідуть на завод.
7. Викладач іде в лабораторію.
8. Студенти ідуть на концерт.
9. Я іду на урок.
10. Люди ідуть в театр.

5.

- Куди ***ідуть*** Борис та Іван?
- Я не знаю, куди вони ***ідуть***. Я думаю, вони ***ідуть*** в їдальню.

- Куди ***іде*** Марія?
- Вона ***іде*** на лекцію.
- А ви також ***ідете*** на лекцію?
- Так, я також ***іду*** туди.

- Куди ви ***ідете***?
- Я ***іду*** в кіно.
- А чому ви ***ідете*** самі?
- Я ***іду*** сам, тому що мої друзі вже бачили цей фільм.

- Ви ***ідете*** у студентський клуб?
- Ні, ми вже були там. Зараз ми ***ідемо*** в бібліотеку.

2) Дієслово *ходити*. Минулий час
동사 *ходити*. 과거형

6.

1. ходив
2. ходили
3. ходили
4. ходив
5. ходили
6. ходив
7. ходила

7.

1. Вчора я ходила в аудиторію.
2. Вчора ми ходили на лекцію.
3. Вчора мій друг ходив в поліклініку.
4. Вчора студенти ходили у бібліотеку.
5. Вчора мої друзі ходили у клуб.
6. Ти ходив в їдальню вчора?
7. Вони ходили на пошту вчора?
8. Ви ходили на концерт вчора?

8.

1. Де ви були вчора? Куди ви ходили вчора?
2. Куди Анна ходила? Де Анна була?
3. Куди студенти ходили? Де були студенти?
4. Де був Антон у суботу? Куди ходив Антон у суботу?
5. Де ви були позавчора?
6. Куди ви ходили позавчора?

9.

1. Вчора ми були на вечірці.
2. Вчора моя сестра була в консерваторії.
3. Мій друг був у музеї.
4. Вранці вона була на пошті.
5. Петро був у бібліотеці.
6. У неділю вони були в ресторані.

10.

1. Недавно ми ходили в історичний музей.
2. У суботу моя подруга ходила на Площу Ринок.
3. Позавчора мої друзі ходили в книжковий магазин.
4. У неділю мої батьки ходили в театрі.
5. Вчора Наталка ходила в університет.
6. Сьогодні мій друг ходив у книгарню.

11.

1. Я ходив на концерт вчора ввечері.
2. Я ходив в басейн в суботу.
3. Іван ходив на стадіон у неділю.
4. Марта ходила у бібліотеку після уроку.
5. Мої друзі ходили в ресторан в неділю.

12.

1. Він був у клубі учора. (Він ходив у клуб учора).
2. Марія була в їдальні. (Марія ходила в їдальню).
3. Я була в цирку в неділю. (Я ходила в цирк в неділю).
4. Моя сестра була в лікарні вранці. (Моя сестра ходила в лікарню вранці).
5. Мої друзі були в консерваторії в неділю. (Мої друзі ходили в консерваторію в неділю).

13.

- Куди ви ***ходили*** в суботу?
- Я ***ходив*** в клуб на вечірку.
- А ваші друзі також ***ходили*** на вечірку?
- Ні, вони не ***ходили***.

- Ви хочете подивитися новий фільм?

- Ні, я вже бачив його. Я ***ходив*** дивитися цей фільм вчора.
- А Анна бачила цей фільм?
- Так, вона також ***ходила*** зі мною.

- Куди ти ***ходив*** вчора ввечері?
- Я ***ходив*** в театр. А ти?
- А я ***ходив*** в гості.

3) Дієслово *піти*. Майбутній час
동사 *піти*. 미래형

14.

1. піде
2. підемо
3. підуть
4. піду
5. підуть
6. підемо
7. підуть

15.

1. Ми підемо в театр ввечері.
2. Студенти підуть в аудиторію завтра.
3. Борис піде в магазин сьогодні ввечері.
4. Він піде в зоопарк завтра.
5. Ми підемо в бібліотеку післязавтра.
6. Я піду в гості в неділю.

16.

1. Після уроків ці студенти підуть у фізичну лабораторію.
2. У неділю я піду на стадіон.
3. У суботу він піде в театр.
4. Завтра ввечері вони підуть на збори.
5. Післязавтра ми підемо на концерт.
6. Після обіду я піду у свою кімнату.
7. Сьогодні ввечері мої друзі підуть в кінотеатр.
8. У вівторок наша група піде на виставку.

17.

1. Так, я піду на збори завтра.
2. Так, вони підуть сьогодні на лекцію.
3. Так, ваш викладач піде на вечір.
4. Так, вона піде післязавтра в театр.
5. Так, вони підуть в університет.
6. Так, я піду на концерт в суботу.
7. Так, я піду на репетицію у четвер.
8. Так, я піду в бібліотеку після уроків.

18.

1. Сьогодні ввечері ми підемо до цього інженера.
2. Після обіду я піду до зубного лікаря.
3. Завтра він піде до свого друга.
4. Післязавтра ці студенти підуть до декана.
5. У неділю вона піде до старшого брата.
6. У четвер ви підете до цього письменника.
7. Післязавтра я піду до своєї старшої сестри.
8. Сьогодні ввечері ми підемо до своїх родичів.
9. У неділю вони підуть до своїх друзів.
10. Завтра вони підуть до свого професора.

19.

- Куди ***підуть*** завтра ваші друзі?
- Вони говорили, що вони ***підуть*** в театр.
- А ви також ***підете*** в театр?
- Ні, я не ***піду***, тому що я буду зайнятий.

- Що буде робити Іван у неділю?
- Він говорив, що він ***піде*** на стадіон.
- А Віктор і Сергій також ***підуть***? Чи Іван ***піде*** сам?
- Я думаю, що вони також ***підуть*** на стадіон.

- Коли ви ***підете*** в їдальню? Зараз?
- Ні, зараз ми ***підемо*** на лекцію, а потім – в їдальню.

- Хто хоче ***піти*** на екскурсію?
- Ми всі хочемо ***піти.***

20.

1. Вчора я ходив на роботу. Завтра я піду на роботу.
2. Вчора мої друзі ходили в зоопарк. Завтра мої друзі підуть в зоопарк.
3. Вчора ми ходили в цирк. Завтра ми підемо в цирк.
4. Ви ходили в клуб вчора? Ви підете в клуб завтра?
5. Ти ходив у басейн вчора? Ти підеш у басейн завтра?
6. Ти ходив у бібліотеку вчора? Ти підеш у бібліотеку завтра?
7. Учора наш викладач ходив у бібліотеку. Завтра наш викладач піде у бібліотеку.
8. Учора ця студентка ходила в поліклініку. Завтра ця студентка піде в поліклініку.
9. Учора я ходила в гуртожиток. Завтра я піду в гуртожиток.
10. Вчора його друг ходив в музей. Завтра його друг піде в музей.

21.

- Куди ви ***підете*** сьогодні ввечері?
- Я думаю, що ми ***підемо*** в кіно.
- Ганна і Сергій також ***підуть*** в кіно?
- Ні, вони ***підуть*** в театр.

- Куди ***ідуть*** зараз цей студент?
- Він ***іде*** на стадіон.

- Куди ви ***ходили*** вчора?
- Вчора ми ***ходили*** на виставку.

- Куди ти ***підеш*** завтра?
- Завтра я ***піду*** в театр.

22.

- Куди ти ***ідеш***?
- Я ***іду*** в буфет, я ще не снідав.
- А куди ти ***підеш*** потім?
- Потім я ***піду*** в бібліотеку.

- Де ти був вчора ввечері?
- Вчора я ***ходив*** в клуб.
- Ти ***ходив*** сам?
- Ні, я ***ходив*** з Віктором.

- Завтра неділя. Що ти будеш робити?

- Завтра вранці я ***піду*** в басейн. Потім ми з другом ***підемо*** в ліс.
- А куди ви ***підете*** ввечері?
- Я ще не знаю, куди ми ***підемо*** .

- Куди ти ***ідеш***?
- Я ***іду*** на пошту. А ви також ***ідете*** на пошту?
- Ні, ми вже ***ходили*** на пошту, зараз ми ***ідемо*** додому.

4) Дієслово *їхати*. Теперішній час

동사 *їхати*. 현재형

23.

1. Я їду на роботу.
2. Студенти їдуть в університет.
3. Працівники їдуть на завод.
4. Діти їдуть на стадіон.
5. Я їду додому.
6. Вони їдуть в село.

24.

1. в Париж
2. у Відень
3. у Данію
4. в Африку
5. у Київ
6. у Польщу
7. в Японію 8. у Туніс

25.

Ні, я їду додому.
Ні, я їду в театр.
Ні, вони їдуть в Одесу.
Ні, я їду в бібліотеку.
Ні, я їду в басейн.

26.

- Куди ви зараз ***їдете***?
- Я ***їду*** в центр, а мій друг ***їде*** в університет.

- Куди ти зараз ***їдеш***?
- Я ***їду*** в театр.

- Ваша група ***їде*** на екскурсію?
- Так, ми ***їдемо*** на екскурсію.

- Ви ***їдете*** на концерт?
- Так, ми ***їдемо*** на концерт.

- Куди вони ***їдуть***?
- Вони ***їдуть*** в цирк.

5) Дієслово *їздити*. Минулий час
동사 *їздити*.과거형

27.

1. їздив
2. їздив
3. їздила
4. їздили
5. їздила
6. їздили

28.

1. Ми їздили на стадіон вчора.
   Ми їздили туди машиною.
2. Учора ми їздили в музей.
   Ми їздили туди трамваєм.
3. Я їздив у село в неділю.
   Я їздив туди велосипедом.
4. Олег недавно їздив у Москву.
   Він їздив туди поїздом.
5. Ці студенти їздили в театр вчора.
   Вони їздили туди автобусом.

29.

1. Де була ваша сім'я влітку? Куди їздила ваша сім'я влітку?
2. Де ти був у червні? Куди ви їздили у червні?
3. Куди ви їздили вчора? Де ви були вчора?
4. Куди Іван їздив недавно? Де Іван був нещодавно?
5. Де була Анна минулого року? Куди Анна їздила минулого року?
6. Де була ваша група у суботу? Куди їздила ваша група у суботу?

30.

1. Сьогодні вранці я був у лікарні.
2. Вчора мої друзі були в лісі.
3. У неділю ми були на стадіоні.
4. Минулого року мій брат був в Індії.
5. Влітку Петро і Марта були в Китаї.
6. У липні моя сестра була в Польщі.

31.

1. Влітку я їздив у Францію.
2. Минулого року я їздив у Росію.
3. Цього року вона їздила в Київ.
4. Минулого місяця мій друг їздив в Італію.
5. Недавно вони їздили в Париж.
6. Влітку вона їздила на батьківщину.
7. У березні ми їздили в Болгарію.
8. У червні наші студенти їздили у Львів.

32.

1. Влітку наші батьки були в Криму.
2. Наша сестра була в Єгипті у листопаді.
3. Я був в Одесі влітку.
4. Наша сім'я була на концерті в суботу.
5. Я була на екскурсії у неділю.
6. Я був на стадіоні у понеділок.

33.

- Куди ви ***їдете*** зараз?
- Ми ***їдемо*** додому.
- Ви були на концерті?

- Так, ми ***їздили*** на концерт.

- Куди Андрій ***їде*** зараз?
- Він ***їде*** в магазин. Він ***їздив*** туди вчора, але магазин був закритий.

- Куди ***їдуть*** зараз туристи?
- Вони ***їдуть*** в Київ.
- Вони були в інших містах?
- Так, вони вже ***їздили*** в Одесу.

6) Дієслово *поїхати*. Майбутній час
동사 *поїхати*. 미래형

34.

1. поїдуть
2. поїде
3. поїде
4. поїдуть
5. поїдемо
6. поїдете
7. поїдеш

35.

1. У липні я поїду у Львів.
2. Улітку Іван поїде у Варшаву.
3. У серпні мій друг поїде в Шотландію.
4. На зимових канікулах ми поїдемо в Австрію.
5. У вересні ці студенти поїдуть в Україну.
6. Після іспитів моя сестра поїде в Париж.

36.

- Куди ви зараз ***їдете***?
- Ми ***їдемо*** на екскурсію в музей. А ви вже були в музеї?
- Так, ми ***їздили*** туди у неділю.
- Куди Іван ***їздив*** минулого року?
- Минулого року він ***їздив*** у Варшаву.
- А ви ***їздили*** в Варшаву?
- Ні, я ще не ***їздив***. Я ***поїду*** туди наступного року.

- Куди ви зараз ***їдеш***?
- Я ***їду*** в поліклініку, а потім я ***поїду*** в аптеку. А куди ти ***їдеш***?
- Я ***їду*** в книжковий магазин.

- У суботу у нас буде екскурсія в музей. Хто хоче ***поїхати*** на екскурсію?
- Ми не ***поїдемо*** на екскурсію, тому що ми вже були в цьому музеї.

7) Дієслова *іти – ходити*
동사 *іти – ходити*

37.

1. Я ходжу в університет вранці.
2. Я ходжу в магазин вдень.
3. Я і мої друзі ходимо у кінотеатр у суботу.
4. Вони ходять у музей у неділю.
5. Я ходжу в парк в неділю.

38.

1. Я часто ходжу на стадіон.
2. Кожної суботи моя сестра ходить в консерваторію.
3. Кожної середи і п'ятниці вони ходять у басейн.
4. У неділю ми ходимо у театр.
5. Я часто ходжу в бібліотеку.

39.

- Привіт, Ніно!
- Привіт, Володю!
- Куди ти ***ідеш***?
- Я ***іду*** в їдальню.

- Привіт, Іване!
- Привіт, Андрію!
- Куди ти ***ідеш***?
- Я ***іду*** в басейн.
- Ти часто ***ходиш*** туди?
- Я ***ходжу*** в басейн кожного дня.
- Максиме, куди ти ***ідеш***?
- Я ***іду*** в бібліотеку.

- Ти часто ***ходиш*** в бібліотеку?
- Зазвичай я ***ходжу*** в бібліотеку один раз на тиждень.

- Привіт, Ганно!
- Привіт, Ніно!
- Куди ти ***ідеш***?
- Я ***іду*** в лабораторію.
- Ти завжди ***ходиш*** в лабораторію в цей час?
- Ні, іноді я ***ходжу*** туди ввечері. А куди ти ***ідеш*** зараз?
- Я ***іду*** в гуртожиток.

40.

- Куди ***ідуть*** ці студенти?
- Вони ***ідуть*** в парк.
- Вони часто ***ходять*** в парк?
- Так, вони завжди ***ходять*** в парк, коли гарна погода.

- Куди ти ***ходив*** вчора?
- Вчора я ***ходив*** у клуб.
- Ти часто ***ходиш*** туди?
- Так, я часто ***ходжу*** в клуб.
- Зараз ти також ***ідеш*** в клуб?
- Ні, зараз я ***іду*** в кіно.

- Доброго дня!
- Доброго дня!
- Куди ви ***ідете***?
- Ми ***ідемо*** в їдальню.
- Ви завжди ***ходите*** в їдальню разом?
- Так, ми часто ***ходимо*** в їдальню разом.

- Добрий вечір!
- Добрий вечір!
- Куди ви ***ідете***?
- Я ***іду*** в клуб.
- Ви часто ***ходите*** в клуб?
- Зазвичай я ***ходжу*** в клуб кожної суботи.

41.

1. ходив, ішов
2. ходили, ішли
3. ходили, ішли
4. ходив, ішов

42.

1. ходили
2. ішли
3. ішли
4. ходив
5. ходив
6. ішов (ішла)
7. ішли
8. ходили

8) Дієслова *їхати – їздити*

동사 *їхати – їздити*

43.

1. Я їжджу в університет кожного дня.
2. Мій брат їздить на роботу кожного ранку.
3. Моя сім'я їздить в парк кожної суботи.
4. Я їжджу в село влітку.
5. Студенти їздять на море кожного року.

44.

- Привіт, Іване!
- Привіт, Борисе!
- Куди ти ***їдеш***?
- Я ***їду*** на стадіон.
- Ти часто ***їздиш*** на стадіон?
- Я ***їжджу*** на стадіон кожного дня.
- Куди ви ***їдете*** зараз?
- Ми ***їдете*** на виставку. А ви були на виставці?
- Так, ми ***їздили*** на виставку минулої неділі.

- Максиме, де ти був сьогодні вранці?

- Я ***їздив*** в центр, у книжковий магазин.
- Чому ти туди ***їздив***?
- Я хотів купити словник.

- Привіт, Вікторе!
- Привіт, Максиме!
- Куди ти ***їздив*** вчора ввечері?
- Учора ввечері я ***їздив*** у басейн.
- А куди ти ***їдеш*** зараз?
- Зараз я ***їду*** в кіно.

45.

1. їздила
2. їхала
3. їхали
4. їздили
5. їздила
6. їхала
7. їхав
8. їздив

46.

1. їздили, їхали, їхали
2. їздили, їхали, їхали
3. їздили, їхали, їхали
4. їздили, їхали, їхали
5. їздили, їхали, їхали

47.

1. ходжу
2. їздить
3. їздимо
4. ходимо
5. їжджу
6. ходжу

48.

1. Улітку цей студент їздив на море.
2. Після уроків цей студент ходив у їдальню.
3. Минулого місяця мій друг їздив у Київ.
4. Минулого тижня я ходила в поліклініку.
5. Влітку вона їздила в санаторій.
6. Уранці вона ходила в книжковий магазин.
7. У серпні наша сім'я їздила в село.
8. Учора я ходила в лабораторію.
9. У липні студенти їздили в Україну.
10. Минулого року моя сестра їздила в Америку.

49.

1. ходив, ішов
2. їжджу, ходжу
3. їздити, їздить, їздив, їхав
4. ходжу, ходила
5. ходимо, їздимо, ходили, ішли
6. ходить, ішов

50.

1. підемо
2. поїде
3. поїдуть
4. поїде
5. поїду
6. піде
7. піду
8. поїдуть

51.

1. ··· тому ми поїдемо туди автобусом.
2. ··· тому ми поїдемо туди на таксі.
3. ··· тому ми підемо туди пішки.
4. ··· тому ми підемо туди пішки.
5. ··· тому ми підемо туди пішки.
6. ··· тому ми поїдемо туди автобусом.

52.

- Минулої неділі я ***їздила*** велосипедом до свого брата. Цієї неділі я знову ***поїду*** до нього.

- Кожного літа цей студент відпочиває на морі. Минулого року він ***їздив*** туди в липні, а цього року він ***поїде*** на море у вересні.

- Куди ти ***ідеш***?
- Я ***іду*** в поліклініку, до стоматолога.
- А я ***ходив*** до нього вчора.

- Куди ти ***їздили*** влітку?
- Влітку я ***їздила*** в Італію. А ти?
- Я ***їздив*** в Італію минулого року. Цього року я ***їздив*** у Францію.
- Ти ***їздив*** у Францію перший раз?
- Ні, я ***їздив*** туди два роки тому.

- Куди ти ***ідеш*** зараз?
- Я ***іду*** в бібліотеку, потім я ***піду*** додому. Підемо разом!
- Ні, дякую, я вже ***ходив*** у бібліотеку.

9) Інші дієслова руху

기타동작동사

53.

1. літає, літав, летів, літати, літати
2. біжить, біжить; біжиш, біжу; біг, біг; бігає, біжить
3. пливе, плаває

55.

1. несе, носить
2. несе, носять
3. везе, возить
4. везе, возить
5. возить

56.

- Куди ти ідеш?
- Я іду до товариша.
- Що ти ***несеш***?
- Я ***несу*** йому книжку, яку я брав у нього.

- Куди ви їдете?
- Я їду до друга.
- Що ви ***везете***?
- Я ***везу*** CD, які він просив у мене.

- Звідки іде ця студентка?
- Вона іде з бібліотеки.
- Що вона ***несе***?
- Вона ***несе*** нові книги.

- Звідки ти їдеш?
- Я їду з магазину.
- Що ти ***везеш***?
- Я ***везу*** телефон, який я купив там.

57.

1. Я несу в бібліотеку книжки.
2. Студент несе в клас словник.
3. Жінка несе з магазину фрукти.
4. Ось дівчина несе квіти.
5. Пасажир несе до таксі важку валізу.
6. Ось автобус везе студентів на екскурсію.
7. Чоловік везе сина трамваєм.
8. Жінка везе хвору дівчину в лікарню.

58.

1. ніс
2. віз
3. несла
4. віз
5. несла
6. ніс

59.

1. ніс, несе
2. носив, ніс,
3. носить, ніс
4. возив, віз
5. возив, віз

10) Дієслова руху з префіксами
접두사를가진동작동사

1. Префікс *по- (п-)*
   접두사 *по- (п-)*

61.

1. пішов
2. поїхав
3. поїхали
4. поїхав
5. пішла
6. пішов

62.

1. пішли, пішли, поїхали, пішли, пішли
2. пішов, пішли, пішли, пішли
3. пішли, пішли

63.

- Володимир удома?
- Ні, він ***пішов у кінотеатр***.
- Він давно ***пішов у кінотеатр***?
- Так, він ***пішов у кінотеатр*** годину тому.

- Де Максим?
- Він ***поїхав на екскурсію***.

- Де твоя сестра?
- Вона ***пішла***.

- А ти не знаєш, куди вона ***пішла***?
- Не знаю.

- Ваш брат у Києві?
- Ні, він у Львові.
- Він давно ***поїхав***?
- Він ***поїхав*** місяць тому.

- Ганна вдома?
- Ні, вона ***пішла*** півгодини тому.

64.

1. поїхав
2. пішли
3. пішли
4. поїхали
5. поїдуть
6. пішла
7. пішов
8. поїхала

65.

1. Мої друзі пішли з аудиторії.
2. Моя подруга пішла з вечірки.
3. Через годину мій друг піде з лабораторії.
4. Через півгодини мій приятель піде з університету.
5. Через двадцять хвилин я піду з бібліотеки.
6. Віктор поїхав зі Львова.
7. Через місяць моя сестра поїде з Америки.
8. Через два тижні делегація з Кореї поїде з України.

66.

1. іде, піде
2. іде, піде
3. їду, поїду
4. їздять, поїдуть
5. їздить, їздили
6. їздить, їздив

2. Префікс *при-*
접두사 *при-*

67.

а) 1. Іван приїхав з Києва у вересні.
2. Ганна приїхала до Львова минулого року.
3. Мій друг приїде до нас у суботу.
4. Моя сестра приїде з Відня у липні.
5. Максим приїхав з Києва до Сеула у серпні.

б) 1. Я прийду в університет о 9 годині ранку.
2. Він прийде сюди через годину.
3. Ці студенти прийдуть на консультацію о 2 годині.
4. Я прийду в гуртожиток пізно ввечері.

68.

а) 1. Звідки приїхав твій приятель?
2. Звідки ці студенти приїхали?
3. Звідки ця дівчина приїхала?
4. Звідки мої батьки приїдуть у вересні?

б) 1. Звідки прийшли студенти?
2. Звідки викладач прийшов?
3. Звідки ви прийдете пізно?
4. Звідки ви прийдете сьогодні о 10 годині?

69.

1. прийшов
2. прийде
3. приїхав
4. прийшов
5. приїхав
6. приїде
7. прийшов
8. прийшли

70.

1. приходжу, прийду
2. приїжджає, приїде
3. приходить, прийде
4. приходить, прийшла
5. приїжджає, приїде
6. приїжджає, приїде

71.

1. Ганна прийшла в клас з бібліотеки.
2. Я прийшла в університет з дому.
3. Ми приїхали у Львів з Польщі.
4. Цей студент прийшов в аудиторію з їдальні.
5. Ця студентка приїхала в Україну з Італії.
6. Наступного року моя сестра поїде в Київ з Парижа.
7. Через годину мій брат поїде додому з роботи.
8. Через рік мій друг поїде на батьківщину з Кореї.

72.

1. Зазвичай ця студентка приходить з бібліотеки дуже пізно.
2. Зазвичай цей студент приходить з університету о 3 годині.
3. Зазвичай Іван приїжджає до нас у гості.
4. Вчора мій брат приїхав з Англії.
5. Минулого літа ці студенти приїхали на південь.
6. Ввечері мій друг приходив до мене.

73.

А. 1. Ця делегація приїхала в Англію з України.
   2. Ці викладачі приїхали у Відень з Києва.
   3. Ці студенти приїхали у Львів з Данії.
   4. Я приїхав у театр з університету.
   5. О 5 годині вони прийшли на стадіон з дому.

В. 1. Влітку Іван поїхав з Києва у Лондон.
   2. Минулого тижня Ганна поїхала з Парижа в Італію.
   3. Він пішов з уроку в поліклініку.
   4. Нещодавно моя сестра поїхала з Америки в Україну.
   5. О 5 годині вони пішли зі стадіону додому.

74.

1. в рідне місто до батьків
2. до мене в гуртожиток
3. до його сестри в Англію
4. до брата у Київ
5. до нас в університет
6. до мене
7. до вас
8. до тебе
9. до мене
10. до вас
11. до них

75.

1. прийшов
2. приїхав
3. приїхав
4. прийшов
5. приїхав
6. приїхав
7. прийшов
8. прийшли

76.

1. принесли
2. приніс
3. приніс
4. привіз
5. привіз
6. привезла

77.

1. Вчора студенти принесли на урок свої зошити, підручники і словники.
2. Учора батько привіз мені з Лондона подарунки.
3. Учора викладач приніс в аудиторію свіжі газети.
4. Кожного дня цей студент приносить в університет цікаві журнали.
5. Кожного року вона привозила з Парижа цікаві альбоми.
6. Кожного дня студенти приносять в бібліотеку підручники.
7. Зазвичай, коли він приходить до мене, він приносить мені свіжі фрукти.

3. Префікс *в- (уві-) та ви-*
접두사 *в- (уві-)* та *ви-*

78.

1. Студенти увійшли в аудиторію.
2. Студентка увійшла в гуртожиток.
3. Ми увійшли в університет.
4. Мій друг увійшов у бібліотеку.
5. Ми увійшли в музей.
6. Лікар увійшов у свій кабінет.

79.

1. Викладач вийшов з кабінету на вулицю.
2. Вони вийшли з магазину додому.
3. Студент вийшов з класу у коридор.
4. Декан вийшов з кабінету в аудиторію.
5. Студентка вийшла з гуртожитку на вулицю.
6. Ми вийшли з театру на вулицю.

80.

1. увійшов
2. вийти
3. увійшов
4. вийшла
5. увійшов
6. увійшли
7. увійшла 8. вийшов

81.

1. Студенти вийшли з класу.
2. Ми увійшли в театр.
3. Мій друг вийшов з читального залу.
4. Мої друзі увійшли в книгарню.
5. Ми увійшли в клуб.
6. Вони вийшли з сусідньої кімнати.
7. Я увійшов в їдальню.
8. Студенти вийшли з бібліотеки.

82.

1. Я виходжу з дому о 8 годині вранці.
2. Я приходжу з університету о 4 годині дня.
3. Я виходжу з університету о 3 годині дня. 4. Я приходжу додому о 6 годині вечора. 5. Так, до мене часто приходять друзі. 6. Мені приносять кореспонденцію вранці.

83.

1. привітався
2. вітаємося
3. попрощалися
4. привітався
5. вітаюся
6. привітаюся
7. попрощався
8. прощаємося
9. привітається
10. вітаємося

84.

1. Я увійшов в аудиторію і привітався.
2. Я увійшов в лікарню і запитав, коли буде зубний лікар.
3. Я увійшов в бібліотеку і почав вчитися.
4. Я виходжу з університету, я трохи відпочиваю і починаю вчитися.
5. Я вийшов з дому і пішов на автобусну зупинку.
6. Я увійшов у кімнату і почав читати книжку.
7. Ми вийшли з друзями з автобуса, ми ходимо з ним у музеї і театри.
8. Я увійшов у клас, у класі нікого не було.

4. Префікс *під- (піді-) та від- (віді-)*
접두사 *під- (піді-)* та *від- (віді-)*

85.

1. підійшла
2. підійшли
3. під'їхав
4. підійшов
5. під'їхали
6. під'їхали

86.

1. Я відійшла від вікна.
2. Поїзд під'їхав до станції.
3. Автобус від'їхав від зупинки.
4. Таксі від'їхало від вокзалу.
5. Студент підійшов до дошки.
6. Машина під'їхала до лікарні.
7. Поїзд вже під'їжджає до платформи.
8. Кожного дня машина від'їжджає від пошти о 8 годині.
9. Трамвай від'їжджає від зупинки кожні 3 хвилини.
10. Автобус під'їжджає до зупинки після висадки-посадки пасажирів.

5. Префікс *до-*
접두사 *до-*

87.

1. Він доїхав до театру на метро.
2. Ми доїхали до музею тролейбусом.
3. Я доїхав до стадіону на таксі.
4. Вони доїхали до цього міста поїздом.
5 Ви доїхали до басейну трамваєм?
6. Ми доїхали до лікарні на метро і автобусом.
7. Ми дійшли до станції пішки.
8. Туристи дійшли до берега річки і зупинилися.

9 ВПРАВИ НА ПОВТОРЕННЯ ДІЄСЛІВ РУХУ
반복되는 동작에 관한 예제

1.

1. в аудиторію
2. з кінотеатру, на автобусну зупинку
3. з поліклініки
4. на урок (з уроку)
5. до будинку
6. до вікна
7. від вікна
8. з університету

2.

1. Мій батько вийшов з кімнати.
2. Наші студенти приїхали з Києва на стажування.
3. Хлопчик відійшов від вікна.
4. Я увійшов у бібліотеку.
5. Іван прийшов від свого друга.
6. Гості поїхали до нас увечері.
7. Чоловік вийшов з кімнати.
8. Студент підійшов до дошки.
9. Ми увійшли в кафе.
10. Вона прийшла на роботу о 6 годині.

3.

1. Моя сестра приїхала з Києва.
2. Викладач увійшов в аудиторію.
3. Студенти вийшли із залу.
4. Він пішов з роботи о 3 годині.
5. Наша сім'я приїхала в село.
6. Ми увійшли в метро.
7. Поїзд від'їхав від станції. 8. Машина під'їхала до будинку.

4.

Учора ми вирішили ***піти*** в кіно. Ми ***вийшли*** з дому і ***пішли*** пішки. Коли ми ***ішли***, почав падати дощ. Ми вирішили ***зайти (увійти)*** в магазин і трохи почекати. Дощ скоро закінчився, ми ***вийшли*** з магазину і ***пішли*** далі. Кінотеатр розташований на іншому кінці вулиці. Ми ***перейшли*** вулицю і ***увійшли*** в кінотеатр. Ми ***підійшли*** до каси і купили квитки. До початку сеансу залишилося 30 хвилин. Ми вирішили ***піти*** в кафе.

5.

У неділю я вирішив ***піти*** в музей. Я ***вийшов*** з дому об 11 годині. Музей розташований недалеко від нашого будинку, тому я ***пішов*** пішки. По дорозі я вирішив ***зайти*** до свого друга і запросив його зі собою. Я ***підійшов*** до його будинку, ***увійшов*** в будинок і постукав у двері квартири. Із квартири ***вийшла*** його сестра і сказала, що Бориса немає вдома. «Він ***пішов*** в бібліотеку», – сказала вона. Я ***вийшов*** з будинку і ***пішов***. Спочатку я ***ішов*** прямо, потім ***пішов*** направо. Нарешті я ***підійшов*** до музею. Я ***увійшов*** в музей, купив квиток і ***пішов*** в перший зал. Я обійшов усі зали. Цей музей мені дуже сподобався. Я ***вийшов*** з музею і ***пішов*** додому.

6.

У суботу ввечері ми повинні були ***піти*** в театр. Вистава починалася о 7 годині. Ми ***вийшли*** з дому о 5 годині, тому що ми не знали, скільки часу нам буде потрібно, щоб ***доїхати*** до театру. Ми ***прийшли*** на трамвайну зупинку і чекали на трамвай. Ось ***приїхав*** трамвай. Ми сіли і ***поїхали***. Через 20 хвилин ми ***приїхали*** до станції метро. Ми ***вийшли*** з трамваю і ***пішли*** в метро. Коли ми ***увійшли*** у вагон, ми побачили там своїх друзів, які також ***прийшли*** у театр. Усі разом ми ***вийшли*** на вулицю і ***пішли*** до театру. Коли ми ***підійшли*** до театру, ми побачили, що біля театру нікого немає. Ми зрозуміли, що ми ***прийшли*** завчасно. Але ми ***увійшли*** в театр, роздягнулися і ***пішли*** в кафе пити каву.

7.

Учора ми з друзями ***пішли*** в Оперний театр. Ми ***вийшли*** з гуртожитку о 5 годині. Ми ***прийшли*** на зупинку і чекали автобус. Через 5 хвилин автобус ***під'їхав*** до зупинки. Автобус зупинився і з нього ***вийшли*** всі пасажири. Ми ***увійшли (зайшли)*** в автобус. Швидко автобус ***від'їхав*** від зупинки. Він ***їхав*** дуже швидко. Ми ***доїхали*** автобусом до центру міста. У центрі ми ***вийшли*** з автобуса. Усі ***пішли*** в театр, а я ***зайшов*** в магазин купити цигарки. Коли я ***прийшов*** в театр, уже продзвенів другий дзвінок. Я роздягнувся і ***увійшов*** в зал.

8.

Кожної неділі ми з друзями ***ходимо*** в кінотеатр. Зазвичай ми ***виходимо*** з дому о 5 годині. Ми ***ідемо*** на автобусну зупинку, сідаємо в автобус і ***їдемо*** в кінотеатр. Від нашого будинку до кінотеатру автобус ***їде*** 20 хвилин. Ми ***виходимо*** з автобуса і ***йдемо*** в кінотеатр. Ми ***підходимо*** до каси і купуємо квитки. Потім ми ***ідемо*** в фойє. Після дзвінка ми ***заходимо*** в зал і сідаємо на свої місця. Коли фільм закінчується, ми ***виходимо*** з кінотеатру і ***йдемо*** в кафе. Там ми вечеряємо. Після вечері ми ***їдемо (йдемо)*** додому.

9.

Мого друга звати Володимир. Він навчається в університеті. Кожного дня він ***їздить*** в університет. Він ***виходить*** з дому о 8 годині. Він ***іде*** на автобусну зупинку і сідає на автобус. Через 5 зупинок він ***виходить*** з автобуса і ***йде*** до метро. Потім він ***їде*** на метро до станції «Університет». Володимир ***виходить*** з метро. Від метро до університету він ***іде*** пішки. Зазвичай він ***приходить*** в університет за 10 хвилин дев'ята.

10.

У суботу я отримав два квитки на вечір у наш клуб. О 6 годині я ***вийшов*** з дому і ***пішов*** до друга, з яким я повинен був ***іти*** на вечір. Я ***підійшов*** до його будинку, піднявся на другий поверх і постукав у двері квартири. Його мати відчинила мені двері і запросила ***увійти***. Коли я ***увійшов (зайшов)***, вона сказала, що Володимир ще не ***прийшов*** з університету. Я запитав у неї, коли він ***прийде***. Вона відповіла, що зазвичай він ***приходить*** о 5 годині, а сьогодні він ***прийде*** о 7 годині. Я вирішив не чекати на Володимира, залишив йому квиток і ***пішов*** на вечір сам. Я ***вийшов*** з його будинку, і ***пішов*** на автобусну зупинку. У цей час до зупинки ***під'їхав*** автобус і з нього ***вийшов*** Володимир. Я ***підійшов*** до нього, привітався і сказав, що буду чекати його в клубі.

11.

Минулої неділі ми ***їздили*** за місто. Ми ***виїхали*** з дому о 8 годині ранку. Біля будинку нас чекав приятель на своїй машині. Ми сіли в машину і ***поїхали***. Спочатку ми ***їхали*** по місті, а потім ***виїхали*** з міста і ***поїхали*** по шосе. Ми ***їхали*** 30 кілометрів. На вулиці було дуже спекотно, і ми ***під'їхали*** до річки. Ми ***вийшли*** з машини і ***підійшли*** до води. Тут, на березі річки, ми провели увесь день. Ми грали у волейбол, ***ходили*** в ліс. О 5 годині вечора ми ***поїхали*** назад. О 7 годині ми ***приїхали*** додому.

12.

Один наш друг живе на околиці міста. Одного разу він запросив нас до себе в гості. Ми вирішили ***поїхати*** до нього в суботу ввечері, щоб провести за містом вихідні. Ми ***вийшли*** з дому о 6 годині, сіли в автобус і ***поїхали*** на вокзал. Ми ***приїхали*** на вокзал і ***підійшли*** до каси. Я подивився на розклад руху поїздів і побачив, що поїзд щойно ***поїхав (від'їхав)***. Ми купили квитки і ***пішли*** на платформу. Коли ***приїхав*** поїзд, ми ***увійшли*** у вагон і сіли. Через 5 хвилин поїзд ***поїхав***. Ми ***їхали*** приблизно годину. Коли ми ***вийшли*** з вагону, було ще світло на вулиці. На станції я запитав у чергового, як ***доїхати (дійти)*** до села. Він пояснив нам, куди ***іти***, і ми ***пішли***. Ми ***ішли*** пішки ще годину. Нарешті ми ***прийшли*** в село.

13.

Декілька днів тому до Києва ***приїхала*** група корейських туристів. Вони ***виїхали*** з Сеула 3 серпня, а 4 серпня вони ***приїхали*** в Київ. Вчора ця група туристів ***їздила*** на екскурсію в музею. Туди вони ***їхали*** автобусом, а назад вони ***їхали*** на метро. Коли вони ***їхали*** туди, вони бачили по дорозі багато цікавого. Коли вони ***приїхали*** в музей, їх зустрів екскурсовод. Туристи довго ***ходили*** по музеї. Вони ***приїхали*** в готель о 8 годині вечора. Сьогодні вранці корейські туристи ***підуть (поїдуть)*** в Маріїнський палац, а ввечері вони ***підуть*** в театр.

14.

Кожного року наша сім'я ***їздить*** на море. Минулого року ми ***їздили*** на Чорне море. Туди ми ***їхали*** поїздом, а назад ми ***летіли*** літаком. Коли ми ***їхали*** туди, було дуже спекотно. На одній станції я ***вийшов*** з вагону і раптом побачив море. Поїзд стояв недовго, і через 5 хвилин ми ***поїхали*** далі. Поїздом ми ***приїхали*** до Одеси. Із Одеси ми ***поїхали*** в маленьке містечко. Ціле літо ми жили в цьому містечку, але іноді ми ***їздили*** на екскурсії в Одесу.

10 ДІЄСЛОВА З ЧАСТКОЮ *-СЯ (-СЬ)*

*-ся (-сь)*가 사용된 동사

1.

1. Я вчу домашнє завдання в бібліотеці.
2. Я вчу домашнє завдання після уроків.
3. Я вчу українську мову зараз.
4. Я вчу слова швидко.
5. Мій друг вчить географію зараз.
6. Я вчуся в університеті.
7. Так, я давно вчуся.
8. Мій старший брат вчиться.
9. Мій молодший брат вчиться в школі.
10. Раніше я вчився.
11. Я вчився в коледжі.
12. Моя сестра вчиться в школі.

2.

1. вчитеся, вчуся, вчиться, вчиться
2. вчилися, вчився (вчилася)
3. вчиться, вчиться
4. вчиться, вчиться
5. вчу, вчите, вчу

3.

1. вчитеся, вчуся
2. вчитеся, вчуся, вчу
3. вчиться, вчиться, вчиться
4. вчили, вчили, вчили, вчив
5. вчите, вчимо
6. вчиться, вчиться, вчить, вчити

4.

1. почався, почали
2. почали
3. почався, почав
4. почали, почалися
5. почався, почали

6. закінчили, закінчився, закінчилася
7. закінчився, закінчили
8. закінчилося, закінчив
9. закінчив
10. закінчилися

5.

1. закінчили, закінчилася
2. вчиться, вчить
3. почали, почався
4. відкрив, відкрилися
5. зупинив, зупинилася
6. будує, будується
7. розбив, розбилася

6.

1. почали, починається
2. закінчилися, закінчив
3. повернув, повернулися
4. відчиняю, відчиниться
5. зачинив, зачинилося
6. зупинив, зупинився
7. змінив, зміниться
8. фотографуватися, фотографував

7.

1. зламалася, зламав, зламав, зламався
2. розбив, розбилася, розбив
3. сховав, сховався, сховав
4. готую, готуюся, готуються
5. закінчили, закінчилися
6. повернуся, поверну

8.

1. почалася
2. закінчилися
3. закінчиш
4. піднявся

5. фотографувалися
6. змінився
7. збиралися
8. зупинив
9. змінили
10. почнуться, готуються

9.

1. … до контрольної роботи. … обід сам.
2. … словник. … додому.
3. … писати екзамен швидко. … о 10 годині вечора.
4. … українську мову. … в університеті.
5. … пояснювати новий урок. … о 9 годині 30 хвилин.
6. … свій зошит. … від брата.

10.

1. З ким ви часто зустрічаєтеся?
2. З ким ти давно не бачився?
3. З ким студенти привіталися?
4. З ким ви домовилися піти в суботу в кіно?
5. З ким ви познайомилися на вечорі?
6. З ким твій друг посварився?
7. З ким ви попрощалися?
8. З ким ти завжди радишся?

11.

1. Ми зустріли викладача вчора на вулиці. Я зустрілася з подругою біля театру. Я часто зустрічаю друзів на автобусній зупинці. Я зустрічаюся з товаришами кожної суботи.
2. Я бачив нашого нового студента вчора в театрі. Я часто бачуся зі своїми друзями.
3. Він радить подивитися цей фільм своєму братові. Він завжди радиться з батьками.
4. Я познайомив своїх друзів зі своїми батьками. Я познайомився з іноземними студентами в Києві.

12.

1. зустрів, зустрілися, зустріне, зустрітися
2. познайомився, познайомив, познайомилися, познайомите
3. бачив, бачимося, бачилися, бачив
4. помирив, помирився
5. радить, раджуся

13.

1. бачив, бачилися, бачитеся, бачилися, бачили
2. зустрітися, зустрів, зустрів, зустрінемося
3. познайомилися, познайомилися, познайомив, познайомитися, познайом, познайомтесь
4. раджуся, порадитися, порадите, порадьте, порадьтеся

14.

1. мию, миє, миється, миє, мити
2. одягає, одягається, одягає
3. вмиваємося, вмиває, вмиваєтеся
4. витирає, витирається
5. купатися, купає, купаємося

11 ВПРАВИ НА ПОВТОРЕННЯ ДІЄСЛІВ З ЧАСТКОЮ *-СЯ (-СЬ)*

*-ся (-сь)*가 사용된 동사에 대한 예제

1.

1. … о 10 годині вечора. … вікно.
2. … дуже старанно. … на другому уроці.
3. … руку. … на найвищу гору.
4. … друга на зупинці. … з другом в бібліотеці.
5. … з подругою? … свою подругу?
6. … дуже пізно. … співати. … направо і перейшов дорогу.
7. … з подорожі минулого тижня.
8. … в університеті. … історію України.
9. … друга зі своїм братом. … з його братом.
10. … з батьками. … вам відпочити.

2.

1. познайомилися
2. бачився
3. зустрітися
4. повернувся
5. почався (закінчився)
6. закінчився
7. порадитися

8. хвилююся
9. хвилюється
10. сміються
11. цікавиться
12. готується

3.

1. ***З ким*** ви привіталися в коридорі?
2. ***Чим*** цікавиться ваш друг?
3. ***Коли*** хвилюється ваша сестра?
4. ***Чому*** він посварився?
5. ***З ким*** ви познайомилися на вечорі?
6. ***На що*** сподіваються ці студенти?
7. ***Коли*** хвилюється лікар?
8. ***Де*** ви домовилися зустрітися?
9. ***Чому*** ви смієтеся?
10. ***З ким*** він зазвичай радиться?
11. ***З ким*** вони зустрілися в театрі?
12. ***Чим*** ви цікавитеся?

4.

1. … зустрітися з друзями на зупинці.
2. … з вами.
3. … до екзамену.
4. … у цьому твердженні.
5. … спортом.
6. … історією.
7. … над старими людьми?
8. … з нашим викладачем?
9. … до такого рішення свого батька?
10. … зі своїм другом?

5.

1. з їх викладачем
2. з моїми друзями
3. про їх дітей
4. за молодшого сина
5. до останнього екзамену

6. зі мною
7. з людьми
8. на вашу допомогу
9. над друзями
10. біологією

6.

День мого брата

Мій брат ***вчиться*** в школі в 10 класі. Зазвичай він прокидається о 7 годині. Він ***вмивається***, ***одягатися*** і снідає. Школа, де ***вчиться*** мій брат, розташована недалеко. О 9 годині ***починаються*** уроки. Уроки тривають до 3 години. Коли уроки ***закінчуються***, мій брат іде додому. Ввечері він пише домашнє завдання. Спочатку він ***вчить*** слова і правила, потім пише вправи. Після вечері мій брат займається своїми справами. Він ***цікавиться*** фізикою і хімією. Коли він ***закінчить*** школу, він буде вступати в університет. Зараз він ***готується*** до іспитів.

12 ВИДИ ДІЄСЛОВА
동사의 종류

1) Недоконаний і доконаний вид
불완료 동사와 완료 동사

2.

1. дивилися
2. вчив, вивчив
3. читав
4. розв'язували, розв'язав
5. вивчав
6. будувала

3.

1. Я писала домашнє завдання вчора.
2. Так, я довго писала домашнє завдання.
3. Ні, я написала дві вправи.
4. Я пішла в парк, коли написали домашнє завдання.
5. Тарас читав книжку, коли я писала домашнє завдання.

6. Так, він теж писав домашнє завдання.
7. Тарас пішов до свого друга, коли написав домашнє завдання.
8. Ні, він не написав усі вправи.

4.

- Що ти робив вчора ввечері?
- Я ***читав*** текст.
- Ти довго ***читав*** текст?
- Так, я ***читав*** текст дві години.
- Ти ***прочитав*** один текст.
- Ні, я ***прочитав*** три тексти.
- Що робив твій друг, коли ти ***читав*** тексти?
- Коли я ***читав*** тексти, мій друг ***писав*** вправи. Коли ми закінчили ***читати і писати***, ми пішли гуляти в парк.

5.

- Що ти робив сьогодні вранці?
- Спочатку я снідав, а потім ***читав*** газети.
- Які газети ти ***читав***?
- Я ***читав*** українські та англійські газети.
- Скільки часу ти ***читав*** газети?
- Я ***читав*** газети годину.
- Куди ти пішов, коли ти ***прочитав*** газети?
- Коли я ***прочитав*** газети, я пішов в університет.

6.

1. писав, написали, написав
2. дивився
3. читав, прочитали, прочитав
4. розв'язував, розв'язував, розв'язав, розв'язав
5. снідав, снідав, поснідав
6. робив, зробив

7.

1. вчив, вивчив
2. робили, зробили
3. пояснив, пояснював
4. писав, написав

5. відповідала, відповіла
6. подивилися, дивилися

8.
1. … викладач читала книжку.
   … викладач перевірила.
2. … ми повторили ще дієслова руху.
   … ми писали контрольну роботу.
3. … ми працювали.
   … він почав писати вправи.
4. … вони пішли додому.
   … вони уважно спостерігали за артистами.
5. … він виписав рецепт.
   … він цікавився самопочуттям хворого.
6. … Іван дивився фільм.
   … він пішов відпочивати.

9.
1. відповідає, відповів
2. повторюємо, повторили
3. прочитав, читаю
4. зробив, роблю
5. вивчив, вчить
6. запізнюється, запізнилася
7. надсилає, надіслав
8. отримав, отримує

10.
1. купує, купив
2. п'ю, випив
3. зустрічаю, зустрів
4. закінчує, закінчив
5. пише, писав
6. запізнюється, запізнився

11.
1. будувала, збудувала
2. оглядав, оглянув

3. п'ю, випив
4. намалював, малював
5. пояснював, пояснив
6. допомагає, допоміг

12.

1. читав, прочитали, прочитав
2. пише, написав, написав
3. надсилаю, надіслав
4. купуємо, купив
5. отримую, отримав
6. розв'язував, розв'язав

13.

1. Студенти ***зайшли*** в аудиторію і ***привіталися***. 2. Викладач ***приніс*** словники на заняття. 3. Я ***зустрів*** цього чоловіка в клубі. 4. Іван ***отримав*** повідомлення від брата. 5. Я ***подарував*** дитячі книжки молодшому братові. 6. Я ***купив*** ці речі в Україні.

14.

1. Я ***закінчив*** писати домашнє завдання о 9 годині.
2. Викладач ***виправив*** наші помилки.
3. Сьогодні професор ***пояснив*** нову тему.
4. Вчора на уроці ми ***повторили*** дієслова.
5. Вчитель ***перевірив*** зошити після уроків.
6. Студенти ***вивчили*** українські народні пісні.

2) Недоконаний вид після дієслів *починати, продовжувати і закінчувати*

동사 *починати, продовжувати* і *закінчувати*뒤에 오는 불완료 동사

16.

1. малювати
2. пояснювати
3. будувати
4. читати
5. говорити
6. обідати

17.

1. починаємо
2. закінчили
3. почав
4. закінчує
5. починає
6. починає
7. почав
8. закінчив

3) Недоконаний і доконаний вид дієслів у майбутньому часі
미래시제에쓰이는 불완료 동사와 완료 동사

19.

1. Я буду писати домашнє завдання сьогодні ввечері.
2. Після обіду я буду відпочивати.
3. Так, я сьогодні писатиму домашнє завдання.
4. Я вчитиму нові слова.
5. Я буду відпочивати.
6. Так, я писатиму вправи.
7. Я буду дивитися телевізор.
8. Так, я буду розв'язувати задачі.
9. Я буду розв'язувати задачі завтра.
10. Я піду гуляти.
11. Я буду читати книжку.
12. Я читатиму журнали.

20.

1. буду вчити, вивчу
2. будемо читати, прочитаємо
3. буду робити, зроблю
4. будемо повторювати, повторимо
5. буде пояснювати, пояснить
6. буде запитувати, запитає

21.

1. будемо писати, напишемо
2. буде малювати, намалює

3. буду відпочивати, відпочину
4. будемо вечеряти, повечеряємо
5. буде перевіряти, перевірить
6. прочитаєте, будемо читати

22.

1. обідатиму, відпочиватиму, писатиму
2. буде розв'язувати, буде писати, буде слухати
3. повторюватимемо, розповідатимемо
4. снідатиме, читатиме, слухатиме
5. буду робити, буду вчити, буду читати
6. снідатимемо

4) Видові пари інших дієслів
그 외 특정 동사의 쌍

23.

1. даємо
2. дає
3. даю
4. даси, дам
5. дасте
6. дамо
7. дає, дасть
8. дає
9. дам
10. дасте
11. дасть
12. даси

24.

1. дасть
2. склав
3. починається
4. складала
5. продали
6. дам
7. буде складати, складе
8. даю

25.

1. прокидається, прокидається, прокинувся
2. прокинешся, прокинуся
3. прокинулися, прокинувся
4. прокидається
5. прокинемося
6. прокинулися
7. прокидався, прокидається
8. прокинувся

26.

1. вішаю, повісив
2. поставите, поставимо
3. кладу, поклав
4. поставила, ставить
5. вішає, повісив
6. кладу, поклав

27.

1. лягаю, ліг
2. сіла
3. сідає
4. сіли
5. лягти
6. сів
7. сіли
8. сідає

29.

1. бачив, побачив
2. бачив, побачиш
3. побачив, бачив
4. чули, почув
5. чули, чув (чула)
6. почули
7. знаєте, знаю
8. знаєте, знаю
9. дізнався
10. знаєте, знаю, дізнатися, знаєте (дізнаєтеся)

30.

1. Сьогодні він попросив у мене цей підручник.
2. Чому зараз вона не привіталася зі мною?
3. Вчора він згубив книжку.
4. Вчора ми дивилися по телевізору новий фільм.
5. Коли вони пообідали, вони почали робити домашнє завдання.
6. Годину тому ми попрощалися з викладачем.

31.

1. Раптом дитина почала ***кричати***.
2. Усі почали ***сміятися*** в залі.
3. Він почав ***співати*** українську пісню.
4. Студент зустрів друга і почав ***розповідати*** йому новину.
5. Коли артист закінчив співати, глядачі почали ***аплодувати***.
6. Студенти в залі почали ***шуміти***.
7. Коли почав ***говорити*** декан, в залі стало тихо.
8. Вона прочитала оповідання і почала ***плакати***.

13 ВПРАВИ НА ПОВТОРЕННЯ ВИДІВ ДІЄСЛОВА

동사 유형에 관한 예제

1.

1. вчив, вивчив
2. пишу, написав,
3. збудували, будували
4. заплатили
5. купили
6. згадав
7. беру, взяв
8. надсилає, надіслав
9. запізнюється, запізнилася
10. прокидаюся, прокинувся

2.

1. намалював, малював
2. подарував, дарував

3. куплю, купили, купую
4. бере, взяв
5. зустрічаюся, зустрінемося
6. випив
7. співати, заспівав, співали
8. будує, збудували

3.

1. … я прочитав її.
2. … я розв'язав її швидко.
3. … купила нове пальто.
4. … хвилювався за своїх дітей.
5. … він захоплюється фотографією.
6. … швидко зробив домашнє завдання.
7. … захворів.
8. … ми відкрили всі вікна.

4.

1. Завтра я ***напишу*** мейл і ***надішлю*** його сестрі.
2. Завтра ми ***розповімо*** викладачеві про свою батьківщину і ***покажемо*** фото.
3. Наступного тижня мій друг ***намалює*** картину і ***подарує*** її мені.
4. Завтра ми ***складемо*** останній іспит і ***організуємо*** вечірку.
5. Наступного місяця я ***куплю*** картину і ***повішу*** її на стіні.
6. У суботу я ***приготую*** обід і ***запрошу*** своїх друзів.
7. Завтра я ***зроблю*** фото на екскурсії і ***надішлю*** їх батькам.
8. Післязавтра мій приятель ***зателефонує*** мені і ***скаже***, коли будуть збори.

5.

1. Наступного року мій брат ***закінчить*** школу і ***вступить*** до університету.
2. Завтра студенти ***дізнаються***, коли будуть екзамени, і ***повідомлять*** іншим.
3. Перед уроком вчитель ***збере*** наші зошити і ***перевірить*** домашнє завдання.
4. Я ***напишу*** вам повідомлення і ***надішлю*** завтра ввечері.
5. Завтра студенти ***розв'яжуть*** всі задачі і ***покажуть*** викладачеві.
6. Я ***візьму*** словник і ***пошукаю*** нові слова.
7. Ми ***підемо*** в бібліотеку і ***візьмемо*** книжки.
8. Коли він ***надішле*** мені листівку, я ***відповім*** йому.

6.

1. … ви отримаєте добру оцінку.
2. … я мушу (мені треба) зустріти його.
3. … я візьму участь у цьому вечорі.
4. … я почекаю на вас.
5. … я одягнуся тепло.
6. … вони помруть.
7. … ви не зрозумієте новий урок.
8. … ви не зможете зробити домашнє завдання.
9. … я забуду їх.
10. … вона заспіває її наступного разу.

7.

1. Коли фільм ***закінчиться***, глядачі ***вийдуть*** з кінотеатру.
2. Концерт ***почнеться*** о 7 годині.
3. У нашому районі ***відкриється*** нова бібліотека.
4. Коли ***закінчаться*** канікули, студенти ***повернуться*** в Київ.
5. Ми добре ***підготуємося*** до іспитів і добре ***складемо*** їх.
6. Коли дощ ***закінчиться***, я ***відчиню*** вікно.
7. О 7 годині я ***зустрінуся*** з другом біля метро, і ми ***підемо*** в кіно.
8. Ввечері ми ***домовимося***, коли ми ***підемо*** в басейн завтра.
9. Коли всі студенти ***зберуться*** в залі, ***почнуться*** збори.
10. У другому семестрі наш розклад ***зміниться***.

8.

1. Ми складемо іспити, купимо квитки і поїдемо на море. На морі ми відпочиватимемо, багато плаватимемо, кататимемося на катері.
2. Усі підуть в кіно, а я залишуся вдома. Я візьму книжки і почну читати. Спочатку я прочитаю, а потім подивлюся телевізор.
3. Ніна прийде додому, зніме пальто і повісить його в шафу. Потім вона поїсть і почне вчитися. Вона вчитиметься увесь вечір: писатиме вправи, читатиме текст, вчитиме нові слова.
4. Мій друг приїде з Києва і привезе звідти українські сувеніри. Він подарує їх мені.
5. Вранці я прокинуся, одягнуся, помиюся і поснідаю. Після сніданку я піду до друга. Ми візьмемо м'яч і підемо грати футбол.
6. Після уроків я прийду додому і ляжу спати. Потім я встану, умиюся і почну вчитися. Я вчитимуся 3 години.
7. Сьогодні наш друг приїде з України. Ми зустрінемо його в аеропорту і допоможемо йому доїхати додому.

9.

Закінчуються, пообідав, відпочивав, робити, писав, вчив, повторював, читати, закінчив, танцював, дивився, повернулися, ліг, писали, написав.

10.

Розповідала, розповіла, зібрав, подумав, вирішив, настала, взяв, пішов, думав, відкриє, побачить, підійшов, поставив, прийшов, побачив, взяв, побачив, зрозуміли, сказали.

11.

Захворів, покликав, сказав, вмру, отримав, вирішила, дала, сказала, гуляв, прийшов, дав, взяв, кинув, сказав, посміявся, побіг, зрозуміла, сказала, працював, прийшов, дав, кинув, крикнув, зробив, працював, а кинув, дістав.

12.

Стояли, подивився, побачив, продавала, покликав, гуляв, запитав, відповів, дав, сказав, повернувся, їв, дав, сказав.

13.

Захворів, зібралися, запитали, почуває, відповів, сказав, сказав, дізнаємося, запитав, відповів.

14.

Зупинився, увійшов, замовити, сказати, взяв, намалював, показав, подивився, пішов, повернувся, приніс.

15.

Прокидався, запізнювався, вирішив, дав, допомогти, прокидатися, прийняв, ліг, прокинувся, побачив, одягнувся, прийшов, сказав, приймає, запізнився, відповіли.

14 СКЛАДНІ РЕЧЕННЯ

복문

1.

1. Іван і Микола хочуть піти в кінотеатр ввечері.
2. У неділю вони підуть у клуб.
3. У вас буде екскурсія в суботу.
4. Ганна сказала Тарасові, ця книга дуже цікава.
5. У цьому кінотеатрі показують фільм відомого українського режисера.
6. Студенти запросили свого викладача на цей вечір.
7. Цей професор буде читати лекцію про українську культуру початку XX століття завтра.
8. У вас будуть іспити у грудні.

2.

1. де
2. куди
3. що (як)
4. що
5. як
6. чому
7. скільки
8. де
9. як
10. куди

3.

1. коли
2. скільки
3. як
4. скільки
5. що
6. що
7. що
8. куди (звідки)
9. що
10. де

1) Складні речення зі сполучниками *тому що* і *тому*

접속사 *тому що, тому* 를 가진복문

4.

а) 1. Андрій не був на уроці, тому що він був хворий.
2. Він не вчив уроки, тому що у нього боліла голова.
3. Весь день ми сиділи вдома, тому що на вулиці йшов дощ.
4. Ганна завжди добре відповідає, тому що вона багато вчиться.
5. Він спізнився сьогодні на урок, тому що він пізно встав.
6. Я не можу йти в театр, тому що я зайнята.
7. Я хочу їсти, тому що я сьогодні ще не обідав.
8. Ян добре говорить англійською мовою, тому що він два роки жив у Лондоні.

б) 1. Андрій був хворий, тому він не був на уроці.
2. У нього боліла голова, тому він не вчив уроки.
3. На вулиці йшов дощ, тому весь день ми сиділи вдома.
4. Ганна багато вчиться, тому вона завжди добре відповідає.
5. Він пізно встав, тому він спізнився сьогодні на урок.
6. Я зайнята, тому я не можу йти в театр.
7. Я сьогодні ще не обідав, тому я хочу їсти.
8. Ян два роки жив у Лондоні, тому він добре говорить англійською мовою.

5.

1. Ганна добре читає по-українському, тому що вона багато працює.
2. Він погано відповідав на уроці, тому що він не читав вдома текст.
3. Сьогодні він не встиг поснідати, тому що він пізно встав.
4. Вчора я не прийшов до вас, тому що я був зайнятий.
5. Вчора ми весь день сиділи вдома, тому що була погана погода.
6. Я не можу грати в футбол, тому що у мене болить нога.
7. Я не купив квитки в театр, тому що у мене не було грошей.

6.

1. Я не був сьогодні на лекції, тому що у мене боліла голова.
2. Вона не купила цей підручник, тому що у мене немає грошей.
3. Вони пізно повернулися додому, тому що концерт закінчився пізно.
4. Я не зателефонував тобі вчора, тому що я забув.
5. Вони погано склали іспит, тому що вони не працювали багато.
6. Я не була на концерті, тому що у мене не було часу.

7.

1. Він не пише зараз, тому що у нього немає ручки.
2. Вона так погано читає, тому що вона не працює вдома.
3. Я не був вчора на уроці, тому що я був хворий.
4. Я не зателефонував тобі вчора, тому що я не мав твого номера телефону.
5. Вона не хоче йти в кіно, тому що у неї болить голова.
6. Він не хоче йти гуляти, тому що у нього багато справ вдома.
7. Він сьогодні такий сумний, тому що у нього болить голова.
8. Вона сьогодні така весела, тому що у неї сьогодні день народження.

8.

1. ... у нього була висока температура.
2. ... після уроків ми пішли до нього.
3. .... він почав вивчати мову 2 місяці тому.
4. ... викладач сказав відповідати іншому студентові.
5. ... ще погано розуміємо.
6. ... він жив у Франції 2 роки.
7. ... часто ходить в оперний театр.
8. ... у нього не було часу.

2) Складні речення зі сполучником *якщо*

접속사 *якщо* 를 가진복문

9.

1. Якщо ви прийдете до мене, я покажу вам свою бібліотеку.
2. Якщо ти даси мені книжку сьогодні, я поверну її через два дні.
3. Якщо ви хочете вивчити українську мову, я допоможу вам.
4. Якщо ввечері ти будеш вдома, я зателефоную тобі.
5. Якщо сьогодні ми підемо в кіно, ми раніше закінчимо працювати.
6. Якщо завтра буде холодно, ми не підемо в басейн.

10.

1. Якщо завтра буде гарна погода, ми підемо в парк.
2. Якщо завтра буде падати дощ, ми будемо вдома.
3. Якщо у тебе буде вільний час, запрошую тебе до себе в гості.
4. Якщо ви купите своїм друзям квитки в кіно, вони будуть дуже раді.
5. Якщо мій друг дасть мені цікаву книжку, я прочитаю її швидко.
6. Якщо завтра у нас буде контрольна робота, я мушу готуватися сьогодні.

11.

1. Якщо ввечері буде падати дощ, ми не підемо в кінотеатр.
2. Якщо завтра буде екскурсія, ми не підемо на заняття.
3. Якщо він прийде до вас, ви будете розмовляти з ним.
4. Якщо мій друг поїде в Київ, я попрошу купити його українські цукерки.
5. Якщо я куплю цю книжку, я подарую її своїй подрузі.
6. Якщо в нашому клубі буде вечір, ми підемо туди.

12.

1. Я допоможу тобі, якщо ти попросиш мене.
2. Він дасть тобі підручник, якщо тобі буде потрібно.
3. Вона прийде до нас завтра, якщо у неї буде вільний час.
4. Ми підемо гуляти ввечері, якщо буде гарна погода.
5. Я зустріну тебе на вокзалі, якщо ти напишеш мені час прибуття поїзда.
6. Я куплю вам квитки в кіно, якщо вам подобається цей фільм.

13.

1. Якщо він дасть мені цю книжку, я обов'язково прочитаю її.
2. Якщо вона напише мені мейл, я повідомлю їй цю новину.
3. Якщо ви зателефонуєте мені, я скажу тобі домашнє завдання.
4. Якщо ви прийдете до мене, я покажу вам нові речі.
5. Я буду дуже рада, якщо ви прийдете до мене в гості.
6. Я дам вам цю газету, якщо вам потрібно прочитати статтю.
7. Я розповім вам цю історію, якщо у вас є час.
8. Ми допоможемо вам, якщо ви скажете нам, що робити.

14.

1. Якщо ви хворі, вам треба піти до лікаря.
2. Якщо ви погано почуваєтеся, вам треба піти в лікарню.
3. Якщо у вас немає потрібної книжки, вам треба піти в бібліотеку.
4. Якщо ви хочете купити костюм, вам треба піти в магазин одягу.
5. Якщо ви хочете купити підручник з української мови, вам потрібно піти в книгарню.
6. Якщо у вас є вільний час, увечері можна піти в театр.
7. Якщо у вас канікули, можна поїхати на море.
8. Якщо ви хочете подивитися фільм, вам треба піти в кінотеатр.

15.

1. Якщо студент старанно вчиться, він отримає добрі оцінки на екзамені.
2. Якщо студент не склав іспит, йому треба старанно вчитися на канікулах.
3. Якщо чоловік хворий, йому потрібно піти до лікаря.
4. Якщо ви хочете піти в театр, вам треба купити квитки.
5. Якщо вам потрібно книжку, треба піти в книжковий магазин.
6. Якщо ви не знаєте слова, потрібно знайти його в словнику.
7. Якщо ви отримали повідомлення, вам треба відповісти.
8. Якщо ви загубили ручку, вам потрібно купити нову.
9. Якщо ви зустріли знайомого чоловіка, вам треба привітатися з ним.
10. Якщо ви запізнилися на заняття, вам потрібно запитати викладача дозвіл зайти в клас.

16.

1. Якщо завтра буде гарна погода, ми підемо в парк.
2. Якщо у нас буде вільний час, ми підемо в кіно.
3. Якщо заняття закінчаться, ми підемо в їдальню.
4. Якщо викладач пояснить урок, ми зробимо домашнє завдання швидко.
5. Якщо він погано знає це місто, він не приїде у Київ скоро.
6. Якщо Іван добре розмовляє по-українськи, він буде жити в Києві.
7. Ми будемо вдома цілий вечір, якщо буде погана погода.
8. Якщо він не був на уроці, він не зможе зробити цю вправу.

3) Складні речення зі сполучником *щоб*

접속사 *щоб* 를 가진복문

17.

1. Так, я хочу прочитати цю книжку. Я хочу, щоб ти прочитав цю книжку.
2. Так, я хочу зателефонувати Максимові. Я хочу, щоб ми зателефонували Максимові?
3. Так, я хочу купити квитки в кіно. Я хочу, щоб ти купив вам квитки в кіно.
4. Так, я хочу допомогти їй. Я хочу, щоб ти допоміг їй.
5. Так, я хочу відповісти на це питання. Я хочу, щоб інший студент відповів на це питання.
6. Так, я хочу піти з вами на концерт. Я хочу, щоб ви пішли з вами на концерт.

18.

1. працював
2. розмовляли

3. жили
4. дав
5. прийшли
6. зателефонував
7. допоміг
8. приніс
9. купили

19.

1. … прийшли до нас в гості.
2. … купив йому новий словник.
3. … допоміг їй зрозуміти важкий текст.
4. … поїхали відпочивати на море.
5. … приготував обід.
6. … добре вчилися.

20.

1. … допомогли йому.
2. … пояснив мені цю тему.
3. … не почувався самотнім.
4. … навчив її кататися на велосипеді.
5. … порадив йому, які ліки приймати.
6. … допоміг їй перекласти текст.

21.

1. щоб, що
2. що, щоб
3. щоб, що, що
4. що, щоб
5. що, щоб
6. щоб, що

22.

1. Я не хочу, щоб ви важко працювали.
2. Він приїхав до тебе, щоб ти допоміг йому.
3. Він сказав мені, щоб ми відпочивали сьогодні.
4. Вона сказала нам, щоб ти зайшов до декана.
5. Я прошу його, щоб він курив (палив).

6. Він хотів, щоб ми приїхали до нього.
7. Він прийшов до нас, щоб ми розповіли йому, як відпочивали на морі.

4) Складні речення зі сполучником *хоч = незважаючи на те, що*
접속사 *хоч = незважаючи на те, що* 를 가진복문

23.

1. Незважаючи на те, що він нещодавно почав вивчати українську мову, він вже непогано розмовляє по-українськи.
2. Незважаючи на те, що у тексті було багато нових слів, ми зрозуміли його.
3. Незважаючи на те, що я нещодавно читав цю книжку, я погано пам'ятаю її.
4. Незважаючи на те, що батько вже немолодий, він продовжує працювати.
5. Незважаючи на те, що дорога була важкою, туристи продовжували свій шлях.
6. Незважаючи на те, що цей лікар працює нещодавно, він вже робить складні операції.

24.

1. У неї гарний голос, але вона ніколи не співає. Незважаючи на те, що у неї гарний голос, вона ніколи не співає.
2. Вчора в нашому клубі був гарний концерт, я не пішов у клуб. Незважаючи на те, що вчора в нашому клубі був гарний концерт, я не пішов у клуб.
3. Моя сестра ще маленька, але вона непогано грає на піаніно. Незважаючи на те, що моя сестра ще маленька, вона непогано грає на піаніно.
4. Всі слова в тексті були відомі, але ми погано зрозуміли цей текст. Незважаючи на те, що всі слова в тексті були відомі, ми погано зрозуміли цей текст.
5. Падав дощ, але ми продовжували грати у футбол. Незважаючи на те, що падав дощ, ми продовжували грати у футбол.
6. На вулиці холодно, але студенти ходять без пальто. Незважаючи на те, що на вулиці холодно, студенти ходять без пальто.
7. Він довго вчив вірш, але він не запам'ятав його. Незважаючи на те, що він довго вчив вірш, він не запам'ятав його.

25.

1. … він добре розмовляє українською мовою.
2. … вони погано знають мову.
3. … він добре знав цю проблему.
4. … він вмів говорити.
5. … вони піднімалися на гору.

6. … він добре почувався.
7. … ми прочитали його швидко.
8. … він не міг перекласти його.
9. … ви забули його.
10. … він не пам'ятав їх довго.

5) Складні речення зі сполучником *те, що; той, хто*
접속사 *те, що; той, хто* 를 가진복문

26.
1. те
2. те
3. те
4. те
5. те
6. те
7. те
8. те

27.
1. того
2. того
3. того
4. того
5. того
6. того

28.
1. того
2. до того
3. тому
4. тим
5. тим
6. тим
7. тим
8. з тим
9. тим
10. те

11. те
12. те
13. те

29.
1. те
2. того
3. те
4. про те
5. те
6. те

30.
1. … зробили студенти?
2. … ви говорите.
3. … вони робили на екскурсії.
4. … ви складали іспити.
5. … відбулася зустріч з цим художником?
6. … ви говорили мені вчора. 7. … знає цю проблему добре.

6) Складні речення зі сполучником *який, яка, яке, які*
접속사 *який, яка, яке, які* 를 가진복문

31.
1. Ви бачили новий фільм, який ішов у нас у клубі?
2. Ви знаєте мою сестру, яка працює у нас у бібліотеці.
3. Я знаю викладача, який закінчив Київський університет.
4. Де лист, лежав у цій книзі?
5. У Київ приїхали китайські студенти, які вивчають українську мову.
6. Я відпочивав у селі, яке розташоване на березі моря.

32.
1. Ми були в кінотеатрі, який розташований на сусідній вулиці.
2. Ви були вчора на концерті, який (що) був у клубі?
3. Ганна була на творчому вечорі, який (що) був у суботу?
4. Ви бачили цей лист, який (що) лежав у книзі.
5. Студент читає лист, який (що) він отримав сьогодні вранці.
6. Ви знаєте цього студента, який (що) недавно прибув з Туреччини?

7. Ви знаєте цю студентку, яка (що) студентка вчиться на другому курсі?
8. Я не знаю цю людину, яка (що) стоїть на зупинці.

33.
1. яке (що)
2. який (що)
3. яке (що)
4. яка (що)
5. який (що)
6. яка (що)
7. які (що)
8. які (що)

34.
1. Сьогодні я бачив дівчину, про яку я розповідав тобі.
2. Мені подобається ця вулиця, на якій живе мій друг.
3. Нещодавно я прочитав книжку, про яку ти писав мені.
4. Вранці я зустрів друга, про якого я говорив вам.
5. Я читаю газету, у якій Тарас надрукував свої вірші.
6. Ми були в будинку, у якому жив відомий письменник.
7. Я працюю в школі, в якій вчився мій брат.

35.
1. Ви знаєте кіоск, ***у якому*** ми купуємо газети?
2. Ви були в аудиторії, ***в якій*** ми слухаємо лекції?
3. Я купив квитки у театр, ***в якому*** ми вже були.
4. Студенти ідуть у бібліотеку, ***в якій*** вони беруть книги.
5. Я знаю місто, ***в якому*** він жив раніше.
6. Я загубив словник, ***в якому*** я писав нові слова.
7. Я був на заводі, ***на якому*** працював мій батько
8. Вчора ми були на площі, ***на якій*** розташований театр.

36.
1. Студент купив газети в кіоску, який (що) є на нашій вулиці.
   Студент купив газети в кіоску, в якому часто бувають газети на англійській мові.
2. Вчора ми читали текст, який ми повинні розповідати на уроці.
   Вчора ми читали текст, у якому було багато нових слів.
3. Ми з братом були у театрі, який (що) розташований у центрі.
   Ми з братом були у театрі, у якому працює мій брат.

4. Студент загубив портфель, у якому були книги та зошити.
   Студент загубив портфель, який (що) портфель він купив нещодавно.
5. Після уроку ми підемо в бібліотеку, в якій ми будемо слухати лекцію.
   Після уроку ми підемо в бібліотеку, яка (що) знаходиться поряд.
6. Де валіза, у якій лежать мої речі?
   Де валіза, що стояла тут?

37.

1. про який
2. у якому
3. на якій
4. у якій
5. про який
6. у якому

38.

1. … ти мені говорив.
2. … ти мені розповідав.
3. … народився мій батько.
4. … розповідала твоя сестра.
5. … знаходиться національний музей.
6. … нещодавно відбулася прем'єра нового балету.
7. … живуть наші друзі.

39.

1. … розповідав наш викладач.
2. … розповідав мій друг.
3. … говорили ці студенти.
4. … розповідав наш вчитель.
5. … завжди багато машин і людей.
6. Він був у музеях, в яких … знаходиться найбільша колекція експонатів.

40.

1. На столі лежить книжка, ***яку*** подарував мені мій друг.
2. Я дивився фільм, ***який*** ви радили мені подивитися.
3. Ми говоримо про статтю, ***яку*** ми читали вчора в газеті.
4. Я знаю оповідання, ***яке*** я читав минулого року.
5. Я бачив студента, якого ви чекали вчора біля метро.

6. Я знаю чоловіка, ***якого*** ми зустріли в театрі.
7. Ви знаєте пісню, ***яку*** співав артист на вечорі?
8. Ви знаєте студента, ***якого*** питає викладач?

41.

1. На столі лежать газети, які він купив в кіоску.
2. Мені подобаються пісні, які співали на вечорі студенти.
3. У залі сидять викладачі, яких ми запросили на вечір.
4. Тут живуть мої друзі, яких ти добре знаєш.
5. У Київ повинні приїхати мої батьки, яких я давно не бачив.
6. У сусідній кімнаті живуть студенти, яких я не знаю.

42.

1. яку
2. яка (що)
3. про яку
4. яка (що)
5. яку
6. про яку
7. який (що)
8. якого
9. про якого
10. які (що)
11. яких
12. про яких

43.

1. … яка вчиться у цьому університеті. … яку ми бачили на вечорі вчора. … про яку ви розповідали.
2. … який знаходиться на сусідній вулиці. … в якому живе ця студентка. … про який розповідав цей хлопець. … в який увійшли ці студенти.
3. … який стоїть на зупинці. … якого ми зустріли вчора. … про якого ми читали статтю.
4. … які тут живуть. … яких ви бачили у клубі. … про яких говорив ваш товариш.

44.

1. Я не знаю студента, якому ви дали свій словник.
2. Вчора я ходив до лікаря, якому я розповів про свою хворобу.

3. Тут живе мій друг, якому я допомагаю вивчати українську мову.
4. Цю історію розповів мені знайомий, якому вчора ми телефонували.
5. Як звати цю дівчину, якій ви купили квиток у театр?
6. Сьогодні мій сусід отримав посилку від сестри, від якої він часто отримує посилки.

45.

1. Я часто згадую свого друга, з яким я вчився в університеті.
2. Я отримав мейл від друга, з яким я знайомий багато років.
3. Ви знаєте цю дівчину, з якою ви були на вечорі?
4. Мої батьки знайомі з викладачем, з яким я працюю.
5. У якій групі вчиться цей студент, з яким ви розмовляли в університеті?
6. Де працює лікар, з яким ви розмовляли по телефону?

46.

1. Як звати вашого друга, у якого ви були вчора?
2. Як звати лікаря, у якого ви були сьогодні вранці?
3. У цій кімнаті живе студентка, у якої я беру книжки.
4. Де живе студент, у якого ви брали фотоапарат?
5. Викладач запитав про студента, якого не було на уроці.
6. Я знаю одну студентку, у якої багато українських книг.
7. Я купив книжку, якої немає в нашій бібліотеці.
8. Викладач ще раз пояснив текст студентам, яких не було вчора на заняттях.

47.

1. У нашій групі вчиться студентка, яка (що) приїхала з Кореї; яку звати Кім Сохйон; яка добре розмовляє по-українськи; у якої багато друзів в Україні.
2. У мене є приятель, якого звати Володимир; який вчиться на факультеті іноземних мов; з яким я познайомився у Києві; якому я допомагаю вивчати англійську мову.
3. Сьогодні на уроці ми читали оповідання, яке (що) нам дуже сподобалося; яке ми довго обговорювали; яке написав відомий український письменник.
4. Як звати вашого друга, який працює в театрі; якому ви часто телефонуєте; якого я бачив у вас вдома; з яким ви були у нас на вечорі?

48.

1. … яка приїхала з Америки. … у якої дуже гарне волосся. … яку ви бачили у мене вдома. … з якою ми ходили в театр вчора. … про яку розповідав наш викладач.
2. … який знаходиться на сусідній вулиці. … в якому живе ця студентка. … біля якого знаходиться великий супермаркет. … в який увійшли ці студенти. … перед яким

росте велике дерево. … до якого під'їхала машина.

3. … яка надрукована у цьому журналі. … в якій розповідається про іноземних студентів. … про яку вчора розповідав наш друг. … яку ми читали на занятті.

49.

1. Школярка – це дівчина, яка вчиться в школі.
2. Студент – це хлопець, який вчиться в університеті (коледжі).
3. Студентка – це дівчина, яка вчиться в університеті (коледжі).
4. Читач – це особа, яка читає книжку, газету, журнал; відвідує бібліотеку.
5. Слухач – це особа, яка слухає концерт, програму, лекцію тощо.
6. Глядач – це особа, яка дивиться фільм, телевізор тощо.
7. Письменник – це особа, яка пише твори літератури.
8. Хто такий продавець – це особа, яка продає щось.
9. Хто такий покупець - – це особа, яка купує щось.

1. Аудиторія – це кімната, в якій студенти слухають лекцію, мають заняття (урок).
2. Їдальня – це кімната, в якій можна поснідати, пообідати, повечеряти.
3. Студентський гуртожиток – це будинок, в якому живуть студенти протягом навчання в університеті.
4. Словник – це книжка, в якій можна знайти переклад слова, його значення тощо.

15 ПРЯМА І НЕПРЯМА МОВА

직접문과 간접문

1) Пряма мова у розповідному реченні

서술문에서의 직접문

1.

1. Викладач сказав нам, що у понеділок ми будемо писати диктант.
2. Я сказав Максимові, що у мене є два квитки в театр.
3. Ганна написала своїм батькам, що вона скоро приїде додому.
4. Мій брат зателефонував мені і сказав, що ввечері він буде у мене.
5. Тарас написав батькові, що він добре склав іспит.
6. Моя сестра написала мені, що скоро у них будуть канікули.
7. Надія сказала мені, що вона читала цю книжку.
8. Викладач сказав студентам, що ми повинні прочитати це оповідання.

2.

1. Іван сказав нам, що завтра у нас у клубі буде концерт.

2. Ми сказали йому, що ми хочемо піти на цей концерт.
3. Він відповів нам, що у касі вже немає квитків.
4. Ми сказали йому, що він повинен допомогти нам купити квитки.
5. Мій друг сказав мені, що у нього є зайвий квиток.
6. Я сказав йому, що я не бачив цей фільм.
7. Він сказав мені, що йому потрібно два квитки.
8. Викладач сказав студентам, що завтра вони почнуть читати нове оповідання.
9. Студенти сказали, що у них немає цього оповідання.
10. Викладач сказав їм, що вони можуть взяти це оповідання в бібліотеці.

2) Пряма мова у спеціальному питанні
특정 질문에서의 직접문

3.

1. Ганна запитала мене, де розташована книгарня.
2. Я запитав продавця, скільки коштує ця книжка.
3. Я запитав його, котра зараз година.
4. Тарас запитав мене, як звати цього студента.
5. Я запитав його, де він живете.
6. Марія запитала нас, куди ми їдемо.
7. Іван запитав мене, кому я обіцяв дати книжку.
8. Мій друг запитав у мене, чому я не був учора на концерті.
9. Мати запитала сина, коли він повернеться додому. 10. Ми запитали нового студента, звідки він приїхав.

3) Пряма мова у простому питанні
단순 질문에서의 직접문

4.

1. Ніна запитала нас, чи ми читали цю книжку.
2. Я запитав його, чи він був сьогодні на стадіоні.
3. Ми запитали їх, чи вони були на виставці.
4. Ганна запитала мене, чи я отримую посилки з дому.
5. Я запитав його, чи його сестра піде з нами в театр.
6. Ми запитали викладача, чи завтра буде лекція з історії.
7. Він запитав нас, чи ми розуміємо те, що він говорить.
8. Я запитав брата, чи він буде читати цю книжку.

5.

1. Наш приятель запитав нас, чи ми давно приїхали сюди.
2. Лікар запитав мене, чи я добре себе почуваю.
3. Викладач запитав студентів, чи вони добре зрозуміли цю тему.
4. Студенти запитали викладача, чи вони правильно розв'язали задачі.
5. Ганна запитала свою подругу, чи цікаво було на вечорі.
6. Я запитав свого друга, чи він довго чекав на мене.
7. Я запитав Івана, чи він давно вивчає корейську мову.

6.

1. Я запитав батька: «Ти всі книжки прочитав?»
2. Друг запитав мене: « Ти розв'язав усі задачі?»
3. Ми увійшли в зал і запитали: «Тут буде лекція?»
4. Студенти запитали викладача: «Ми тут будемо складати іспити?»
5. Я запитала Ганну: «Ти живеш в цьому будинку?»
6. Я запитав Івана: «Ти був у Києві цього року?»

4) Пряма мова у реченні з наказовим способом
명령문에 대한 직접문

7.

1. Викладач сказав нам, щоб ми відкрили зошити і писали слова.
2. Ми попросили викладача, щоб він повторив останнє речення.
3. Він сказав студентам, щоб вони прочитали оповідання вдома.
4. Студенти сказали асистентові, щоб він запитав у декана, коли будуть екзамени.
5. Батьки написали Іванові, щоб він писав їм частіше.
6. Іван написав батькам, щоб вони прислали йому гроші.
7. Друзі попросили Тараса, щоб він розказав їм, як він жив в Америці.
8. Я попросив друга, щоб він купив мені газету.

8.

1. Викладач сказав студентам, щоб вони вивчили цей вірш напам'ять.
2. Брат сказав мені, щоб я прочитав цю книжку.
3. Мати сказала синові, щоб він не палив в кімнаті.
4. Я сказав йому, щоб він приніс мені мій словник.
5. Він сказав мені, щоб я повернув йому книжку, яку позичав.
6. Вона сказала йому, щоб він допоміг йому розв'язати задачу.
7. Я сказав сестрі, щоб вона віднесла книжки в бібліотеку
8. Ганна сказала Іванові, щоб він купив квитки в кіно.

9. Вчителька сказала мені, щоб я Взяв словник і знайшов значення цього слова.
10. Мати сказала дочці, щоб вона купила хліб в магазині.

16 ВПРАВИ НА ПОВТОРЕННЯ ПРЯМОЇ І НЕПРЯМОЇ МОВИ

직접문과 간접문에 대한 예제

1.

1. Мій друг запитав мене, чому я не був на творчому вечорі.
2. Він запитав нас, чи ми підемо завтра в театр.
3. Надія сказала Олегові, щоб він зателефонував їй сьогодні ввечері.
4. Я сказав їй, щоб вона почекала мене тут».
5. Вона запитала брата, чи він може допомогти їй.
6. Він запитав мене, чи я пам'ятаю цього чоловіка.
7. Мій друг запитав мене, куди я поклав сумку».
8. Я запитав Івана, чи він приходив до мене вчора.
9. Він попросив мене, щоб я допоміг йому. 10. Максим запитав мене, чи я прочитаю цю книжку до суботи.

2.

1. Він запитав нас, куди ми їдемо. Ми відповіли йому, що ми ідемо в кіно.
2. Він запитав мене, чи я читав цю книжку. Я відповів, що не читав.
3. Мати запитала сина, чи був він учора в кіно. Син відповів, що він був. Мати запитала, з ким він був у кіно. Він відповів, що він був з товаришем.
4. Друг попросив мене, щоб я пояснив йому це правило. Я сказав йому, щоб він попросив Джона, тому що він сам дуже добре не розуміє це правило.
5. Я попросив подругу, щоб вона розказала мені, як доїхати до театру. Вона сказала, щоб я запитав Ганну, тому що вона була в цьому театрі.

3.

1. Я запитав Івана, чи він був учора на зборах.
   Іван відповів, що він не був на зборах.
   Я запитав його, чому він не був.
   Він відповів, що він не був на зборах, тому що був хворим.
   Потім він запитав нас, чи були збори цікавими.
   Ми відповіли, що збори були цікавими.
2. Ганна запитала мене, чи я читав цю книжку.
   Я відповів, що я читав цю книжку минулого року.

Вона запитала мене, чи сподобалася мені ця книжка.
Я відповів, що сподобалася.
Ганна запитала, чи є у мене ця книжка.
Я відповів, що є.
Тоді вона сказала мені, щоб я дав їй цю книжку.

3. Вчора я був у лікаря. Лікар запитав мене, що у мене болить.
Я відповів, що у мене болить голова.
Лікар запитав, яка температура у мене була вранці.
Я відповів, що не знаю.
Лікар запитав, чи я багато працюю.
Я відповів, що працюю небагато.
Лікар сказав, щоб я приймав ці ліки і гуляв кожного дня по дві години.

4.

1. Друг запитав мене, що я робив учора ввечері.
Я відповів, що вчора ввечері ми з друзями ходили в кіно.
2. Викладач повідомив нам, що післязавтра у нас буде контрольна робота.
Ми запитали, чи контрольна робота буде важкою.
3. Друг поцікавився, яку книжку я читаю. Я відповів, що читаю роман Франка.
4. Мій друг здивувався, чому я так поспішаю. Я пояснив йому, що поспішаю, тому що запізнююся в театр.
5. Незнайомий чоловік запитав мене на вулиці, як дістатися до станції метро. Я сказав йому, щоб він ішов прямо, а потім повернув уліво.
6. Марія запитала мене, чи скоро я піду обідати. Я відповів, що піду обідати через годину.
7. Мій друг порадив мені, щоб я подивився новий фільм.
8. Брат запитав мене, з ким я ходив вчора на стадіон.
9. Хворий студент попросив свого друга, щоб він приніс йому ліки з аптеки.
10. Іван вирішив, що він повинен закінчити цю роботу сьогодні.

표와 예제를 통해 배우는

우크라이나어 문법

초판 인쇄	2018년 8월 27일
초판 발행	2018년 9월 3일
지은이	이리나 즈비르(Ірина Збир)
발행인	김인철
총괄 · 기획	가정준 Director, University Knowledge Press
편집장	신선호 Executive Knowledge Contents Creator
도서편집	박현정 Contents Creator
전자책편집	이리나 e-Contents Creator
재무관리	문수진 Managing Creator
사전 · 출판	정준희 Contents Creator
마케팅 파트장	백승이 Chief Marketing Creator
마케팅	이현진 Marketing Creator
발행처	한국외국어대학교 지식출판콘텐츠원 02450 서울특별시 동대문구 이문로 107 전화 02)2173-2493~7 팩스 02)2173-3363 홈페이지 http://press.hufs.ac.kr 전자우편 press@hufs.ac.kr 출판등록 제6-6호(1969. 4. 30)
디자인 · 편집	(주)이환디앤비 02)2254-4301
인쇄 · 제본	네오프린텍 02)718-3111

ISBN 979-11-5901-386-7 13790 정가 28,000원

*잘못된 책은 교환하여 드립니다.

HU:iNE은 한국외국어대학교 지식출판콘텐츠원의 어학도서, 사회과학도서, 지역학 도서 Sub Brand이다. 한국외대의 영문명인 HUFS, 현명한 국제전문가 양성(International +Intelligent)의 의미를 담고 있으며, 휴인(携引)의 뜻인 '이끌다, 끌고 나가다'라는 의미처럼 출판계를 이끄는 리더로서, 혁신의 이미지를 담고 있다.

이 책의 음원(mp3)은 한국외국어대학교 지식출판콘텐츠원 홈페이지(press.hufs.ac.kr) –게시판 – 자료실에서 다운받아 사용하시기 바랍니다.